本书受到"中山大学学科建设经费出版高水平学术专著"项目资助

大型文献
数字化项目的
信息组织

宋琳琳 著

I

O I M

D

P

Information
Organization
In
Mass
Digitization
Projects

国家图书馆出版社

图书在版编目（CIP）数据

大型文献数字化项目的信息组织 ／ 宋琳琳著. —北京:国家图书馆出版社,2020.11

ISBN 978 - 7 - 5013 - 6872 - 3

Ⅰ.①大… Ⅱ.①宋… Ⅲ.①数字技术—应用—文献资源建设—研究 Ⅳ.①G253 - 39

中国版本图书馆 CIP 数据核字(2019)第 221840 号

书　　名 大型文献数字化项目的信息组织
著　　者 宋琳琳　著
责任编辑 高　爽
封面设计 北京麒麟轩文化发展有限公司

出版发行 国家图书馆出版社(北京市西城区文津街 7 号　100034)
　　　　　　(原书目文献出版社　北京图书馆出版社)
　　　　　　010 - 66114536　63802249　nlcpress@ nlc. cn(邮购)
网　　址 http://www.nlcpress.com
排　　版 北京金书堂文化发有限公司
印　　装 河北鲁汇荣彩印刷有限公司
版次印次 2020 年 11 月第 1 版　2020 年 11 月第 1 次印刷

开　　本 710×1000(毫米)　1/16
印　　张 22.25
字　　数 350 千字
书　　号 ISBN 978 - 7 - 5013 - 6872 - 3
定　　价 100.00 元

目　录

图目录

表目录

前　言

　　信息资源是文化遗产保护机构传承文明、履行职能和提供服务的基础,数字化则是建立数字资源的主要方式之一。数字环境下,信息资源的状态、用户需求和文化遗产保护机构运行模式等正在发生转变,通过大型文献数字化项目获取海量数字资源,还远不能满足发展的需要,更重要的是信息资源的组织和整合①。如何全面描述数字资源的特征? 如何深入揭示数字资源的关系? 如何对数字资源进行有序组织? 如何整合广泛存在的相关信息资源? 如何支持大型文献数字化项目的可持续发展? 这些都是当今大型文献数字化项目信息组织的理论与实践必须解决的关键问题,对其进行研究具有重要的理论价值和现实意义。

　　目前,国际上信息资源的数字化加工与组织呈现以下特点:

　　(1) 数字化成为广受认可的数字信息资源建设方式

　　数字化 (digitization) 是一种转换处理过程,即通过信息技术将存储于非数字载体上的模拟信息 (analog information) 转换成数字信息 (digital information),以便计算机设备识别和使用②。通过数字化,我们不仅可以将具有珍贵史料价值的濒危文化遗产进行有效保护并提供广泛使用,还可以丰富数字资源的数量和质量。世界范围内的文化遗产保护运动正在兴起,全球32 个国家共同签署的《文化遗产保存与保护萨尔茨堡声明》确认采用扫描、拍摄等数字化技术对文化遗产进行保护已成为该领域的主要方式之一,认为

---

① 詹福瑞.关于如何办好学会的三点思考[EB/OL]. [2018 - 04 - 24]. http://www. lsc. org. cn/CN/News/2011 - 03/EnableSite_ReadNews 1025522112991680000. html.

② OWEN M. The digitization of information resources——humanities, social sciences and law[J]. Information Science and Knowledge Management, 2007(11):94 - 101.

1

馆藏的数字化管理是所有文化遗产保护机构的重要使命①。全球涌现出一批知名的大型文献数字化项目，如古登堡计划（Project Gutenberg）、美国记忆（American Memory，AM）、谷歌的图书搜索计划②（Google Book Search，GBS）、期刊存储项目（Journal Storage，JSTOR）、美国国家数字报纸项目（National Digital Newspaper Program，NDNP）、开放内容联盟（Open Content Alliance，OCA）、百万图书项目（Million Book Project）以及欧洲数字图书馆（Europeana）等。美国联邦博物馆与图书馆服务机构（Institute of Museum and Library Services，IMLS）在 2006 年发布的《美国博物馆与图书馆技术与数字化环境扫描》（*Status of Technology and Digitization in the Nation's Museums and Libraries*）指出，图书馆、博物馆和档案馆均开展了数字化工作，且与 2002 年的第一次环境扫描相比数量有明显增加。其中，档案馆的数字化活动最为活跃，其次为大学图书馆和大型公共图书馆，仅有 2.1% 的档案馆和 9.2% 的博物馆没有开展数字化工作。而且数字化的规模日益扩大，分别有 16.5% 的博物馆、12.2% 的大型公共图书馆、19.3% 的大学图书馆和 12% 的档案馆年均数字化的数量超过 25 000 页③。

数字化成果正在被用户广泛使用。联机计算机图书馆中心（Online Computer Library Center，OCLC）于 2011 年发布了《图书馆认知报告 2010：语境与社区》（*Perceptions of Libraries*，2010：*Context and Community*），该报告引用亚马逊在 2010 年 7 月发布的数据：亚马逊销售的电子书数量超过了精装本的图书；而根据亚马逊 2010 年第四季度的数据，销售的电子书已经超过了平装本图书的数量。美国图书馆协会（American Library Association，ALA）的统计显示，55% 的美国公共图书馆提供电子书的借阅服务。根据美国赛阅公司（OverDrive）的统计，2010 年图书馆借阅电子书的数量比

---

① IMLS. IMLS and SGS issue report on the preservation of world cultural heritage [R/OL]. [2018 – 04 – 26]. http://www.imls.gov/pdf/SGS_Report.pdf.

② 其前身为 Google Print 计划。

③ IMLS. Status of technology and digitization in the nation's museums and libraries [R/OL]. [2018 – 04 – 25]. http://www.imls.gov/resources/TechDig05/Technology%2BDigitization.pdf.

2009 年增加了 200%①。

（2）大型文献数字化项目的发展正处在转折期

1971 年，麦克·哈特（Michael Hart）发起建立的古登堡项目标志大型文献数字化项目正式开始②。起初，大型文献数字化项目的开展机构大多基于长期保存的目的，重建轻用，所以对数字化后得到的数字资源更多的是考虑如何提升数字图片的质量、选择何种保存介质和采取何种保存策略。由于资助方对数量的明确要求和资源选择所产生的巨额附加费用，21 世纪初大型文献数字化项目的发展呈现明显重数量的特点，一味追求规模的最大化。谷歌曾宣称要将合作图书馆的全部馆藏数字化，首要目标是与 G5③ 合作实现 1500 万册图书的扫描计划。数量如此庞大的数字资源为使用提供了保障，但也带来很多信息组织方面的问题。加州大学伯克利分校（UC Berkeley）信息学院的杰夫·农贝格（Geoff Nunberg）教授在 Google 图书合解方案（Google Book Settlement）会议中，通过调查指出了谷歌图书在信息组织方面存在的若干问题，尤其是元数据的混乱和缺失，如随意标注时间、对图书体裁等错误分类、著者和机构混乱、链接失真和标引深度不够等④，大大影响了数字资源的整合和用户的使用。随着数字化技术的日益成熟和大型文献数字化项目规模的日趋扩大，大型文献数字化项目正由文本数字化加工阶段转向基于信息组织的数字化整合阶段，研究重心在于对所得数字资源进行组织和挖掘，实现数字资源的有序化，并与相关信息资源实现整合和互操作。

（3）信息组织标准和工具有了新的发展

开放网络环境提倡资源的网络化共享，在此环境中用户既是信息资源的消费者和利用者，也是建设者，主要表现为通过博客、维基和微博等对内容

---

① OCLC. Perceptions of libraries，2010：context and community ［R/OL］. ［2018 – 04 – 21］. http://www. oclc. org/reports/2010perceptions. htm.

② Project Gutenberg. Project Gutenberg history［R/OL］. ［2018 – 04 – 21］. http://www. gutenberg. org/wiki/Gutenberg：About.

③ 谷歌数字化项目最初的 5 个合作图书馆：斯坦福大学图书馆、密歇根大学图书馆、哈佛大学图书馆、牛津大学图书馆与纽约公共图书馆。

④ Geoff Nunberg. Google books：the metadata mess ［EB/OL］. ［2018 – 04 – 18］. http://people. ischool. berkeley. edu/ ~ nunberg/GBook/GoogBookMetadataSh. pdf.

和内容组织做出贡献。用户生产的内容（User Generated Content，UGC）大量涌现，用户通过大众标签、分众分类等多种形式参与信息组织；而且用户需求呈现个性化和移动化特征。这就导致信息组织的对象有了新的扩充，不仅仅局限于传统的印刷型文献，更多的是以数字形态存在的文本、图像和科学数据。另外，社会化网络环境下信息组织的新发展也引起国际社会的广泛关注：美国国会图书馆（Library of Congress，LC）的未来书目控制小组发表的报告《LC 未来 4 年的发展方向》指出：LC 应将用户贡献的数据，主要是将 Library Thing 的数据予以整合，并且应该建立一种将外部数据整合到 LC 目录中的政策机制①。国际知识组织协会（International Society for Knowledge Organization，ISKO）2010 年年会的主题是"知识组织的范式和概念系统"，其专题"知识组织系统框架"单元讨论了"社会化网络、索引语言和知识组织"，主要是利用语义途径，提出一种新型的包含社会参与的索引语言；该会议的认识论单元则讨论了"期望、知识组织和纯粹情感的社会标签"②。上述实践促成了传统信息组织工具的创新：国际图联（International Federation of Library Associations and Institutions，IFLA）2009 年年会公布了《国际编目原则声明》（*Statement of International Cataloguing Principles*，ICP）新标准，该标准建立在"书目记录功能需求"（Functional Requirements for Bibliographic Records，FRBR）、"规范数据的功能需求"（Functional Requirements for Authority Data，FRAD）和"主题规范记录的功能需求"（Functional Requirements for Subject Authority Records，FRSAR）基础之上，将被用于所有类型资源的描述和检索，成为信息组织的基础③。机读目录（Machine-Readable Catalogue，MARC）推出了系列工具 MARCXML，并且即将推出网络服务；还建立了 MARC21 向

---

① LC. On the record report recommendations the library of congress should pursue over the next four years［EB/OL］.［2018 - 04 - 24］. http：//www. loc. gov/bibliographic - future/news/lcwg - ontherecord - jan08 - final. pdf.

② ISKO. 11th ISKO conference［EB/OL］.［2018 - 04 - 23］. http：//www. iskoi. org/ocs/index. php/int/rome2010/schedConf/presentations.

③ ICP. ICP report［EB/OL］.［2018 - 04 - 26］. http：//www. ifla. org/files/hq/papers/ifla75/215 - tillett - en. pdf.

MARCXML 转化的工具集，以及 MARCXML 向元数据描述对象模式（Metadata Object Description Schema，MODS）、都柏林核心元数据（Dublin Core Metadata，DC）、在线信息交换（Online Information eXchange，ONIX）及 MARC 文档类型定义（MARC Document Type Definition，MARC DTD）转化的样式表①。未来的信息组织工具既注重传统信息组织工具的改革，如联机公共检索目录（Online Public Access Catalogue，OPAC）的转型、分类法的网络化和可视化、分类法与叙词表之间的互操作以及元数据标准间的映射，同时还努力开发应用新的工具，如本体、大众分类工具、语义网，并建立开放网络标准和推进关联数据的应用等。

近年来，图书馆信息组织工作也发生了重大变化，出现一批新的标准，如 IFLA2010 年发布的内容标准《资源描述与检索》（*Resource Description & Access*，RDA），2011 年出版的描述标准《国际标准书目著录（统一版）》（*International Standard Bibliographic Description*，ISBD），始于 2011 年的结构标准《书目框架》（BIBFRAME），以及 2017 年发布的书目信息概念模型《国际图联图书馆参考模型》（*IFLA Library Reference Model*，LRM）。这些标准都对大型数字化项目的信息组织产生了巨大影响。

因此，以信息组织为切入点对大型文献数字化项目进行研究，既可以彰显大型文献数字化项目的价值，又可以发挥信息组织在资源建设中的优势。

大型文献数字化项目可以降低原件丢失与损坏的风险，补偿原件的作用，使馆藏机构更有效率地管理资源并提供服务，满足用户对资源的多种需求，提高原始资源的利用率，支持新型研究并扩大研究对象，方便有偿服务的开展②。对数字化后的资源进行信息组织，可以加大馆藏资源的揭示深度，实现其与原有资源的整合，加强相关文化遗产保护机构的合作并提升其竞争力和影响力，而最终目的就是实现原始资源的增值，扩大用户的选择范围，方便用户的获取。

---

①　LC. MARCXML［EB/OL］.［2018 – 04 – 26］. http://www. loc. gov/marc/.

②　刘家真. 馆藏文献数字化的原则与方法［J］. 中国图书馆学报,2001(5):42 – 43.

1. 本书的理论价值

（1）有利于拓宽信息组织主体和客体的理论研究

目前，信息组织研究主要关注信息组织方法和技术的创新及信息组织技术在具体领域的应用实践，较少关注信息组织主体和客体领域的研究，对信息组织过程中主体与客体的特殊需求关注不够，从而造成信息组织工具选择中的盲目与模仿，无法达到理想的信息组织效果。

本书通过调查分析发现，传统的信息组织主体以图书情报机构为主，机构性质较为单一，信息组织需求明确。随着信息资源的快速增长，单一机构无法独自承担信息组织的重任并满足用户多层次的信息需求，因此需要多类主体的共同参与。2011 年，IFLA 大会的主题为"超越图书馆：整合、创新以及为全社会服务的信息"（Libraries beyond Libraries：Intergration，Innovation and Information for All），即强调图书馆与其他机构，尤其是与档案馆和博物馆在信息服务中的协作；多类主体合作开展信息组织是未来的发展趋势。

本书结合大型文献数字化项目的特点，根据其信息组织主体的性质，将大型文献数字化项目的信息组织主体分为政府机构、非营利性机构和行业协会、文化遗产保护机构、信息技术（IT）公司 4 种类型，分析了各主体的定位及特点，梳理了其开展的信息组织工作，分析了不同信息组织主体的需求，为其信息组织工具的选择提供理论指导。

社会化网络环境中，信息组织的客体也发生了显著的变化，动态、非结构化的信息资源正在成为主要的信息组织对象，信息组织范围的扩大需要信息组织工具的创新。本书首先归纳了大型文献数字化项目信息资源的动态性强、来源广、类型格式多样等特点，以此为基础对信息资源外部特征、内容特征进行全面描述，重点强调对非结构化信息资源的动态关系的揭示，从而拓宽了信息组织客体的理论研究内容。

（2）有利于深化信息组织的理论研究

通过文献调查，笔者发现现有的信息组织理论研究成果主要面向印刷型文献、网络文献和数字图书馆的数字资源，尚未发现专门针对大型文献数字化项目信息组织的系统化的理论研究成果。本书结合大型文献数字化项目信息组织的研究现状，深入研究了大型文献数字化项目的 3 个核心环节——数字对象描述、数字对象集合的建立和信息资源整合的有关问题。①数字对象描述：通过对信息资源内容特征和关系的理论阐释，建议丰富数字对象的描述方式，并构建了大型文献数字化项目的元数据标准、RDA 描述框架和 RDF 描述模型。②数字对象集合的建立：重点从理论层面分析关系属性，并基于本体理论构建了大型文献数字化项目的书目本体。③信息资源整合：根据大型文献数字化项目的特点提出 3 种信息资源整合方式，并利用关联数据和 Mashup 技术实现了网络资源的整合。上述研究不仅揭示了数字对象的属性，还对数字对象之间的关联进行了揭示。而且，本书在提出大型数字化项目信息组织有关设想的基础上，应用了计算机科学的本体构建、资源描述框架（RDF）等技术，使本书提出的设想得以实现，从而深化了理论研究的内涵。

2. 本书的现实意义

（1）有利于提升数字资源建设的效果

数字化方式是获取数字资源的主要途径之一，但是仅依靠数量还不足以支持数字资源建设的可持续发展。数字资源不应该只追求规模效应，而应该转向提升知识价值。美国国家信息标准化组织（National Information Standards Organization，NISO）与 IMLS 发布的《建设优质数字馆藏的指导框架（第 3 版）》（A Framework of Guidance for Building Good Digital Collections，3rd Edition）指出，随着数字环境的成熟，数字资源建设的核心活动已转向创造有用的、相关的数字资源，以满足一个或更多社区用户需求。好的数字资源不仅要满足可用性、可获取性、可信赖性、持续性等标准，更要切合目标用户的使用价值①。在实际工作中，通过对数字化所得的数字资源进行元数据著录，建立专门的资源导航和检索与服务平台及馆藏资源集成等方式，可以有效提升数字资源建设的效果，延长信息资源的生命周期。

（2）有利于加强文化遗产保护机构之间的合作

联合国教科文组织（United Nations Educational，Scientific and Cultural Organization，UNESCO）制定的《数字文化遗产保护指导方针》和《数字文

---

① NISO Framework Working Group. A framework of guidance for building good digital collections [R/OL]. [2018 – 04 – 17]. http://www.noso.org/publications/rp/framework3.pdf.

化遗产保护宪章》明确规定了文化遗产保护机构应该加强合作，共同肩负相关的长期保护的职责①。2011 年 IFLA 大会的主题为"超越图书馆：整合、创新以及为全社会服务的信息"，其卫星分会的主题为"基于共享目标的多类型图书馆与档案馆、博物馆信息服务的协作"（Cooperation among Multiple Types of Libraries and Affiliated Information Services of Archives and Museums toward Meeting Common Goals of Sharing），都强调文化遗产保护机构的信息服务协作②。IFLA 公布的《公共图书馆、档案馆与博物馆：合作趋势》（*Public Libraries, Archives and Museums: Trends in Collaboration*）指出：图书馆、档案馆和博物馆往往以同样的方式为同一社区开展服务，都支持终身学习并提供更多的机会，保护社区遗产以及提供信息的获取，它们自然会成为合作伙伴③。IMLS 关于图书馆、博物馆和学校合作的报告《新坐标、新方法：博物馆、图书馆和 K - 12 学习》（*Charting the Landscape, Mapping New Paths: Museums, Libraries, and K - 12 Learning*）指出，"合作可使博物馆和图书馆提升它们在公众中的地位、改善它们的服务和项目，并更好地满足越来越多样化的用户需求，特别是那些未能得到充分服务的用户需求。多种合作，可使这 3 种机构实现它们的目标，使其潜力得到充分发挥，为社区提供服务"④。本书通过对大型文献数字化项目信息组织的研究，力图提出规范的信息组织工作流程和统一的信息组织标准，创新信息组织技术和资源整合方式，从而减少大型文献数字化项目参加机构之间的合作障碍，为实现数字资源的共建共享奠定基础。

（3）有利于规范大型文献数字化项目的工作流程

大型文献数字化项目开展以来，工作流程一直是其关注的焦点。如何进

---

① UNESCO. Guidelines for the preservation of digital heritage［R/OL］.［2018 - 04 - 25］. http://unesdoc. unesco. org/images/0013/001300/130071e. pdf.

② IFLA. Libraries beyond libraries: intergration, innovation and information for all［EB/OL］.［2018 - 04 - 27］. http://conference. ifla. org/ifla77.

③ IFLA. Public libraries, archives and museums: trends in collaboration［R/OL］.［2018 - 04 - 17］. http://archive. ifla. org/VII/s8/pub/Profrep108. pdf.

④ IMLS. Charting the landscape, mapping new paths: museums, libraries, and K - 12 learning［R/OL］.［2018 - 04 - 15］. http://www. imls. gov/pdf/Charting_the_Landscape. pdf.

行规范操作、减少冗余环节、提升工作人员素质、提高工作质量和效率、实现效益最大化是主要的研究课题。但是从目前大型文献数字化项目开展的情况来看，其信息组织的工作流程存在以下问题：①信息组织工作尚未成为大型文献数字化项目的工作重点，表现为投入信息组织环节的人力和财力资源相对较少；②从事大型文献数字化项目信息组织的工作人员素质参差不齐，信息组织的质量难以保证。本书通过分析大型文献数字化项目工作流程的关键环节，揭示信息组织在整个工作流程中的重要性及其对实现大型文献数字化项目最终目的的价值；制定相关的标准和指南，从而规范大型文献数字化项目的工作流程，有效提升信息组织工作的地位。

1 大型文献数字化项目信息组织研究综述

1.1 国外大型文献数字化项目信息组织的研究现状

各国国家图书馆和相关机构纷纷制定数字化战略，如 UNESCO、IFLA 和国际档案理事会（International Council on Archives，ICA）联合制定的《数字化项目指南——针对图书馆和档案馆的公共领域的馆藏》（*Guidelines For Digitization Project—For Collections and Holdings in the Public Domain*，*Particularly Those Held by Libraries and Archives*）①、美国国会图书馆的国家数字信息基础设施与保存计划（National Digital Information Infrastructure and Preservation Program，NDIIPP）②、英国不列颠图书馆的《数字化战略 2008—2011》等③。澳大利亚国家图书馆《2009—2011 年战略规划》指出，要加强数字化项目建设，开展资源描述，用国际标准改进数字化项目工作流程，并制定了《澳大利亚馆藏数字化政策》《澳大利亚数字化规划》《报纸数字化计划》等政策④。加拿大国家图书馆和档案馆确定了未来变革的 7 个方向，其一便是"确立描述加拿大文化遗产的新方法，以数字化为主流与文化遗产保护机构进行合作"。荷

---

① UNESCO, IFLA, ICA. Guidelines for digitization projects [R/OL]. [2018 – 04 – 22]. http://www. ifla. org/VII/s19/pubs/digit-guide. pdf.

② LC. National digital information infrastructure and preservation program [EB/OL]. [2018 – 04 – 17]. http://www. digitalpreservation. gov.

③ The British Library. Digitisation strategy 2008—2011 [R/OL]. [2018 – 04 – 11]. http://www. bl. uk/aboutus/stratpolprog/digi/digitisation/digistrategy.

④ National Library Of Australia. Directions 2009—2011 [R/OL]. [2018 – 04 – 15]. http://www. nal. gov. au/library/NLA_Directions_2009 – 2011. pdf.

兰国家图书馆的《2010—2013 年战略规划》拟数字化 1470 年以来的所有荷兰文图书、报纸和期刊，其中有 10% 已经完成了数字化，包括皇家图书馆独立完成的 6000 万页和第三方完成的 1300 万页①。芬兰国家图书馆启动了大型文化遗产数字化项目——"国家数字图书馆（2008—2011）"②。英国联合信息系统委员会（Joint Information System Committee，JISC）从 2004 年以来共拨款 2400 万英镑用于数字化项目的建设；2008—2009 年间，JISC 将 650 万册藏品经过数字化处理，转换成在线内容③。大量的实践表明，数字化是丰富数字信息资源的主要途径之一，在技术手段、长期保存措施、知识产权管理等方面都日渐成熟。JISC 于 2007 年召开的数字化会议（JISC Digitisation Conference）主张建立一个整合的资源，通过数字化资源整合项目的建设，研究用户特殊需求，更新抓取、描述、保存等方面的技术标准，并且增加资源的互操作性④。

笔者通过 LISA、Emerald、Engineering Village（EI）、ProQuest、SCI Expanded、SSCI、A&HCI、CPCI、SpringerLINK、Science Direct 等数据库以及 Google Scholar 等检索工具，应用关键词"mass digitization""large-scale digitization"等进行检索，除去不相关文献与重复文献共得到检索结果 987 条。经过阅读文章摘要，笔者将近 1000 篇文献进行分类，其研究主题分布见图 1 - 1。

通过对其中 77 篇关于大型文献数字化项目信息组织文献的分析，笔者发现：这些成果主要集中在资源描述和互操作方面。

其中，大型文献数字化项目资源描述的研究主要包括资源描述标准使用情况的调查、现行资源描述标准的比较分析和大型文献数字化项目资源描述标准制定 3 个方面。Cole 调查了 IMLS 资助的大型文献数字化项目元数据标引

---

① National Library of Netherlands. Strategic plan 2010 - 2013［R/OL］.［2018 - 04 - 18］. http://www. kb. nl/bst/beleid/bp/2010/KBstratPl_print. pdf.

② Minna Karvonen. National digital library-ensuring of availability of electronic information resources of libraries, archives and museum now and in the future［R/OL］.［2018 - 04 - 25］. http://www. ifla. org/files/hq/papers/ifla75/190 - karvonen - en. Pdf.

③ JISC. Digitisation and e-content［EB/OL］.［2018 - 04 - 11］. http://www. jisc. ac. uk/digitisation.

④ JISC. Digitisation conference draft report［R/OL］.［2018 - 04 - 11］. http://www. jisc. ac. uk/media/documents/.../digi_conference_report - v1 - final. pdf.

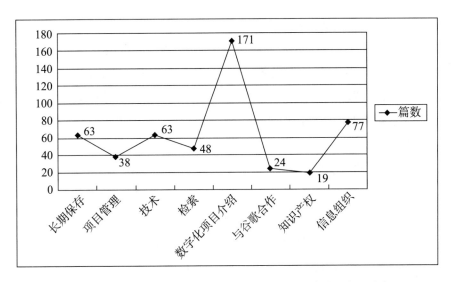

图 1 - 1 研究大型文献数字化项目的英文文献的核心主题分布

注：本图是笔者根据英文文献调查结果绘制。

的情况①；苏格兰图书馆和信息委员会（Scottish Library & Information Council，SLIS）资助的元数据互操作项目调查了苏格兰大型文献数字化项目元数据的使用状况②；Leetaru 对 Google Book Search 和 OCA 两个大型数字化项目采用的元数据进行了比较分析③；Roy Tennant 分析元数据著录时存在元数据过于简单、著录等级不一致和描述层次的缺失的问题④；Bishoff 认为大型文

---

① COLE T，SHREEVES S. Search and discovery across collections：the IMLS digital collections and content project［J］. Library Hi Tech，2004，22（3）：307 - 322.

② Centre for Digital Library Research. Ensuring interoperable digital object management metadata in scotland report of the SLIC-funded CMS metadata interoperability project：findings，conclusions and guidelines for best practice［R/OL］.［2018 - 04 - 11］. http：//cms. cdlr. strath. ac. uk/documents/CMSsurveyFinal. pdf.

③ Leetaru，Kalev. Google and OCA mass book digitization：the deeper story of google books and the open content alliance［J/OL］.［2018 - 04 - 26］. http：//firstmonday. org/htbin/cgi-wrap/bin/ojs/index. php/fm/article/view/2101/2037.

④ TENNANT R. HARVEST B：Problems & suggested solutions for OAI - PMH data & service providers［J/OL］.［2018 - 04 - 27］. http：//www. cdlib. org/inside/projects/harvesting/bitter_harvest. html.

献数字化项目信息组织的核心问题是缺少标准化词汇、缺少通用软件、缺少支持互操作的标准①；Timothy 介绍了 IMLS 开发馆藏资源的 6 个步骤②；Caplan 论述了如何判断与具体的数字对象相适应的元数据标准和词汇集、如何选择合适的元数据框架和词汇③；《建设优质数字馆藏的指导框架（第 3 版）》明确阐述了元数据创建中需要考虑的问题以及元数据构建的原则④；Katherine Wisser 从机构设置、元数据质量、推广执行元数据标准和建立有效的磋商机制 4 个方面介绍了北卡罗来纳文化遗产在线（North Carolina Exploring Cultural Heritage Online，NC ECHO）的元数据的制定情况，并总结了"元数据质量第一"的原则⑤。

国外学者对大型文献数字化项目的互操作研究则主要包括理论阐述、互操作与元数据关系的辨析和互操作实践 3 个方面。IMLS 认为互操作不仅包含技术方面，还包含用户和使用；应以用户为中心支持全部的信息搜寻行为和应用，同时还要注意成本效益，以及元数据标准的创建和共享⑥。Caplan 认为互操作的实现存在困难，主要是由于语义的不同和词汇的不同⑦。Bishoff 从合作发展、标准、资源管理与服务管理、资源发现、编目等方面对大型文

① BISHOFF L,GARRISON W. Metadata,cataloging,digitization and retrieval—who's doing what to whom:the colorado digitization project experience[J/OL].[2018 – 04 – 18].http://lcweb. loc. gov/catdir/bibcontrol/bishoff_paper. html.

② COLE T. Creating a framework of guidance for building good digital collections[J/OL]. [2018 – 04 – 19]. http://131. 193. 153. 231/www/issues/issue7_5/cole/.

③⑦ CAPLAN P. Metadata fundamentals for all librarians[M]. Chicago:IL,2003.

④ NISO Framework Working Group. A framework of guidance for building good digital collections[R/OL].[2018 – 04 – 14]. http://www. noso. org/publications/rp/framework3. pdf.

⑤ WISSER K. Meeting metadata challenges in the consortial environment:metadata coordination for North Carolina exploring cultural heritage online[J]. Library Hi Tech,2005,23(2): 164 – 171.

⑥ IMLS. Report of the workshop on opportunities for research on the creation,management,preservation and Use of digital content[R/OL].[2018 – 04 – 11]. http://www. imls. gov/pdf/ digitalopp. pdf.

献数字化项目的互操作进行了理论架构①。元数据标准的建立是互操作一个重要方面，IMLS②和SLIS③的研究认为此方面需要关注的问题有：如何建立一个健全的标准；如何建立一个共享的标准；是借助通用标准还是研发中间件来支持现存各种标准的互操作；文化遗产保护机构如何创建和使用元数据；如何使元数据满足他们本地的需求，同时实现高层次的互操作；文化遗产保护机构如何选择和实施元数据框架；其相关做法在机构和合作的背景下有何不同？基于网络的知识组织工具如何被用于自动改善元数据质量和实现其跨领域的效用；整合元数据的效用及其测量；等等。在互操作的实践领域，Lopatin 总结了大型文献数字化项目实现互操作的方式④。Cole 提出通过使用馆藏级别和条目级别的元数据存储库来实现互操作⑤。Bailey Hainer 总结 DC builder 软件的贡献并讨论了 Z39.50 在不同数据库间检索的可用性测评结果，并阐明合作的重要性⑥。Roy Tennant 提出数据的提供方和数据的采集方都应该进行更规范化的操作方便元数据的采集⑦。IMLS 对其资助的大型文献数字

① BISHOFF L,GARRISON W. Metadata,cataloging,digitization and retrieval—Who's doing what to whom:the colorado digitization project experience[J/OL].[2018 – 04 – 18]. http://lcweb. loc. gov/catdir/bibcontrol/bishoff_paper. html.

② IMLS. Report of the workshop on opportunities for research on the creation, management, preservation and use of digital content[R/OL].[2018 – 04 – 15]. http://www. imls. gov/ pdf/digitalopp. pdf.

③ Centre for Digital Library Research. Ensuring interoperable digital object management metadata in Scotland report of the SLIC-funded CMS metadata interoperability project:findings, conclusions,and guidelines for best practice. [R/OL].[2018 – 04 – 23]. http://cms. cdlr. strath. ac. uk/documents/CMSsurveyFinal. pdf.

④ LOPATIN L. Library digitization projects,issues and guidelines:a survey of the literature[J]. Library Hi Tech,2006,24(2):273 – 289.

⑤ COLE T. Creating a framework of guidance for building good digital collections[J/OL]. [2010 – 12 – 12]. http://131. 193. 153. 231/www/issues/issue7_5/cole/.

⑥ HAINER B,URBAN R. The colorado digitization program:a collaboration success story[J]. Library Hi Tech,2004,22(3):254 – 62.

⑦ TENNANT R. Bitter Harvest:problems & suggested solutions for OAI-PMH data & service pro- viders[J/OL].[2010 – 11 – 01]. http://www. cdlib. org/inside/projects/harvesting/bitter_ harvest. html.

化项目的数字资源进行登记和集成检索①。

1.2 国内大型文献数字化项目信息组织的研究现状

我国的大型文献数字化项目开始于 20 世纪 80 年代，此间较著名的项目为台湾省"中研院"开发的"翰典全文检索系统"②；历经 30 余年的发展已形成以古籍数字化为主要内容的有中国特色的大型文献数字化项目。2002 年 9 月，国家计委、教育部、财政部下发《关于"十五"期间加强"211 工程"项目建设的若干意见》将"中英文图书数字化国际合作计划（China‐America Digital Academic Library，CADAL）"列入"十五"期间"211 工程"公共服务体系建设的重要组成部分。《国家图书馆"十一五"规划纲要》更明确指出要围绕"建设文献数字化加工、数字资源加工、数字资源存储管理、网络管理、数字资源服务、系统开发维护"等八大中心开展工作③。

中国国家图书馆参与国际敦煌学项目（International Dunhuang Project，IDP）的目标是将中国国家图书馆所藏的写卷全部数字化，使全世界的学者能通过网络获得它们，以促进学术研究的发展。目前，国内在建或已建成的主要敦煌学数字化项目有：敦煌研究院文学所和兰州大学图书馆联合研制开发的《敦煌遗书总目录索引数据库》、敦煌研究院资料中心和深圳大学图书馆合作研制的敦煌学资源信息数据库、兰州大学图书馆承担的敦煌学数字图书馆、台湾成功大学承建的敦煌文献（书目）检索系统、甘肃藏敦煌藏文文献数据库和丝绸之路在线等。截至 2018 年 4 月 19 日，国际敦煌学项目共拥

---

① SHREEVES S,COLE T. Developing a collection registry for IMLS NLG digital collections［J/OL］.［2010‐07‐11］. http：//dcpapers. dublincore. org/ojs/pubs/article/viewFile/755/751.

② 陈力. 中国古籍数字化的现状与展望［R/OL］.［2018‐04‐01］. http：//kanji. zinbun. kyoto‐u. ac. jp/kansekikyogikai/chenli. pdf.

③ 国家图书馆. 国家图书馆"十一五"规划纲要［R/OL］.［2018‐04‐26］. http：//www. nlc. gov. cn/service/gygt_ghgy. htm.

有数字化图片 514 451 张，其中来自英国的 173 197 张、来自中国的 171 605 张①。IDP 的官方网站还提供编目模板和参考书目模板②，敦煌研究院建立了《项目实施方案》《壁画数字化标准》《壁画数字资源元数据规范》等一系列标准③。

国家图书馆从 20 世纪 90 年代开展馆藏资源数字化，至 2016 年底，国家数字图书馆资源总量达 1323.35TB④。国家图书馆在数字资源部下设文献数字化组，同时该馆的古籍馆也是开展大型文献数字化项目的主要力量，并建立了大型文献数字化项目古籍组织的本体。2009 年 10 月，中国国家图书馆与美国哈佛大学图书馆达成一致意见，决定共同开发哈佛燕京图书馆馆藏中文善本古籍。该合作项目自 2010 年 1 月至 2015 年 12 月，对哈佛大学哈佛燕京图书馆馆藏所有中文善本和齐如山专藏进行数字化，将完成中文善本古籍 4210 种 51 889 卷的数字化拍照⑤。

国家数字图书馆工程的标准规范研制工作已取得显著成果：汉字处理规范、唯一标识符、对象数据、元数据总则、知识组织规范、数字资源统计标准、国家图书馆数字资源长期保存规范、国家图书馆管理元数据规范等已经建立。同时还制定了一系列专门元数据规范，如拓片、古籍、电子图书、学位论文、网络资源、音频、视频、图像等⑥。

国家科技部科技基础研究重大科技专项"中国数字图书馆标准规范建设"项目之子项目"专门数字对象元数据标准规范研究"，由北京大学图书馆和上海图书馆承建，共研制中文元数据标准 11 种，分别为《古籍元数据标准》《拓

---

① IDP. IDP 资源统计[EB/OL].[2018 - 04 - 19]. http://idp. bl. uk/.

② IDP. IDP 编目模板[EB/OL].[2018 - 04 - 24]. http://idp. dha. ac. cn/pages/technical_resources. a4d.

③ 敦煌研究院. 敦煌数字化项目信息组织标准[EB/OL].[2018 - 04 - 17]. http://www. dha. ac. cn/03/section. htm.

④ 国家图书馆. 国家数字图书馆建设年鉴 2017[R/OL].[2018 - 04 - 11]. http://www. nlc. cn/dsb_footer/gygt/ndbg/nj2017/201712/P020171220581165135977. pdf.

⑤ 国家图书馆. 国家图书馆与哈佛大学图书馆合作开展数字化[EB/OL].[2018 - 04 - 19]. http://res4. nlc. gov. cn/home/index. trs? channelid = 724.

⑥ 国家图书馆. 国家数字图书馆工程的标准规范[EB/OL].[2018 - 04 - 19]. http://www. nlc. cn/newstgc/gjsztsggc/bzgf/.

片元数据标准》《舆图元数据标准》《家谱元数据标准》《地方志元数据标准》《音频资料元数据标准》《学位论文元数据标准》《电子图书元数据标准》《网络资源元数据标准》《期刊论文元数据标准》《会议论文元数据标准》①。

大学数字图书馆国际合作计划（China Academic Digital Associative Library，CADAL）前身为高等学校中英文图书数字化国际合作计划。CADAL 与"中国高等教育文献保障系统（China Academic Library & Information System，CALIS）"一起，共同构成中国高等教育数字图书馆的框架。2009 年 8 月，教育部高教司组织有关专家，对浙江大学牵头草拟的《大学数字图书馆国际合作计划可行性研究报告》进行了评审和论证，CADAL 项目二期正式立项。CADAL 二期（2007—2012 年）新增150 万册图书数字化，构建了较完善的项目标准规范体系，初步建立分布全国的服务网络，2013 年以后，CADAL 项目进入运维保障期，继续在资源、服务、技术，对外交流合作方面推进工作②。目前，CADAL 使用的元数据编辑软件为 DCEdit，封装软件为 OEBMaker，已建立普通图书、古籍、学位论文等的数字化文本的元数据规范。另外，CADAL 还制定了《学位论文特殊字符转换规则》《古籍著录细则》《民国图书著录细则》《普通图书著录细则》《期刊元数据著录细则》等，数字对象框架、资源集合框架、知识组织框架、信息组织框架和辅助框架等均已制定完成③。

台湾地区的知名大型文献数字化项目有："数字博物馆项目计划""数字典藏数字化计划""文化数据库计划"等。其古籍元数据研究源于台湾大学电子图书馆与博物馆计划成立的"诠释资料研究群"的"资源组织与检索之规范"（Resources Organization and Searching Specification，ROSS）的专案计划，研究成果包括：中文诠释资源交换格式（MICI‒DC）、MICI‒DC 著录手册、XML/Metadata 管理系统（Metalogy），以及 Metalogy 安装手册等。2001年"中研院"正式成立"后设资料工作组"（Metadata Architecture and Appli-

---

① 肖珑,赵亮.中文元数据概论与实例[M].北京:北京图书馆出版社,2007:8.

② CADAL.大学数字图书馆国际合作计划[EB/OL].[2018‒04‒10].http://www.cadal.net/xmjj/xmjj.htmCADAL.

③ CADAL.大学数字图书馆国际合作计划著录规范[EB/OL].[2018‒04‒21].http://cadal.edu.cn/index/standard specification.

cation Team，MAAT），进行"中文典藏品 Metadata 之规划与实施"计划，制定了《诠释资料格式规范》，包括 DC 诠释资料核心集、DC 诠释资料核心集之 XML 编码格式、DC 诠释资料核心集范例三部分①。

另外，比较知名的数字企业，如北京书同文数字化技术有限公司、北京国学时代文化传播股份有限公司、北京时代瀚堂科技有限公司、北京爱如生数字化技术研究中心、数字方舟信息技术有限公司、北京天安亿友公司、北极星书库、超星数字图书馆、香港迪志文化出版有限公司和上海人民出版社等，开发的古籍数字化产品以大型的综合数据库（如中国基本古籍库、国学宝典）和丛书数据库（如《四库全书》《四部丛刊》《十五史》等）为特色，比较成系统，功能强大，基本没有书目型数据库。除了能进行多途径的全文检索外，一般都配备有各种知识工具，辅助学术研究②。

理论研究方面，笔者在中国知网、维普和万方数据库中，利用关键词 = "数字化 and 信息组织" or "数字化 and 元数据" or "数字化 and 互操作" or "数字化 and 选择"进行检索，删除不相关结果，共得到 109 条相关检索结果。通过对相关中文文献的分析，笔者发现国内对大型文献数字化项目信息资源组织的研究主要集中在理论研究、信息组织工具研究和组织模式研究等方面。

（1）关于大型文献数字化项目信息组织的理论研究

大型文献数字化项目信息组织的理论研究包括目前面临的问题、元数据建立的理论探讨。陈立新③、李国新④、姚伯岳⑤、孙博阳⑥、陈力⑦、

---

① 陈雪华.台湾地区数位化典藏与资源组织相关计划之发展[J].图书资讯学刊,2001 (16):49-66.
② 李明杰,俞优优.中文古籍数字化的主体构成及协作机制初探[J].图书与情报,2010 (1):34-44.
③ 陈立新.数字图书馆与古籍数字化[J].现代图书情报技术,2002(S1):56-58.
④ 李国新.中国古籍资源数字化的进展与任务[J].大学图书馆学报,2002(1):21-26,41.
⑤ 姚伯岳,张丽娟,于义芳,等.古籍元数据标准的设计及其系统实现[J].大学图书馆学报,2003(1):17-21.
⑥ 孙博阳.国外数字化资源管理软件研究概况[J].情报科学,2005(4):635-640.
⑦ 陈力.中文古籍数字化的再思考[J].国家图书馆学刊,2006(2):42-49.

徐清①和杨学勇②都对我国古籍数字化的信息组织问题进行了剖析。笔者通过总结发现，学者们主要关注资源体系的架构、数据库的建立、古籍内容的数字化整合、系统互操作、古籍数字资源著录规范等问题。在大型文献数字化项目元数据建立的理论探讨方面，姚伯岳等归纳了制定古籍元数据标准的意义，王军总结了元数据析出原则③，臧国全等对元数据标准提出了最低要求④⑤。

（2）关于大型文献数字化项目信息组织工具与技术的研究

①大型文献数字化项目信息组织工具的介绍。孙博阳介绍参考链接工具软件和数据网关⑥，张蓓等建立了数学古籍数字化资源著录保存工具⑦，史玉霞等介绍了目前大型文献数字化项目信息组织的主流系统⑧，李璐介绍了广东省立中山图书馆使用的 TRS 全文数据库服务器⑨。②书目的著录原则和方法，这主要是针对大型古籍数字化项目而言。杨晏平建议加快《古籍著录规则》的修订工作、加强古籍名称规范制订工作、尽早安装 UNICODE 国际大字符集⑩。鲍国强阐明了关于"修订古籍机读目录格式"的想法⑪。还有学

① 徐清.2001—2005 年我国中文古籍数字化研究综述[J].图书情报工作,2006(8)：139－143.

② 杨学勇.敦煌学数字化的探索与问题[J].情报杂志,2008(3):145－146.

③ 王军.图书馆信息资源数字化项目实施原则解析[J].图书馆理论与实践,2008(6):3－6.

④ 臧国全,庞桂娟.图书馆信息资源数字化项目实施标准框架解析[J].图书馆理论与实践,2006(4):5－10.

⑤ 臧国全,徐爱琴.数字保存系统的用户服务质量标准框架[J].图书情报知识,2007(5)：88－91.

⑥ 孙博阳.国外数字化资源管理软件研究概况[J].情报科学,2005(4):635－640.

⑦ 张蓓,董丽.数学古籍数字化资源著录保存工具的研究和实现[J].现代图书情报技术,2004(8):56－60.

⑧ 史玉霞,林桂娜.数字图书馆印刷型文献数字化加工系统比较研究[J].情报杂志,2006(10):14－16.

⑨ 李璐.孙中山文献数字化的建设及实现的理想模式——以广东省立中山图书馆为例[J].图书馆论坛,2009(1):130－132.

⑩ 杨晏平.古籍数字化联合目录的客观著录问题[EB/OL].[2018－04－17].http://www.nlc.gov.cn/service/wjls/pdf/08/08_06_a5b17.pdf.

⑪ 鲍国强.古籍书目数据库整改工作构想[EB/OL].[2018－04－17].http://www.nlc.gov.cn/old/old/wjls/html/8_08.htm.

者关注《汉语古籍机读目录格式使用手册》的研究①②。③大型文献数字化项目的元数据研究，围绕 MARC 元数据格式的研究，如《古籍书目数据库中地方志 MARC 格式初探》③、《古籍正题名的 CNMARC 格式著录》④、《古籍题名信息的 CNMARC 格式著录》⑤、《古籍同书异名的 CNMARC 格式著录》⑥、《古籍丛书的计算机编目》⑦、《古籍出版发行信息的 CNMARC 格式著录》和《古籍的 CNMARC 格式著录探讨》⑧ 等。陈立新将 DC 元数据与其他元数据进行了粗略的比较后，建议将 DC 应用于网上古籍资源，便于用户检索⑨。谢琴芳分析了 MARC 元数据和 DC 元数据各自的特点⑩。姚伯岳等介绍了北京大学数字图书馆古籍元数据标准的结构、内容及系统实现⑪。许昇兴、李璐等介绍了孙中山文献数字化的元数据建设情况⑫⑬。熊静从 MARC 机读目录格式和 DC 元数据标准两个方面介绍了我国古籍元数据标准的建设现状⑭。张轴材等分析了大型文献数字化项目信息组织中采用 XML 作为内容标识语言的

① 张磊.《汉语文古籍机读目录格式使用手册》探微[J].图书馆工作与研究,2003(1):23－25.

② 张磊.再论《汉语文古籍机读目录格式使用手册》使用中的问题[J].图书馆工作与研究,2005(3):27－29.

③ 陈军.古籍书目数据库中地方志 MARC 格式初探[J].情报杂志,2001(10):78－79.

④ 陈素清.古籍正题名的 CNMARC 格式著录[J].图书馆工作与研究,2002(1):26－28.

⑤ 陈素清,孟珊,王云龙.古籍题名信息的 CNMARC 格式著录[J].情报杂志,2002(3):69－71.

⑥ 陈素清.古籍同书异名的 CNMARC 格式著录[J].图书馆理论与实践,2002(4):52－53.

⑦ 杨健,吴英梅.古籍出版发行信息的 CNMARC 格式著录[J].图书馆工作与研究,2004(4):42－44.

⑧ 刘怡,田建良.古籍的 CNMARC 格式著录探讨[J].图书情报知识,2004(6):52－54.

⑨ 陈立新.数字图书馆与古籍数字化[J].现代图书情报技术,2002(S1):56－58.

⑩ 谢琴芳.汉语文古籍文献书目数据库建设管见[J].大学图书馆学报,2003(6):49－53.

⑪ 姚伯岳,张丽娟,于义芳,等.古籍元数据标准的设计及其系统实现[J].大学图书馆学报,2003(1):17－21.

⑫ 许昇兴.广东省立中山图书馆的数字化资源建设与利用[J].图书馆建设,2003(1):40－42.

⑬ 李璐.孙中山文献数字化的建设及实现的理想模式——以广东省立中山图书馆为例[J].图书馆论坛,2009(1):130－132.

⑭ 熊静.元数据在汉语文古籍数字化中的应用[J].图书与情报,2010(1):89－92.

原因①。郭晓兰提出在文献数字化过程中要建立受控词与自由词并存的标引系统②。侯汉清等制订了民国农业文献元数据体系，并编制了民国农业文献分类表③。张靖对国内的拓片元数据进行了比较研究④，并提出借鉴金石目录对石刻拓片文献进行合理有效的组织⑤。郭茂育以"河洛文化文献专题数据库·金石拓影子库"为例，全面揭示金石拓影的描述性、管理性和GIS元数据元素⑥。屠跃明借助"数字档案融汇服务系统"课题，进行档案数字化信息元数据的获取、描述、组织和存储等一系列研究，对档案数字化元数据功能和内容了描述，阐明了档案数字化工作的基本要求以及元数据在其中的重要作用，并总结了档案数字化元数据的评价标准⑦⑧⑨。郭瑞芳等参照国家图像元数据规范元素列表，设计一套描述端砚图像元数据方案，同时结合端砚作品自身特点给出一个完整的实例描述⑩。张巍研究了不同层次档案数字化工作中的元数据描述，介绍了档案数字化元数据的功能与基本内容，并提出档案数字化元数据的评价标准⑪。李婉月等提出通过可扩展的档案来源原则进行描述，通过档案内容记录的项目周期进行描述，通过档案内容中的人名、

① 张轴材,朱岩.大规模文献数字化的实践与数字图书馆建设[J].高校文献信息研究,2001(1):6-10.

② 郭晓兰.文献数字化过程中的受控词与自由词标引[J].图书馆学研究,2003(8):85-87.

③ 王雅戈,侯汉清.民国文献数字化整理研究——以民国农业文献数字化整理为例[J].图书情报工作,2009(11):63-66,148.

④ 张靖.拓片元数据比较研究[J].中国图书馆学报,2010(4):52-55.

⑤ 张靖.金石目录学与石刻拓片书目控制——传统学术与现代理论的结合与互补[J].图书情报工作,2009(13):143-147.

⑥ 郭茂育.基于元数据提取实践的金石拓影数字化研究——以"河洛文化文献专题数据库·金石拓影子库"为例[J].大学图书馆学报,2012(3):64-68.

⑦ 屠跃明.从令人担忧的现象中认识数字化档案的元数据[N].中国档案报,2012-62-13(1).

⑧ 屠跃明.档案数字化信息元数据管理的探索[J].档案与建设,2011(6):20-21.

⑨ 屠跃明,翟瑶.档案数字化的元数据研究[J].兰台世界,2012(14):60-61.

⑩ 郭瑞芳,张会章.基于端砚图像数字化建设中元数据的标准设计[J].图书馆建设,2012(6):57-60,36.

⑪ 张巍.档案数字化元数据之研究[J].黑龙江档案,2012(4):81.

机构名等特定字段进行描述①。

（3）关于文献数字化项目信息组织模式的研究

①建立数据库，很多学者倾向于将数字化后的资源建成书目数据库②③④⑤⑥。有的学者建议建立特色数据库，如，许异兴介绍广东省立中山图书馆为组织数字化后的资源，专门建立了几个特色数据库，如孙中山全文数据库、中文工具书知识库等⑦。此外，还有敦煌数字化项目建成的台湾成功大学敦煌文献（书目）检索系统、甘肃藏敦煌藏文文献数据库、俄藏敦煌文献收载数据库、日本北海道大学石冢晴通等建立的汉字字体资料画像数据库、方广锠的《敦煌遗书机读目录》数据库等⑧。民国文献数字化成果大多建成专题数据库，许多图书馆依托自身的馆藏优势，结合当地的社会需求，建立了各种类型的专题数据库，如南京图书馆开发的"中国近代文献图像数据库"等⑨。②构建研究支持系统，如建立知识库，支持工具的关联以及关联分析结果的动态表现⑩。王雅戈结合中国农业遗产数字化研究成果构建实用农业古籍知识库⑪。周广西等在《齐民要术》的文献数字化项目中建立了《齐民要术》知识库⑫。另外，中国农业遗产数字化研究所还通过文献内容挖掘和构建主题网关等形式支持研究。

---

① 李婉月,袁红.数字化档案的信息组织实践模式探讨——基于分面元数据的档案信息描述[J].档案,2012(2):45-48.

② 董馥荣.国家图书馆普通古籍书目数据库建设工作综述[EB/OL].[2018-04-17]. http://www.nlc.gov.cn/service/wjls/pdf/08/08_09_a5b18.pdf.

③ 张太平,阎瑞萍.古籍机读目录建设[J].图书馆理论与实践,2002(6):74-75.

④ 石春芸,梅芹.馆藏古籍书目数据库建设[J].图书馆建设,2002(2):29-31.

⑤ 牛陶兰.关于馆藏古籍线装文献数据库建设的探讨[J].图书情报知识,2002(3):59-61.

⑥ 熊伟华.中小型图书馆如何建立古籍书日数据库[J].图书馆论坛,2004(3):98-101.

⑦ 许异兴.广东省立中山图书馆的数字化资源建设与利用[J].图书馆建设,2003(1):40-42.

⑧ 杨学勇.敦煌学数字化的探索与问题[J].情报杂志,2008(3):145-146.

⑨⑪ 王雅戈,侯汉清.民国文献数字化整理研究——以民国农业文献数字化整理为例[J]. 图书情报工作,2009(11):63-66,148.

⑩ 李国新.中国古籍资源数字化的进展与任务[J].大学图书馆学报,2002(1):21-26,41.

⑫ 周广西,曹玲.农业古籍数字化研究——以构建《齐民要术》研究知识库为例[J].兰台世界,2008(3):18-20.

1.3 国内外本领域研究的不足

在大型文献数字化项目的信息组织研究领域，项目建设者和研究人员关注数字资源描述，形成了一系列的数字资源描述标准，并尝试建立互操作机制；而且利用传统的信息组织工具如分类法、主题法等对数字资源进行整序，建成了支持信息检索和学术研究的专题数据库及知识库等。这些成果为本书的研究提供了有益的借鉴与启示。

但是通过对国内外研究现状的总结分析，笔者发现大型文献数字化项目的信息组织研究中仍存在以下有待完善之处：

首先，大型文献数字化项目通常以数字对象为单位进行信息资源描述，在描述过程中主要揭示数字对象的外部特征，忽视其内容特征和关系属性。而且，数字对象描述的方式过于单一，主要采用自建的元数据标准进行描述。已经建立的一系列元数据标准，其构成元素都属于描述型元数据，对管理型元数据和结构型元数据的研究还很缺乏。

其次，将数字对象组织成为数字对象集合的过程中，鲜有应用新型知识组织系统的研究。大型文献数字化项目的信息组织工具以分类法、主题法等传统信息组织工具为主，数字资源的揭示程度有待加深，较少研究采用基于数字资源内容特征和关系属性的知识组织方法与模式。

最后，国内外大型文献数字化项目的信息组织研究文献与实践中，信息资源整合方面的研究不多，尤其缺乏大型文献数字化项目的参建机构之间的信息资源整合，以及大型文献数字化项目的数字资源与网络资源整合的研究。这不仅影响文化遗产保护机构在数字资源建设方面的合作，也制约了大型文献数字化项目实现信息资源增值和信息资源的共建共享。

基于此，本书拟在大型文献数字化项目的数字对象多途径描述、数字对象集合的建立和知识组织系统实验应用、扩大信息资源整合范围并丰富整合方式方面进行有益的尝试。

1.4　本书的研究内容与研究方法

1.4.1　研究目标

本书拟根据大型文献数字化项目信息组织的工作流程，析取信息组织工作流程中的核心环节，结合信息组织的理论研究和实践进展，制定大型文献数字化信息组织的技术路线，重点对大型文献数字化项目信息资源描述的框架标准的制定、信息组织工具的创新和信息资源整合方式的应用等方面进行深入研究，从而建立系统的大型文献数字化项目的信息组织体系。

1.4.2　研究内容

本书的研究内容按照图 1-2 的框架，遵循"从理论探讨、现状调查到信息组织系统构建、核心环节剖析，再到案例分析"的思路进行逐步展开和细化。

首先，对大型文献数字化项目信息组织的相关内容进行理论阐述，并且对国内外大型文献数字化项目信息组织的现状进行调研分析，了解我国大型文献数字化项目信息组织实践的现实需求。

其次，参照大型文献数字化项目的工作流程和信息组织的主要内容，重点对数字对象描述、数字对象集合的建立和信息资源整合 3 个方面进行系统深入的研究。在对数字对象进行全面描述的基础上，借助知识组织系统将其组织成为有序的数字对象集合，并根据信息资源的范围对数字对象集合进行整合，从而建立适应网络环境发展和用户需要的数字对象描述框架，改良大型文献数字化项目的信息组织工具，并结合项目的发展水平和发展方向对信息资源整合方式进行分析和总结。

最后，案例分析部分选择信息组织开展情况良好的、有代表性的大型文献数字化项目，对其数字对象描述规范、信息组织标准和信息组织工具、信息资源整合模式等进行调查分析；指出存在的问题并结合本书的研究成果提出相应的对策，从而归纳大型文献数字化项目信息组织发展趋势，并建立大型文献数字化项目信息组织的最佳实践。

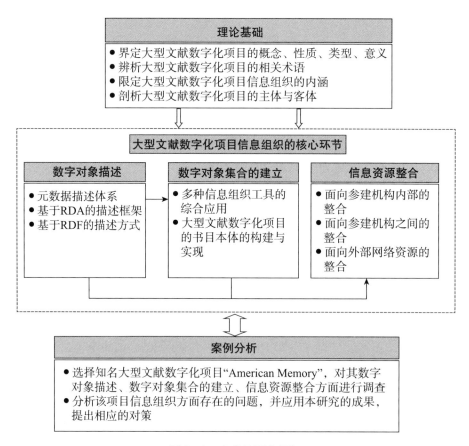

图 1-2 本书的研究框架

1.4.3 研究方法

根据研究目标与内容，本书采用了文献调研法、实验法、比较分析法、访谈法、实地调研法、案例分析法等作为主要的研究方法。

（1）文献调研法

通过广泛收集国内外有关大型文献数字化项目信息组织的研究文献，跟踪相关项目研究的新动向，了解不同研究者和研究机构的研究实践和研究进展，全面掌握该领域的研究现状和发展态势。

（2）实验法

在对数字对象全面描述的基础上，选择本体作为建立数字对象集合的工具，构建大型文献数字化项目的书目本体，并对其进行语义查询实验，从而验证该组织工具的可行性。

（3）比较分析法

通过比较分析研究不同国家和地区之间、不同类型机构之间大型文献数字化项目信息组织理论研究与实践开展的特点，比较不同类型信息资源所采用的信息组织流程、标准和技术方面的差异，探讨如何结合我国国情，有针对性地开展大型文献数字化项目的信息组织工作。

（4）访谈法

通过与大学数字图书馆国际合作计划、广东省立中山图书馆报纸数字化项目、国家图书馆古籍数字化项目的信息组织工作人员进行访谈交流，了解我国大型文献数字化项目的发展现状及信息组织工作中面临的问题和需求，为规范信息组织的工作流程、建立信息组织标准、创新信息组织技术提供参考。

（4）实地调研法

通过对国家图书馆、武汉大学图书馆、广东省立中山图书馆等机构开展的大型文献数字化项目的实地调研，了解我国图书馆在大型文献数字化项目信息组织方面开展的工作、面临的问题，获取相关实际需求信息。

（5）案例分析法

通过网络调查 CADAL、中国国家图书馆数字图书馆工程、"美国记忆"、"Google Book Search"、"欧洲数字图书馆"、"开放内容联盟"、"加州数字图书馆项目"（California Digital Library，CDL）等重要的大型文献数字化项目在信息组织方面所采取的行动，以"美国记忆"为重点案例分析对象，掌握大型文献数字化项目信息组织的标准技术框架，总结经验教训，为未来大型文献数字化项目的信息组织提供借鉴。

1.5 本书的创新之处

笔者调研表明，已有的系统研究大型文献数字化项目信息组织的成果，多是围绕信息组织的某一环节进行研究；基于已有的研究成果和大型文献数字化项目的实践要求，本书拟从以下 3 个方面进行创新：

（1）基于大型文献数字化项目信息资源的特点和网络环境下信息组织的发展趋势，对大型文献数字化项目数字对象的实体、属性与关系进行了析取与梳理，构建了大型文献数字化项目的书目本体，基于实体关系实现了对大型文献数字化项目的复杂信息对象的动态关联组织与查询。

（2）重点强调对大型文献数字化项目数字对象的内容特征和关系特征的揭示，建立大型文献数字化项目数字对象描述的元数据标准、基于实体关系模型的 RDA 元素集和面向语义检索的 RDF 描述框架。

（3）结合信息资源整合目标和范围，提出了 3 种大型文献数字化项目的信息资源整合实现方式——面向参建机构内部、面向参建机构之间和面向外部网络资源的信息资源整合，分析了关联数据、Mashup 等新技术在大型文献数字化项目信息资源整合中应用的可行性。

2 大型文献数字化项目信息组织的有关理论阐释

构建大型文献数字化项目信息组织的理论框架，首先应该了解大型文献数字化项目的内涵，其次应该掌握信息组织的相关理论内容，在综合分析上述理论内涵的基础上，对大型文献数字化项目信息组织的相关理论进行阐释。

2.1 大型文献数字化项目的内涵

2.1.1 大型文献数字化项目的概念

（1）现有概念的分析

国外学术界对大型文献数字化项目的概念界定尚未达成一致，而国内学者对于大型文献数字化项目的研究主要集中在"古籍数字化"领域，综合上述特点，大型文献数字化项目的现有概念大体可分为过程、技术、资源、内容加工 4 个维度。

1）过程说

很多学者都认为大型文献数字化项目是一种生产过程。Karen Coyle 认为，大型数字化项目就是以工业化生产模式对资料进行数字转换，在这一过程中人工干预被降到最低①。Paul Conway 认为，大型文献数字化项目是一种

---

① COYLE K. Mass digitization of books[J]. The Journal of Academic Librarianship, 2006, 32 (6):641 – 645.

超大规模的转换过程，这种以"生产为导向"的数字化需要严格的生产流程规划和适合的外包服务商①。David R. Meincke 认为，数字化过程应该是以生产为导向，即需要具备高度自动化，而且必须以海量资源为基础，具备高速度②。从中可以总结出，作为一种生产过程，大型文献数字化项目强调的是高度自动化的工业化生产模式，能够实现海量资源的数字化，并且具备较高的生产效率。

2）技术说

技术因素是大型文献数字化项目概念的核心。Karen Coyle 认为，大型文献数字化项目利用光学字符识别（Optical Character Recognition，OCR）技术对扫描图片进行识别从而形成可检索文档而不必再进行修改③。John Kunze 认为，"所谓大型数字化，就是在世界主要的图书馆对报纸、图书、视频等文献类型进行大规模的扫描"④。潘德利提出，"古籍数字化就是采用计算机技术对古籍文献进行加工与处理，制成古籍文献书目数据库和古籍全文数据库，用以揭示古籍文献中蕴涵的极其丰富的信息资源，为古籍开发利用奠定良好的基础"⑤。李国新强调，"数字化古籍必须对古籍原典做出具有计算机浏览、检索、利用特点的深度开发。古籍数字化应具备 4 个基本特征，即实现文本字符的数字化，具有基于超链接设计的浏览阅读环境，具有强大的检索功能，具有研究支持功能"⑥。刘琳、吴洪泽认为，"所谓古籍数字化，就是将古代典籍中以文字符号记录的信息输入计算机，从而实现了整理、存储、

① CONWAY P. Tec(h)tonics：reimagining preservation［J/OL］. College & Research Library News,2008,11(69).［2018 - 04 - 06］. http://www. ala. org/ala/mgrps/divs/acrl/publications/crlnews/2008/nov/techtonics. cfm.

② MEINCKE D. Towards an evaluation of mass digitized photograph collections［D］. Chapel Hill：University of North Carolina at Chapel Hill,2010.

③ COYLE K. Mass digitization of books［J］. The Journal of Academic Librarianship,2006,32 (6)：641 -645.

④ KUNZE J. Where preservation meets mass digitization［R/OL］.［2018 - 04 - 26］. http://lauc. ucmercedlibrary. info/lauc_mass_dig. ppt.

⑤ 潘德利. 中国古籍数字化进程和展望［J］. 图书情报工作,2002(7)：117 - 120.

⑥ 李国新. 中国古籍资源数字化的进展与任务［J］. 大学图书馆学报,2002(1)：21 - 26,41.

传输、检索等手段的计算机化"①。毛建军指出，"古籍数字化就是从利用和保护古籍的角度出发，采用计算机技术，将常见的语言文字或图形符号转化为能被计算机识别的数字符号，从而制成古籍文献书目数据库和古籍全文数据库，用以揭示古籍文献信息资源的一项系统工作"②。从中可以总结出，大型文献数字化项目所需要的关键技术有转换技术，如扫描、拍照等，光学字符识别技术，信息组织和检索技术以及数字资源长期保存技术等。

3）资源说

文献资源是大型文献数字化项目的客体，也是概念界定的主要对象。Karen Coyle 认为大型文献数字化项目是将整个图书馆馆藏不加选择地转换。大型文献数字化项目的目标不是创造馆藏而是全部数字化，即数字化所有印刷型文献③。Paul Conway 认为大型文献数字化就是数字化成果的不断积累，也可以称之为对海量资源的数字化④。David R. Meincke 针对图片资源提出大型文献数字化项目需具备一定的数量，而且相对于一些小型的选择性数字化项目而言，数字化应该是不加区别⑤。宋琳琳等结合大型文献数字化项目开展情况的调研，认为"资源选择是大型文献数字化项目的必要组成部分"⑥。综上而言，大型文献数字化项目的资源首先必须以海量资源为基础，其次是否需要对资源进行选择成为分歧的焦点。

4）内容加工说

徐清通过对古籍数字化概念的分析总结了研究趋势，认为"与以往的研究侧重于从存储介质改变的角度、从技术层面来认知所不同的是，近年来的

---

① 刘琳,吴洪泽.古籍整理学[M].成都:四川大学出版社,2003:335.

② 毛建军.古籍数字化的概念与内涵[J].图书馆理论与实践,2007(4):82-84.

③ COYLE K. Mass digitization of books[J]. The journal of Academic Librarianship,2006,32(6):641-645.

④ CONWAY P. Tec(h)tonics:reimagining preservation[J/OL]. College & Research Library News,2008,11(69).[2018-04-16]. http://www.ala.org/ala/mgrps/divs/acrl/publications/crlnews/2008/nov/techtonics.cfm.

⑤ MEINCKE D R. Towards an evaluation of mass digitized photograph collections[D]. Chapel Hill:University of North Carolina at Chapel Hill,2010.

⑥ 宋琳琳,黄如花.大型数字化项目的概念限定与术语辨析[J].图书情报工作,2009(11):23-28.

研究者更侧重于从对古籍资源深度开发的角度来解释，赋予了古籍数字化更鲜明的学术特性和文化色彩"①。Paul Conway 认为大型文献数字化项目需要对重要的资源进行组织以支持未来使用②。David R. Meincke 认为数字化的数量和高速度必须以保证高质量元数据为前提③。李明杰认为"从本质上讲，古籍数字化不是一个单纯的技术问题，而是一个文化问题和学术问题。古籍数字化是以保存与普及传统文化为基本目的，以知识发现的功能服务学术研究为最高目标，在对传统纸质古籍进行校勘整理的基础上，利用计算机技术将其转换成可读、可检索及实现了语义关联和知识重组的数字化信息的过程"④。陈力认为"古籍数字化工作应该是数字图书馆建设的重要组成部分，古籍的特殊性应在统一标准规范的框架下进行细化，采用开放式的、分层次的、结构化的数据库来组织和揭示资源，要特别注意在古籍与古籍之间、古籍与现代普通图书之间建立起有机的联系，为读者提供一个完整的知识体系"⑤。综上所述，大型文献数字化项目应该加强对资源内容的组织，建立高质量的元数据，增强其与其他资源的整合。

（2）本书对于大型文献数字化项目的概念界定

综合上述学者对于大型文献数字化项目的概念界定，本书首先从语词切分的角度，将其划分为"大型""文献""数字化""项目"4个维度，并分别解释，然后再对其特点进行总结归纳，从而定义大型文献数字化项目的概念。

1）大型

《现代汉语词典》对"大型"解释为"形状大或规模大"⑥。在本书中，

① 徐清.2001—2005年我国中文古籍数字化研究综述[J].图书情报工作,2006(8):139-143.

② CONWAY P. Tec(h)tonics:reimagining preservation[J/OL].[2018-04-06].http://www.ala.org/ala/mgrps/divs/acrl/publications/crlnews/2008/nov/techtonics.cfm.

③ MEINCKE D R. Towards an evaluation of mass digitized photograph collections[D]. Chapel Hill:University of North Carolina at Chapel Hill,2010.

④ 李明杰.中文古籍数字化基本理论问题刍议[J].图书馆论坛,2005(5):97-100.

⑤ 陈力.中文古籍数字化方法之检讨[J].国家图书馆学刊,2005(5):11-16.

⑥ 中国社会科学院语言研究所词典编辑室.现代汉语词典[M].5版.北京:商务印书馆,2007:579.

"大型"作为修饰词，可以从以下几个方面体现：首先是数量多，很多大型文献数字化项目以数量多而著称。Google Book Search 于 2010 年 8 月发表声明，"经过严密的统计，全球的图书共有 129 864 880 册"①。Google Book Search 通过和出版商及图书馆的合作协议，预计数字化图书数量将达到 3000 万册；2010 年和 G5 图书馆合作达成数字化 1500 万册图书的合作协议。"美国记忆"已拥有数字化资源总量接近 900 万册②；截至 2020 年 10 月，生物多样性遗传图书馆（Biodiversity Heritage Library）共拥有 160 334 册、58 717 658 页数字化资源③。截止到 2018 年 1 月，美国加州大学图书馆已完成 4 144 158 册、1 367 572 140 页资源的数字化，其中公共领域的资源多达 732 243 册④。除了数字化资源总量超过百万册，其年均数字化速度也十分可观，IMLS 发布的《美国博物馆与图书馆技术与数字化环境扫描》指出，图书馆、博物馆和档案馆均开展了数字化工作，而且数字化的规模日益扩大，分别有 16.5% 的博物馆、12.2% 的大型公共图书馆、19.3% 的大学图书馆和 12% 的档案馆年均数字化的数量超过 25 000 页⑤。所以，本书所指的海量资源即参照上述项目，限定为在建大型文献数字化的生产能力接近 2 万页，已建成的大型数字化项目的数字化总量应该接近 100 万册。

其次，"大型"还可以体现为规模大，这主要是指大型文献数字化项目的参与机构众多。大型文献数字化项目肩负着保护文化遗产的重要使命，单凭一个机构很难实现，所以需要相关机构合作完成。合作建设大型文献数字化项目已成为一种趋势。以 Google Book Search 为例，其合作的对象主要是出

① 全球图书总量统计［EB/OL］.［2018 - 04 - 15］. http：//booksearch. blogspot. com/2010/08/books - of - world - stand - up - and - be - counted. html.

② American Memory. Resource statistic［EB/OL］.［2019 - 11 - 18］. http：//memory. loc. gov/ammem/about/about. html.

③ Biodiversity Library. Resource statistic［EB/OL］.［2020 - 10 - 25］. http：//www. biodiversitylibrary. org/.

④ CDL resource statistic［EB/OL］.［2018 - 04 - 15］. https：//www. cdlib. org/services/collections/massdig/.

⑤ IMLS. Status of technology and digitization in the nation's museums and libraries［R/OL］.［2018 - 04 - 13］. http：//www. imls. gov/resources/TechDig05/Technology%2BDigitization. pdf.

版社、图书馆和作者，其官方网站显示，100 多个国家或地区的 10 000 多个出版商和作者参与了该项目；截至 2011 年 5 月，与其签订合作协议的图书馆共有 28 个，其中包括 6 个美国以外的图书馆：牛津大学（英国）、马德里康普鲁腾塞大学（西班牙）、加泰罗尼亚国立图书馆（西班牙）、洛桑大学图书馆（瑞士）、根特大学（比利时）和庆应义塾大学（日本）①。OCA 的合作机构超过 40 家，其中既有商业公司如惠普、Adobe、雅虎，也有各类型图书馆，如波士顿公共图书馆、澳大利亚国家图书馆、约翰霍普金斯大学图书馆，还有博物馆和档案馆等，如伦敦自然历史博物馆和美国国家档案馆②。为了实现科罗拉多州历史、文化、政府和工业等相关领域资源的保存，科罗拉多州的图书馆、博物馆、档案馆和历史机构合作开展科罗拉多数字化项目，不仅有利于文化遗产的保存，同时也支持教育和科研的发展③。所以，参与机构的数量及多样化也是限定大型文献数字化项目的一个必要条件。

再次，"大型"还意味大型文献数字化项目的影响力大，主要体现为使用量大和获得充足的经费支持。欧洲数字图书馆开馆当天，由于用户访问量超过网站设计最高容量 500 万人次/小时，最高时段达到设计容量的 3 倍，导致网站多次瘫痪，于 2008 年 11 月 22 日宣布暂时关闭一段时间，1 个月后才重新开放④。Oklahoma 大学图书馆数字化项目的网站日志显示，2009 年 1 月该网站的总点击量达 49 061 次，总访问用户达 4751 人，其中单独 IP 地址为 2129 个，总下载量达到 39 856MB⑤。2004 年以来，JISC 已经获得用于数字化项目的经费高达 2400 万英镑，"美国记忆"自建设以来也获得了超过 7500 万

① Google Book Search. Cooporation libraries［EB/OL］.［2018 - 04 - 15］. http://www. google. com/googlebooks/history. html.

② Open Content Alliance. Cooporation institutions［EB/OL］.［2018 - 04 - 09］. http://www. opencontentalliance. org/.

③ Colorado Digitization Project. Cooporation institutions［EB/OL］.［2018 - 04 - 11］. http:// www. bcr. org/dps/cdp/archive/projects/backyard/index. html.

④ 杨骏. 欧洲数字图书馆的尴尬事［EB/OL］.［2018 - 04 - 11］. http://paper. people. com. cn/rmrbhwb/html/2008 - 11/29/content_148355. html.

⑤ Okstate Library. Okstate library digitization resource statistic［EB/OL］.［2018 - 04 - 18］. http://digital. library. okstate. edu/oktoday/statistics/Month/2009/Jan/123LogReport. html.

美元的资助①。

综上所述，本书将"大型"限定为数字化资源数量大，总量接近 100 万册，年均生产量接近 2 万页；原则上由多个机构合作建设，获得充足的经费支持且数字化成果使用率高。

2）文献

"文献"一词出自《论语·八佾》："夏礼吾能言之，杞不足征也。殷礼吾能言之，宋不足征也。文献不足故也。足，则吾能征之矣。"朱熹注："文，典籍也。献，贤也。"中国大百科全书（图书馆学情报学档案学卷）将文献定义为记录有知识和信息的一切载体。由 4 个要素组成：一是所记录的知识和信息，即文献的内容。二是记录知识和信息的符号，文献中的知识和信息是借助于文章、图表、声音、图像等记录下来并为人们所感知的。三是用于记录知识和信息的物质载体，如竹简、纸张、胶卷、胶片等，它是文献的外在形式。四是记录的方式或手段，如铸刻、书写、印刷、复制、录音、录像等，它们都是知识、信息与载体的联系方式。按载体，文献可分为纸草文献、泥板文献、甲骨文献、金文文献、石刻文献、简牍文献、纸质文献、音像文献、机读文献等。按加工情况，文献可分为一次文献、二次文献、三次文献②。根据《文献情报术语国际标准（草案）》（ISO/DIS 5127），文献是指在存贮、检索、利用或者传递记录信息的过程中，可作为一种单元处理的在载体内、载体上或者依附载体而存贮有信息或数据的载体。根据中国国家标准《文献著录总则》（GB/T 3792.1—2009），文献是指记录有知识的一切载体③。本书在认可上述定义的同时，对大型文献数字化项目的文献类型进行如下限定：其载体以印刷型资源为主，主要涵盖图书、期刊、报纸等印刷型文档和地图、手稿、活动图像、乐谱、唱片、照片、海报及视频资源。

---

① American Memory. Supporting the national digital library program［EB/OL］.［2018 – 04 – 15］. http：//memory. loc. gov/ammem/about/sponsors. html.

② 中国大百科全书出版社. 中国大百科全书——图书馆学情报学档案学卷［M/OL］.［2018 – 04 – 12］. http：//ecph. cnki. net/EcphOnLine/content？ objid = 24820&ename = ecph& infoclass = item.

③ 中华人民共和国国家质量监督检验检疫总局,中国国家标准管理委员会. 文献著录总则［S］.北京:中国标准出版社,2010:59.

3）数字化

目前，学术界对于数字化（digitization 或 digitisation）的界定主要呈现为广义和狭义两个层面。从广义上来讲，数字化经常作为一个历史概念出现，相对于"前电脑"时代而言，用来描述一种现代化、全球化的基于网络的社会形态。从狭义上讲，数字化就是指从印刷型信息资源向数字资源的转换过程，如数字化一本图书，或是数字化图书馆馆藏。其常被用于图书馆或是其他机构开展的"数字化项目"中，目的是为了增加检索或是方便保存。《图书馆情报学在线词典》（*Online Dictionary for Library and Information Science*）认为："数字化"是将数据转换成数字格式，并用于计算机处理的过程。在信息系统中，数字化经常用来表示通过扫描设备，实现从印刷型文档或是图片到二进制信号的转换，以便实现计算机处理和显示。在电信领域，数字化通常用来形容从持续的模拟信号向脉冲数字信号的转换[1]。《新编图书馆学情报学辞典》将数字化定义为"将数据转换成数字的过程。在信息系统中，数字化通常指将印刷文本或图像（相片、插图和地图等）转换为数字信号，采用某种扫描设备，使结果可以显示在屏幕上"[2]。很多知名信息组织机构也认可该定义，澳大利亚国家图书馆将"数字化"定义为一种从图书馆馆藏中创建原有馆藏数字化替代品的过程[3]。NISO 和 IMLS 对于数字化的定义是"为获得数字资源而进行的转换、创建和维护资源的过程，以便于资源可以通过电脑浏览"[4]。在本书中，笔者将"数字化"界定为相关机构开展的将传统的非数字型资源通过扫描、拍照等技术转换成计算机可以读取、识别和利用的数字资源的过程。

---

① REITZ J M. Online dictionary for library and information science［M/OL］.［2018 – 04 – 15］. http://lu. com/odlis/odlis_d. cfm.

② 丘东江. 新编图书馆学情报学辞典［M］. 北京:科学技术文献出版社,2006:289.

③ NISO. Digitisation［EB/OL］.［2018 – 04 – 10］. http://www. nla. gov. au/policy/digitisation. html.

④ NISO Framework Working Group. A framework of guidance for building good digital collections［R/OL］.［2018 – 04 – 21］. http://www. niso. org/publications/rp/framework3. pdf.

4）项目

项目是为创造独特的产品、服务或成果而进行的临时性工作。项目的"临时性"是指项目有明确的起点终点，但是项目所创造的产品、服务或成果一般不具有临时性。项目的"独特性"是因为其建设过程中的不确定性。项目可以创造以下内容：一种产品，既可以是其他产品的组成部分，也可以本身就是终端产品；一种能力，用来提供某种服务；一种成果，如结果或文件。项目的例子包括（但不限于）开发一种新产品或新服务，改变一个组织的结果、人员配备或风格，开发或购买一套新的或改良后的信息系统，建造一幢大楼或一项基础设施，实施一套新的工作流程或程序等①。本书对"项目"限定为以创建数字信息资源，提供数字信息服务为目的的临时性工作，该工作需要以生产、加工为导向，实现一定程度的自动化，并且具备较高的生产效率。

综合上文分别对"大型""文献""数字化""项目"的分析，本书将"大型文献数字化项目"的概念定义为：大型机构或是多个机构合作开展，以创建数字信息资源、提供数字信息服务为目的，通过扫描、拍照等转换技术，将传统的非数字型资源转换成计算机可以读取和识别的数字资源的工作。同时需要具备以下特征：一是数字化资源数量大，总量接近 100 万册，年均生产量接近 2 万页；二是需要以生产、加工为导向，实现一定程度的自动化，并且具备较高的生产效率；三是获得充足的经费支持且数字化成果使用率高。

2.1.2 大型文献数字化项目的性质

基于本书对"大型文献数字化项目"概念的界定，我们可以将大型文献数字化项目的基本性质定位为：大型文献数字化项目是对具有重要史料价值和使用价值的文献进行再现和加工，属于信息资源建设的范畴，是信息资源加工和组织的一部分，而不仅仅是文献载体的转换。大型文献数字化项目的最终结果是将数字化后的文献资源通过组织加工并保存，进而制成书目数据

---

① 项目管理协会.项目管理知识体系指南［M］.王勇,张斌,译.北京:电子工业出版社,2009:6.

库、全文数据库、信息门户或数字图书馆等，实现信息资源的共建共享，从而达到利用和保护文献资源的目的。大型文献数字化项目不仅涉及信息组织的知识和技能，诸如古籍方面的版本、目录、校勘，以及分类法、主题法、本体、主题图、关联数据等，而且还涵盖当代最新的信息技术，如扫描转换技术、文字识别技术、长期保存技术、网络通信技术、语义网等，需要从项目管理的角度进行规划与建设。

2.1.3　大型文献数字化项目的类型

根据大型文献数字化项目的建设目的，可以将大型文献数字化项目划分为基于保存、基于发现、基于传递、基于阅读、基于研究和基于机器处理6种类型。

（1）基于保存的大型文献数字化项目

基于保存的大型文献数字化项目的目的是实现信息资源的长期保存。通过减少用户对原件直接利用从而保护那些处于不稳定载体、价值高、利用率高或是需要修复的文献。此类项目有以下特点：一是项目建设过程必须基于信息资源的长期保存，要有长远眼光，能预见未来发展的需要。二是项目的关键环节是数字资源格式的选择。在格式选择过程中，要尽可能涵盖所有细节，以便未来的资源重现。理想的格式应该基于开源软件或是通用标准，而且项目建设过程中，用于长期保存和提供给用户检索的格式应该不同，用于长期保存的格式强调对资源毫无遗漏的全面重现如 TIFF 格式，而将其用于检索则会造成传输和显示负担；提供用户检索使用宜采用 JPEG 等其他格式。如 JSTOR 在数字化过程中首先将期刊的每页扫描生成 600 dpi 的黑白 TIFF 图像用于保存，然后再对这些图片进行 OCR 识别进而生成 PDF 格式的数字文本，提供给用户检索使用[①]。中山大学图书馆开展的"中山大学图书馆馆藏碑帖拓片数字化"项目以及"广州地区石刻文献书目控制研究——以图书馆藏拓片为中心"项目，通过数字化方式丰富馆藏数字拓片资源，既保护了原

---

① JSTOR. Digitization standards & processes[EB/OL].［2018 – 04 – 10］. http://about. jstor. org/content – collections/journals – archive – collections/digitization – standards – processes.

始文献，又提升了其使用价值。

（2）基于发现的大型文献数字化项目

基于发现的大型文献数字化项目的主要功能是用于检索，提高对原始文献的利用，如能满足本馆主要读者需求的文献，转换为数字拷贝会受到读者广泛使用的文献；具有重要历史或知识内容的国家珍善本，相对而言不太为人了解的馆藏文献，数字化后可能成为新的馆藏的文献；数字化后能实现原始文献信息增值的文献；数字化后有利于克服传统文献利用障碍的文献等①。此类型项目倾向于大规模的自动化生产，首先通过扫描生成相似文档，然后利用 OCR 进行识别；OCR 通常将一本书或一篇文章分解成最基本的文本，然后经过简单的文本加工组织，创建索引目录或是展示片段内容。另外，此类项目已拓展到图片和音像资源，图片检索主要是对图表、广告的检索，强调从美学角度的色彩质量等方面开展检索，而从版式设计角度的自动发现还是很难实现；音像的检索还在起步中；另外还有一些参考地理特征和时间特征的检索。总之，此类项目最显著的特征就是其目的并不是为了方便读者阅读和文献资源的长期保持，仅仅是为了方便检索而建立。Google Book Search 就是最典型的代表。

（3）基于传递的大型文献数字化项目

基于传递的大型文献数字化项目主要是从用户的角度出发，针对网络环境下用户不经常进图书馆查找资料，而更倾向于通过网络传递获取资源的新方式而建设的。数字文档是一种理想的资源传递载体，而且可以针对用户特定的需求而开展，这种按需数字化的方式可以有效降低数字化复本的重复率。为了使用户通过网络查找报纸信息，NDNP 将美国 1880—1910 年间的报纸全文进行了数字化，方便公众阅读；并且还提供 1690 年以来所有的报纸目录和基本信息②。

（4）基于阅读的大型文献数字化项目

目前，用户阅读很多数字资源都是原生数字资源，大型文献数字化项目

---

① 刘家真. 馆藏文献数字化的原则与方法［J］. 中国图书馆学报,2001（5）:42 - 45.

② NEH. National digital newspaper program［EB/OL］.［2018 - 04 - 10］. http://www. neh. gov/projects/ndnp. html.

正在将印刷型资源进行数字化以便提供阅读，而且这种发展趋势越演越烈。古登堡计划最初是为了方便英文经典著作的阅读，国内的汉王电纸书也是此领域的成功案例。要实现最终阅读目的，需要设备、标准和市场几方面协同发展。首先，实现基于阅读的数字化设备应该具备以下特征：除了有良好的界面和字体，还必须能提供纸质图书的很多特征，如页码、书签、目录导航，因为一次读完的可能性很少，还要提供各种标记；同时，提供字典链接，注释和标注，还应该实现格式兼容。其次还应该建立数字图书的开放标准，并减少电子书利润限制。

（5）基于研究的大型文献数字化项目

基于研究的大型文献数字化项目主要包含以下方面：一是对一些参考工具书数字化，将其变成数据库，从而方便参考工具的利用和展示。二是对一些方便研究的连续文本，如研究指南、操作手册等进行数字化，此类项目需要一定的持续性，通过数量累积提供研究参考。三是实现数字化内容的全文检索，这需要在 OCR 的基础上对数字资源进行深度挖掘，因为仅凭阅读和简单导航无法有效地提高科研效率，通过这种方式既可以获取全文，又能方便准确高效地找到所需要的资源，这也是通过大型文献数字化项目实现信息增值的主要体现。例如，南京农业大学建立的民国农业文献数据库将相关文献资料以及研究论文都进行了数字化，并且建立了知识元数据库，利用数据挖掘技术从相关数据源中抽取各种实词如人名、地名、书名等，理清此间关系，使用 XML 进行置标，从而建立语义词典，辅助科学研究①。

（6）基于机器处理的大型文献数字化项目

很多数据文档并不是给用户阅读的，但是可以方便用户检索，如人口普查数据、调查统计数据，还有用于气候和生态学研究的地图数据和卫星数据。这些数据文件可以一定的文件格式，尤其是便于数据库导入的格式保存，通过数字化技术将其转换成二进制语言，再利用一些应用程序进行处理从而生成新数据。对于这些数据的数字化也是大型文献数字化项目的一个重要内容。

① 王雅戈.民国农业文献数字化整理及信息组织研究［D］.南京:南京农业大学,2007:90.

2.1.4 大型文献数字化项目的意义

（1）促进文献资源的发现

非数字型文献资源受限于载体，用户对其发现取决于信息组织成果的丰富及深入，对其获取使用则局限于该文献的复本数量。而对于那些濒危的历史文献，其利用价值也会显著降低。大型文献数字化项目可以获取原始文献的数字拷贝，可以扩大受众面，丰富用户的选择范围；全文检索还可以丰富数字资源的发现途径，提升特殊馆藏的使用率，使馆藏机构更有效率地管理资源并提供服务。

（2）加强文化遗产的保护与利用

具有珍贵史料价值、濒危的历史文献是大型文献数字化项目的首要加工对象。这些原始文献的数字替代品可以有效降低原始文献丢失和损坏的风险，延长文化遗产的生命周期，而且可以满足用户对珍贵文献的使用需求，将文化遗产的价值发扬光大。

（3）推动新型服务的开展

通过建设大规模数字资源并对其进行深入组织，大型文献数字化项目可以提供并完善知识服务，提供电子书借阅服务，满足用户在科研、教学、学习等方面的需求。由于拥有共同的目标，大型文献数字化项目可以广泛发动社会各方力量参与建设。首先可以实现文化遗产保护机构之间的合作，扩大信息资源的拥有量，为信息服务奠定基础；其次可以实现与商业机构的合作，借助其经费和技术支持，开发数字出版、学术搜索、电子书服务等新业务。

2.1.5 大型文献数字化项目信息资源与原生数字资源辨析

UNESCO 颁布的《保存数字遗产宪章》（*Charter on the Preservation of the Digital Heritage*）将"原生数字资源（digital original）"定义为，除了数字形式外别无其他形式的数字资源①。数字保存联盟（Digital Preservation Coali-

---

① UNESCO. Charter on the preservation of the digital heritage [EB/OL]. [2018 – 04 – 21]. http://portal. unesco. org/ci/en/files/13367/106761360511Charter_ch. pdf/Charter_ch. pdf.

tion，DPC）认为，原生数字资源必须仅以数字版本的形式存在，如果说该资源是由实体文献数字化处理而来，那就不属于原生数字资源①。大型文献数字化项目的信息资源是指通过数字化加工而产生的原始文献的数字化替代品或数字化复本（digital copy/digital double）。例如，一本图书经过数字化后，既可以图片的形式出现，也可以经过文字识别后以数字文档的形式出现。此类信息资源与原生数字资源相比最大的特点就是存在一个与之相对应的原始文献。所以，在本书的研究中，笔者将大型文献数字化项目的信息资源限定为非原生数字资源，即实体信息资源通过数字化转换而生成数字格式、能够满足人类需求的数字资源。

2.1.6 大型文献数字化项目与数字图书馆辨析

大型文献数字化项目是由大型机构或是多个机构合作开展的以创建数字信息资源为目的，通过扫描、拍照等转换技术，将传统的非数字型资源转换成计算机可以读取和识别的数字资源的工作。其主要关注资源的选择、采集、数字资源转换的技术，以及数字资源的存储和组织等。

数字图书馆的概念主要围绕"馆藏"和"服务"两个方面来界定。美国数字图书馆研究十大专家之首的 William Arms 认为"数字图书馆是具有服务功能的整理过的信息收藏，其中信息以数字化格式存储并可通过网络存取"②。该定义的关键在于信息是整理过的。数字图书馆联盟（Digital Library Federation，DLF）认为，"数字图书馆是提供包括专业人员在内的资源的组织，对数字馆藏进行选择、构造、提供智能化获取、解释、发布，保持其完整性，确保其跨越时间的持续性，以保证某个特定的用户群或多个用户群方便、经济地获取与使用"③。

大型文献数字化项目和数字图书馆的区别主要体现在：大型文献数字化

---

① Digital Preservation Coalition. Introduction—definitions and concepts［EB/OL］.［2018 - 04 - 19］. http://www. dpconline. org/advice/preservationhandbook/introduction/definitions - and - concepts.

② ARMS W. Digital libraries［M］. Cambridge：MIT Press，2000：3.

③ DLF. What is digital library［EB/OL］.［2018 - 04 - 16］. http://www. diglib. org/about/dldefinition. htm.

项目主要面向数字资源建设，以资源为中心，强调生产、加工、组织，其主要的任务就是如何通过转换获得数字资源，如何对数字资源进行有效的描述、组织和整合，并以此为基础提供简单的信息服务。而数字图书馆则包括更多的内容，不仅包括数字资源，还涉及以数字资源为基础的增值服务，如搜索和发现工具、浏览和交互界面，以及具体的保存和传播协议等。这些增值服务可以方便数字资源的管理，同时实现数字资源对于终端用户的可用性和易用性①。而且单就资源层面分析，"数字图书馆的资源并不局限于文献的数字化替代品，还扩展到不能以印刷形式表示或传播的原生数字资源"②。对于数字图书馆而言，无论是文献的数字化替代品还是原生数字资源，其本质都是0和1的数据串。这些资源的区别在于，如何通过多种方式将这些资源和服务提供给用户。在服务过程中，要努力克服的问题是如何满足用户的需求，使用户觉得利用数字图书馆并不是很困难的事情，这就需要数字图书馆提供合适的数字资源和数字服务。

2.1.7 数字化与资源保存辨析

资源保存就是确保资源在一定环境中的可用，数字化是实现资源保存的一种方式，但这并不意味着数字化就是数字资源保存。资源保存关注的是资源的稳定化处理，而数字化是一种格式转换方式，而格式转换是一种可以接受的资源保存方法。数字化所生成的原始资源的数字化替代品，常存在稳定性、可靠性、永久性等无法保证的问题；但是数字化在数字保存方面的作用不可小觑，通过对易损、濒危和使用价值大的资源的数字化，不仅可以有效降低对原件的使用，保护信息资源，同时也可以增加信息资源的利用率。所以，要达到资源保存的目的，需要数字化生成的格式足够稳定，甚至稳定性超过原始资源；另外，还要建立一系列标准，规范数字化工作，对一些重要

① COLE T. Creating a framework of guidance for building good digital collections[J/OL]. [2018 - 04 - 15]. http://131.193.153.231/www/issues/issue7_5/cole/.

② ARL. ARL endorses digitization as an acceptable preservation reformatting option[EB/OL]. [2010 - 11 - 24]. http://www.arl.org/resources/arl-endorses-digitization-as-an-acceptable-preservation-reformatting-option/.

的生产记录通过元数据进行长期保存。ARL 的保存委员会也认可数字化作为数字保存的可选模式之一，应该大力推广①。

2.2 信息组织的内涵

2.2.1 信息组织的概念与特征

许多学者都对"信息组织"概念进行了界定，表2－1对我国目前已出版的"信息组织类"教材所提出的"信息组织"概念进行了梳理，本书从中总结"信息组织"的主要理论内核。

表2－1 我国学者关于"信息组织"概念的阐释

提出者	来源	出版年	定义
张帆	《信息组织学》	2005	所谓信息组织，即指采用一系列的方法与手段使大量信息系统化和简明化的过程。它也是通过选择、著录信息内容，揭示信息之间的内在逻辑联系，按照某一规则对信息进行整序、提炼，使之系统化和浓缩化，以方便快速传递与信息交流的活动②。
储节旺、郭春侠吴昌合	《信息组织学》	2007	所谓信息组织，就是根据信息本身的特点，运用各种工具和方法，依据一定标准，对其进行加工整理、排列与组合，使之有序化、规律化、系统化、高级化，增强信息对象的表现效能与运用效能，以满足人们信息需求的过程和活动③。

---

① ARL. ARL endorses digitization as an acceptable preservation reformatting option[EB/OL]. [2010－11－27]. http://www.arl.org/resources/arl-endorses-digitization-as-an-acceptable-preservation-reformatting-option/.

② 张帆.信息组织学[M].北京:科学出版社,2005:1.

③ 储节旺,郭春侠,吴昌合.信息组织学[M].北京:清华大学出版社,2007:21.

续表

提出者	来源	出版年	定义
柯平	《信息管理概论》第二版	2007	信息组织是信息管理的一个重要环节。它是根据信息的内容特征和外部特征,采用一定的原则和方法,对信息进行加工处理,使之有序可用的过程[①]。
冷伏海	《信息组织概论》第二版	2008	信息组织是在系统科学理论指导下依靠专门的技术方法和手段对信息资源进行选择和整理,从而达到这类资源得以被充分利用的目的[②]。
马张华	《信息组织》第三版	2008	所谓信息组织,亦称为信息资源组织,是根据信息检索的需要,以文本及各种类型的信息资源为对象,通过对其内容特征等的分析、选择、标引、处理,使其成为有序化集合的过程[③]。
戴维民	《信息组织》第二版	2009	信息组织是通过一定的工具和技术将无序的信息组织成一个有效系统的方法[④]。
甘利人	《数字信息组织》	2010	信息组织的根本目的在于将无序的、分散的信息整理成为有序的信息资源,实现无序信息流向有序信息流的转换,使之形成更高级的信息产品,保证用户对信息的有效获取和利用及信息的有效流通和组合,从而促进信息资源更快捷、更方便地检索利用[⑤]。

---

① 柯平,高洁.信息管理概论[M].2版.北京:科学出版社,2007:127.

② 冷伏海,徐跃权,冯璐.信息组织概论[M].2版.北京:科学出版社,2008:2.

③ 马张华.信息组织[M].3版.北京:清华大学出版社,2008:1.

④ 戴维民.信息组织[M].2版.北京:高等教育出版社,2009:1.

⑤ 甘利人.数字信息组织[M].北京:科学出版社,2010:6.

续表

提出者	来源	出版年	定义
叶继元	《信息组织》	2010	信息组织是以用户需求为导向，依据信息体本身的属性特征，按照一定的原则、方法、技术，将杂乱无章的信息整理成为有序的信息集合的活动和过程。信息组织的结果是形成各种方便用户利用的有序化信息检索系统，从而达到信息增值的目的。信息组织是信息管理活动的核心和基本环节[①]。
周宁	《信息组织》第二版	2010	信息组织是对信息资源对象进行收集、加工、整合、存储使之系统化的过程[②]。

注：本表是笔者根据文献调研结果制作，依出版年为序，同年者再以作者的姓名汉语拼音为序。

通过对上述概念的分析，本书从基础、途径、结果 3 个方面总结"信息组织"的特征。

首先，信息组织的基础是信息资源，而且此处的信息是指狭义上的信息资源，即人类社会经济活动中经过加工处理有序化并大量积累起来的有用信息集合（信息内容本身）。而对信息资源的组织，主要是针对两个方面，一是对其外在特征的描述，二是对其内容特征的揭示。

其次，信息组织的实现途径丰富，从广义范围来看，主要包括信息搜集与选择、信息分析与揭示、信息描述与标引、信息整理与存储。而狭义的信息组织的基本对象和管理依据是信息的外在特征和内容特征，但其中绝大多数都只以信息资源的分类和主题标引内容为主。此外，分类标引并不是信息组织的全部，即不能以信息组织的部分内容（分类主题标引）来代替信息组织的全部（分类主题标引和信息资源编目）[③]。随着信息组织研究的深入，知识组织系统如本体、概念地图、主题地图等也是信息组织实现途径的重要组成和发展方向。

---

① 叶继元.信息组织[M].北京:电子工业出版社,2010;2.
② 周宁,吴佳鑫.信息组织[M].3 版.武汉:武汉大学出版社,2010;4.
③ 王松林.从图书馆的角度看信息组织和知识组织[J].中国图书馆学报,2006(5);61－66.

最后，信息组织的最终成果是实现信息的有序化、系统化、规律化、高级化，增强信息对象的表现力和运用效能，形成各种方便用户利用的有序化信息检索系统，方便信息快速传递与信息交流，满足人们信息需求，从而实现信息增值。

2.2.2 知识组织的概念与辨析

国内学者对"知识组织"概念的界定多是在"信息组织"概念基础上的深化，通过总结现有的知识组织概念，本书对"信息组织"和"知识组织"两个概念进行了辨析。

表2-2 我国学者关于"知识组织"概念的阐释

提出者	来源	年代	定义
刘嘉	《网络信息资源的组织——从信息组织到知识组织》	2002	知识组织的目标在于对知识存贮进行整序和提供知识；知识组织方法多种多样：依知识的内部结构特征，可分为知识因子的组织方法和知识关联的组织方法；依知识的不同存在形态可分为主观知识的组织方法和客观知识的组织方法；依知识的语言学原理，可分为语法组织方法、语义组织方法和语用组织方法等。具体的知识组织方法，归纳起来主要有知识表示、知识重组、知识聚类、知识存检、知识编辑、知识布局和知识监控[1]。
张帆	《信息组织学》	2005	知识组织是指为实现主观知识客观化和客观知识主观化而对知识客体所进行的如整理、加工、引导、揭示、控制等一系列组织化过程及其方法[2]。

①　刘嘉.网络信息资源的组织——从信息组织到知识组织[M].北京:北京图书馆出版社，2002:12.

②　张帆.信息组织学[M].北京:科学出版社,2005:396.

续表

提出者	来源	年代	定义
储节旺、郭春侠吴昌合	《信息组织学》	2007	知识组织是按照知识内在逻辑联系，运用一定的组织工具、方法和标准对知识对象进行整理、加工、表示、控制的序化、系统化的活动①。
王知津等	《知识组织理论与方法》	2009	知识组织是对知识进行整序和提供，既处理大量的现有知识，又能相对降低存贮知识的物理载体文献的盲目增长以免知识过于分散化。所以提供文献、评价科学文献和系统表述以生成新的便于利用和获取的有序化知识单元的处理系统即是知识组织②。
薛春香	《网络环境中知识组织系统构建与应用研究》	2010	知识组织是在图书馆学、情报学的分类和叙词表研究的基础上发展起来的，其核心就是知识序化③。
叶继元	《信息组织》	2010	知识组织是在文献分类法基础上发展起来的，是关于知识的组织与检索系统，是现代网络信息环境下获取与利用知识的所有手段、技术与能力的总和，因此与文献组织和信息组织关系密切④。
周宁	《信息组织》第三版	2010	所谓知识组织就是为促使或实现主观知识客观化、客观知识主观化，面对知识客体所进行的如整理、加工、引导、揭示、控制等一系列组织化过程及其方法⑤。

注：本表是笔者根据文献调研结果制作，依出版年为序，同年者再以作者的姓名汉语拼音为序。

① 储节旺,郭春侠,吴昌合.信息组织学[M].北京:清华大学出版社,2007:322.

② 王知津,李培,李颖,等.知识组织理论与方法[M].北京:知识产权出版社,2009:35.

③ 薛春香.网络环境中知识组织系统构建与应用研究[M].南京:东南大学出版社,2009:2.

④ 叶继元.信息组织[M].北京:电子工业出版社,2010:3.

⑤ 周宁,吴佳鑫.信息组织[M].3版.武汉:武汉大学出版社,2010:408.

　　通过对上述"知识组织"概念的梳理，并与"信息组织"概念进行辨析，本书得出以下结论：①知识组织是在信息组织基础上的新发展，传统信息组织方法和技术在知识组织中依然发挥重要的作用，尤其是知识组织系统的研发多是在传统信息组织工具基础上的网络化和语义化。②知识组织环境发生变化，更多面向网络化的数字信息环境，而知识组织对象也随之进行相应的转变，更多的关注数字信息资源，关注其内容特征的揭示，通过概念—关系的描述，实现数字信息资源的语义化获取。③知识组织相较于信息组织而言，最显著的特点就是知识组织工具的数字化、网络化和语义化，基于分类法和主题法发展起来的本体、概念图、主题图等新型语义工具，深层次、多角度、可视化地揭示数字信息资源的主题内容。④与传统信息组织注重操作性和具体应用方面的研究相比，知识组织正处在逐步发展完善的阶段，现阶段研究中更重视知识组织系统的研发和设计；在数字环境下，为最大限度地揭示资源，知识组织系统的标准化与互操作研究是需要重点解决的问题，也是推进信息资源共建共享的必经途径。

　　本书所研究的"大型文献数字化项目的信息组织"，针对原始文献资源的数字化替代品这一特殊组织对象，在传统信息组织的理论与实践基础之上，利用新型知识组织系统，以实现大型文献信息数字化项目信息资源的全面描述、深度揭示、有序化、系统化，方便用户使用。

2.3　大型文献数字化项目信息组织的内涵

　　通过上文对"大型文献数字化项目"和"信息组织"的内涵与范围的界定，本书将从概念、基本内容、特点3个方面对"大型文献数字化项目信息组织"进行系统的理论阐释。

2.3.1　大型文献数字化项目信息组织的概念

　　大型文献数字化项目信息组织是以用户需求为导向，按照一定的原则、方法和技术，将杂乱无章的数字对象整理成为有序的数字对象集合，并与相关信息资源进行整合的过程。大型文献数字化项目信息组织的结果是形成各种方便用户利用的有序的数字信息检索系统，从而实现信息增值。大型文献数字化项目的信息组织是大型文献数字化项目建设的核心和基本环节。

大型文献数字化项目的信息组织应该按照信息资源能够被获取的形式，证实各种可用的信息资源的存在；鉴别包含在信息资源内或作为其组成部分的信息单元；将信息资源与图书馆、档案馆、博物馆、网络资源及其他馆藏系统组织在一起；根据标准规则生成信息资源列表；并为这些信息资源提供作者、题名、主题等有用的检索途径；实现对信息资源及其数字化复制品的准确定位①。

大型文献数字化项目信息组织应该发挥数字信息资源的优势，不再局限于建立有效的信息空间，便于用户获取与利用；还要有利于用户理解、判断与吸收信息获得知识，更应该借助数字化契机实现信息资源的深度挖掘、复用与增值，实现信息资源的长期保存与检索利用。

2.3.2　大型文献数字化项目信息组织的基本内容

大型文献数字化项目的信息组织是为了方便用户检索，将零散、无序的数字化信息资源予以系统化和有序化的过程。从广义上讲，大型文献数字化项目信息组织的内容包括文献资源的选择与分析、描述与揭示、整合、长期保存。其中，选择与分析是大型文献数字化项目信息组织的基础准备工作，描述与揭示是大型文献数字化项目信息组织的中心内容，整合是大型文献数字化项目信息组织的应用目标，而对信息组织形成的有序信息资源的长期保存是大型文献数字化项目的最终目标与价值体现。

（1）信息资源的选择与分析

信息资源的选择是大型文献数字化项目信息组织的第一步。大型文献数字化项目的资源选择与其他类型信息资源选择的不同之处在于：其选择的来源是文化遗产保护机构的馆藏文献资源，而且这些资源在入藏前已经经过了细致的选择，这既保证了信息资源的质量，同时也为大型文献数字化项目的信息资源选择提出新的要求，即如何从现有馆藏信息资源选择适合大型文献

---

① TAYLOR A G.信息组织［M］.张素芳,李书宁,李金波,译.北京:机械工业出版社,2006:3－4.

数字化项目需要的文献资源。结合大型文献数字化项目的目的，为了实现珍贵资源的长期保存，大型文献数字化项目应该选择那些具备重要史料价值或是巨大保存意义的信息资源，而且还应该考虑信息资源的物理载体的适用性。大型文献数字化项目作为数字资源建设的主要途径之一，对特色文献资源的数字化是实现参建机构的长远发展的必要保证。为了提高信息资源的发现，增加检索使用，大型文献数字化项目应该选择那些对教学科研有重要参考作用、用户使用率高的资源进行数字化；同时，为了避免信息资源使用过程中的法律纠纷，大型文献数字化项目信息资源选择过程中还应该考虑知识产权方面的因素。

大型文献数字化项目信息资源分析是按照一定的逻辑关系，从语义、语用和语法角度对选择后的信息资源进行细化、挖掘、加工整理，通过计算、分析、比较研究，以便创造出更为系统、更能揭示信息本质内容的信息活动。信息分析是信息描述与揭示的前提和基础，是大型文献数字化项目信息组织不可或缺的重要环节之一，直接影响着大型文献数字化项目信息组织的质量。

（2）数字对象的描述与揭示

信息资源描述与揭示是指根据信息组织和信息检索的需要，对信息的主题内容、形式特征、载体形态等进行分析、选择、记录的活动①。信息资源描述需要揭示信息资源的外部特征、内容特征和关系。大型文献数字化项目的数字对象描述以数字对象为中心，根据相关的信息描述规则和技术标准，对题名、责任者、出版项、载体信息等外部特征进行描述。并在分析信息主题内容的基础上，根据特定的标引规则和语义工具，分析其学科专业归属或主题概念，并赋予信息内容一定标识，对数字对象的内容特征进行揭示。大型文献数字化项目信息资源作为数字化替代品，即意味其存在原始资源，而且原始资源在之前的信息组织中已进行了一定程度的描述，这就降低了大型文献数字化项目数字对象揭示的工作强度。但是，之前的信息组织受技术环境的限制，其揭示深度不够，已无法适应网络环境下语义检索的需要。通过大型文献数字化项目实现文献资源载体转换的契机，可以利用知识组织系统对文献资源进行更加深入、更加详细的标引，从而方便用户的发现与获取，

---

① 甘利人,薛春香,刘磊,等.数字信息组织[M].北京:科学出版社,2010:7.

实现原始文献资源的复用。

（3）数字对象集合的建立

相较于广义的信息组织，狭义的信息组织就是在信息资源描述的基础上，利用各种信息组织工具如分类法、主题法、本体、主题图，实现信息资源有序化的过程。具体到大型文献数字化项目的信息组织中，应基于数字对象描述对外部特征、内容特征和关系的描述与揭示，通过各类信息组织工具，尤其是面向数字资源的知识组织系统，将独立存在的数字对象组成为关系丰富的数字对象集合。在数字对象集合的建立过程中，应该根据大型数字化项目发展的需要，并结合数字资源的特点选择合适的信息组织工具。在具体实践过程中，通常出现多种信息组织工具并用的情况；尤其是采用知识组织系统建立数字对象集合，需要在传统信息组织工具的基础上实现。

（4）信息资源的整合

信息资源整合是根据用户的信息需求，利用相关的技术和标准，将分散的、异构的信息资源和信息系统按照一定的方式进行优化组合，形成高效率、高质量的信息资源保障体系。其目的是通过信息资源整合提升信息内容之间的关联度，形成方便快捷的信息资源利用环境[①]。大型文献数字化项目信息资源整合首先集中体现在信息技术的综合利用方面，如中间件技术、信息链接技术、数据交换技术、分布式检索、Web2.0、关联数据等信息技术的应用，从而有效解决信息孤岛问题，实现跨网络、跨平台、跨应用、异构数据和其他信息的整合。标准化和规范化是实现大型文献数字化项目信息资源整合的保证，大型文献数字化项目信息资源的整合更多的是对数字信息资源的整合，所以适用于数字信息资源整合的标准和规范同样也可用于大型文献数字化项目信息资源的整合，如国际标准化组织（International Organization for Standards，ISO）和万维网联盟（World Wide Web Consortium，W3C）及各国标准化组织制定的字符集标准、描述语言、各种元数据体系、数字信息资源存储格式、数字信息文件管理与长期保存标准、统一检索协议等。信息内容的整合是实现大型文献数字化信息资源整合的最终目的，需要通过信息资源

---

① 肖希明,黄如花,张燕飞,等.数字信息资源建设与服务研究［M］.武汉:武汉大学出版社,2007:330.

整合技术、标准和规范，对不同类型、不同载体、不同来源的数字信息资源进行描述、链接和集成，对蕴含在数字对象中的内容关联进行深入揭示与整合，使分散的、异构的数字对象形成一个有机管理的整体。大型文献数字化项目信息资源整合的层次应该涵盖数字化替代品与原始文献资源的整合、与馆藏信息资源的整合、与网络相关资源的整合以及与用户信息资源的整合等。

（5）信息资源的长期保存

信息资源的长期保存是将经过加工整理的信息资源按照一定的格式与顺序存储在特定载体中并保证其长久可用性、完整性和真实性的一种信息活动。大型文献数字化项目信息资源长期保存应包括对数字信息资源的安全存储、元数据管理与永久获取，即包括长期保存和提供检索与应用两大方面，从共享程度和重复使用率两个方面体现数字资源的价值。在大型文献数字化项目信息资源长期保存的研究与实践中，要关注信息资源的存储介质、元数据、标准化，注重仿真、更新、转换、迁移和再生性保护技术的应用。在大型文献数字化项目建设过程中应注意数据的备份，及时进行数字资源的恢复与修复，开发数字资源保存和利用的工具，另外还应实现多个机构合作开展信息资源长期保存。信息资源的长期保存是大型文献数字化项目的最终目的，只有保证信息资源的真实和完整并供后代使用，才能从根本上保证文化的传承和发展，促进人类社会文明的发展。

2.3.3 大型文献数字化项目信息组织的特点

（1）具有双重属性

大型文献数字化项目的首要特征就是信息资源数量巨大，一般来讲资源总量接近 100 万册，年均生产量接近 2 万页。这意味着大型文献数字化项目信息组织对象也是海量的，这也对信息组织工作流程、信息组织方法技术、信息存储能力提出很高的要求。

大型文献数字化项目是对已存在的文献资源进行数字化再造而形成的"数字拷贝"，作为原始资源的一种表现形式，利用数字化加工将原始资源更好的展现和利用。基于长期保存目的的项目所生产的数字资源必须与原文献保持高度一致，而基于获取利用目的的项目则更多地注重其内容的组织和加工。不管项目目的如何，其生产的数字资源都具有相应的原始载体，这就使得大型文献数字化项目信息组织与其他类型的信息组织有显著区别：首先，原始文献资源可能已经在一定程度上实现了信息组织，如何有效利用已有信息组织成果，提高信息组织效率是首先要解决的问题之一。其次，对数字资源的组织如何与原始文献资源的信息组织成果相区别，又如何实现两者间的整合利用也是亟待解决的问题之一。与其他类型信息组织不同，大型文献数字化项目的信息组织对象主要是文化遗产保护机构的馆藏，而馆藏的知识产权并不属于保存机构，如何选择合适的文献资源，在尽量避免产权纠纷的前提下又能实现信息资源最大限度的开发利用，也是信息组织需要关注的问题之一。

（2）信息组织方法的自动化与多样性

大型文献数字化项目以工业化生产为导向，实现一定程度的自动化，并且具备较高的生产效率，这就要求信息组织过程中必须采用自动化的信息组织手段，实现自动分类、自动抽取、自动标引、自动编制分类表和词表，以及目录、索引、文摘等编制和管理的自动化等。

大型文献数字化项目信息组织方法的多样化体现在以下几个方面：①对多种信息组织工具的包容性强。由于信息组织的对象是数字资源，所以无论是传统的信息组织工具如分类法、主题法或其数字化、网络化成果，还是专门适用于数字资源组织的各种语义组织工具，如本体、主题图、元数据等，都可以应用于大型文献数字化项目的信息组织中。②信息组织工具的标准化和兼容化。大型文献数字化项目信息组织是在数字环境下对信息资源进行加工、存储和利用的协作系统，其前提就是在信息处理和建设中采用一系列标准、规范的工具，并实现标准的映射以及各种工具间的互操作，从而使信息组织、加工与管理实现标准化与兼容化，以实现信息资源的共建共享。③信息组织方式透明化与易用化。用户协作参与的信息组织是数字环境，尤其是社会化网络环境下信息组织的一个显著特征；大型文献数字化项目信息组织的过程也应该提供此类用户参与的信息组织入口，吸纳用户加入项目的信息组织，满足用户的个性化需求；同时利用用户提供的信息，深化信息资源揭示与标引的深度，实现信息增值。

（3）信息组织成果的整合

大型文献数字化项目信息组织成果的整合是其与其他类型信息组织相区别的关键，而这主要是由大型文献数字化项目建设主体的多样性决定的。大型文献数字化项目的建设主体总体上可以分为 IT 公司、文化遗产保护机构、行业协会和非营利机构等。这些建设主体有的自身就拥有馆藏资源，通过自建或与其他机构合作的方式参与建设；有的则通过提供资金、技术来获取资源的数字版本的方式参与建设。所以，对于大型文献数字化项目的最终成果，就不再单纯属于某一机构，而必须实现信息组织成果的整合。大型文献数字化项目信息组织成果的整合可以从以下几个层面实现：①数字信息资源与原始文献资源的整合，即既可分别识别两者又能建立两者之间的关系。②数字信息资源与其他馆藏信息资源的整合。拥有原始文献的数字化版本是参与大型文献数字化项目建设的基本条件，获得数字化版本后如何对这部分资源实现自组织，如何将组织好的数字化版本融入现有馆藏，反映到书目数据库、馆藏资源导航中，再整合到机构自建的数字信息资源中，从而实现机构内部信息资源的整合。③数字信息资源与机构外的资源，尤其是相关网络资源进行整合。此类整合是大型文献数字化项目信息组织的重点和难点：如何打破壁垒障碍，实现不同类型机构如图书馆、档案馆和博物馆之间数字资源的整合；如何将用户的信息组织成果如标签、评论等集成到大型文献数字化项目的信息组织成果中；如何利用开放链接工具，提高大型文献数字化项目信息资源在网络环境中被发现和获取的程度，增加资源的知名度、辨识度和使用率。

3 大型文献数字化项目信息组织的主体与客体

要对大型文献数字化项目的信息组织进行系统研究，首先应该解决两个问题：谁来开展大型文献数字化项目的信息组织和被组织的信息资源的特征，即大型文献数字化项目信息组织的开展主体和大型文献数字化项目信息组织的对象。参考信息组织开展主体的资质、特征、目的，再结合信息组织对象的来源、特点、类型，才能够选择合适的信息组织方式，从而达到理想的信息组织效果。

3.1 大型文献数字化项目信息组织的主体

信息组织主体是基于一定目的主动实施信息组织行为的机构和个人，根据大型文献数字化项目信息组织的主体的性质和特征，可以将其分为政府机构、非营利性机构和行业协会、文化遗产保护机构、IT 公司等类型，此外，有的出版社、图书供应商、用户也参与到大型文献数字化项目的信息组织中，但由于其并非主要参与者，在此不单独讨论。

3.1.1 政府机构

政府机构作为社会发展的领导核心，自然肩负着文化遗产保存和信息资源传播的重任。政府机构尤其是相关主管部门通过提供资金支持、制定信息资源长期保存政策、组织建设大型文献数字化项目及其信息组织平台等方式，管理和引导大型文献数字化项目信息组织的发展。

（1）为大型文献数字化项目建设提供资金支持

大型文献数字化项目是一项极其耗时且需要巨额资金支持的数字资源建设工程，仅凭文化遗产保护机构和一些公益性组织无法独自承担，这就需要来自政府机构在经济和政策上的支持和引导。此外，大型文献数字化项目是一项系统工程，数字化加工只是整个项目的资源获取方式，还需经过以提供信息资源利用为目的的信息组织和以信息资源保存为目的的信息资源的存储，这也都需要大量经费的支持。而且随着用户需求的变化，信息组织的层次将不断加深，也需要持续资金的保证，其中最可靠的经费来源就是政府机构的各项拨款。以欧洲数字图书馆为例，其资源来源于欧盟成员国的国家图书馆和文化机构，其信息资源建设主要由欧盟负责组织实施，具体由欧洲数字图书馆基金会负责运作，该基金会将欧洲的主要图书馆、档案馆、博物馆、视听档案馆和文化机构的委员会集合到了一起，并得到了欧洲议会的强力支持。2009—2011 年，欧盟每年为该项目提供大约 200 万英镑的欧盟基金，并考虑在其未来发展过程中引入私营成分。2009—2010 年，大约有 6900 万英镑通过一系列欧盟研究项目投入到数字图书馆研究中去；竞争力与创新项目中的信息社会子项目也投入约 5000 万英镑用于改善人们对欧洲科学文化遗产的利用，这其中也会有部分资金用于该项目①。此外，各国的国家图书馆所开展的大型文献数字化项目大多得到了各国政府的支持。以日本国会图书馆为例，为摆脱经济萧条，扩大就业，日本政府增加了相当大规模的预算作为日本国会馆的数字化经费。在 2009 年的补充预算中，用于国会图书馆资料数字化的经费上升到 127 亿日元，此金额相当于国会图书馆历年数字化预算总经费的100 倍②。

（2）制定信息资源建设的政策和规范

作为管理监督机构，政府机构或提供政策方面的规范指导，或由具体主

① 现代图书情报技术杂志社. Europeana：欧洲数字图书馆［J］. 现代图书情报技术，2009（2）：112.

② 国家图书馆. 日本国会图书馆数字化项目经费［EB/OL］.［2018 - 04 - 25］. http://www.nlc. gov. cn/service/jltx/jltx3208. htm.

管部门制定一系列标准、规范，为大型文献数字化项目的顺利实施提供保障。为全面、科学、规范地开展我国古籍保护工作，2007 年国务院办公厅印发了《关于进一步加强古籍保护工作的意见》，着重强调"进一步加强古籍的整理、出版和研究利用，制订古籍数字化标准，规范古籍数字化工作，建立古籍数字资源库。利用现代印刷技术，推进古籍影印出版工作，继续实施中华再造善本二期工程。积极采用缩微技术复制、抢救珍贵古籍。要整合现有资源，建立面向公众的古籍门户网站。要采取有效措施，向社会和公众开放古籍资源，发挥古籍应有的作用"①。IMLS 作为美国图书馆和博物馆的政府主管机构，通过制定各种规范标准为数字化项目的建设保驾护航。2002 年和2006 年两次开展了《美国博物馆与图书馆技术与数字化环境扫描》项目，对数字化项目的开展情况进行了调研与统计，从而为数字化项目相关政策的制定奠定基础。2007 年，IMLS 与 NISO 联合发布了《数字馆藏构建指南》（第3 版），从馆藏、数字对象、元数据、数字化项目建设 4 个角度对数字化项目的建设和发展进行了规范②。

（3）组织开展大型文献数字化项目及其信息组织工作

由于拥有行政权力，各国政府机构开展的大型文献数字化项目通常可以得到经费和政策上的支持，大型文献数字化项目可持续发展得到保证。各国政府机构通常与各国国家图书馆合作，由国家图书馆牵头，与国家档案馆、国家博物馆、知名文献出版发行机构、历史文献机构等合作，在遵循一致目标和统一工作标准规范的基础上，合作开展大型文献数字化项目。政府机构除了对大型文献数字化项目建设引导管理，在信息组织工作方面也进行积极的管理和协调。例如，加拿大等国将大型文献数字化项目的信息资源描述与加拿大国家书目的建设结合起来，利用国家书目的数据描述数字资源，同时利用数字化项目的成果补充国家书目的相关数据记录。此外，有的国家政府

---

① 国务院办公厅. 关于进一步加强古籍保护工作的意见［R/OL］.［2018 - 04 - 25］. http://www.gov.cn/xxgk/pub/govpublic/mrlm/200803/t20080328_32601.html.

② IMLS, NISO. A framework of guidance for building good digital collections［R/OL］.［2018 - 04 - 15］. http://www.niso.org/publications/rp/framework3.pdf.

部门还倡导建立了专门用于大型文献数字化项目的数字资源组织平台，如立陶宛的文化部和数字化委员会经过公开讨论，最终向立陶宛共和国政府提交了"立陶宛文化遗产数字化、数字内容保存及存取策略实施计划"和"2007—2013 计划执行战略架构"，并于 2009 年得到立陶宛政府的采纳；为此，政府负责协调构建了立陶宛"虚拟集成系统"，建立的标准涵盖受控词表、数据内容标准、数据结构标准、数据存储标准和访问标准等 5 个方面，方便了图书馆、档案馆、博物馆联合开展大型文献数字化项目建设，并且可以保证信息资源共建共享①。

3.1.2　文化遗产保护机构

文化遗产保护机构如图书馆、博物馆、档案馆等的主要社会职能之一就是对文献资源进行保护和保存并提供给社会公众利用，而大型文献数字化项目是履行这一社会职能的主要方式之一。在网络环境中，为了满足用户随时随地查找和获取文献资源的需求并节省用户的查询时间，对原始文献进行数字化加工，使之成为数字资源，并对其进行系统、深入的描述与揭示，是目前文化遗产保护机构通过大型文献数字化项目欲解决的主要问题。

作为大型文献数字化项目信息组织的主要参与方，图书馆、博物馆、档案馆等文献遗产保存机构凭借其工作人员具备的信息组织和管理方面的专业技能，参与大型文献数字化项目信息组织的整个流程，其重要价值体现在选择供数字化的原始文献、提供原始文献的信息组织成果、对数字资源进行描述、组织和整合方面的具体加工，并且建立各种平台方便数字资源的使用。

（1）选择大型文献数字化项目的资源

图书馆等文化遗产保护机构在资源选择中发挥主导作用。作为资源的收藏

---

① VARNIENĖ R，DAUGIALA G. Development of cultural heritage digitisation and access：lithuanian approach［C］//CUNNINGHAM P，CUNNINGHAM M. Expanding the knowledge economy：issues，applications，case studies. Amsterdam：IOS Press，2007.

和提供者，图书馆了解各种资源的价值，也掌握用户需求，是资源选择的最佳执行者。OCA 提出"参与馆根据自己的馆藏情况自行决定拟数字化的图书"；宾夕法尼亚地区图书馆网络（Pennsylvania Area Library Network，PALINET）作为机构联盟加入 OCA，规定其数字化的图书由各个图书馆自行挑选，只要这些图书不受版权保护即可，同时拟数字化的图书还需拥有基本的元数据；但其建议选择特殊的、地区性的文献以建立地区性的历史收藏，同时降低重复建设的可能性①。Europeana 对于资源的选择并没有推行"自上而下"模式，而是鼓励各参与馆自行制定资源选择标准，但应符合其对不同类型文献的基本要求。Europeana 要求参与馆提供的图书必须属于其馆藏，还应该符合人力和财力平衡协调的原则。所以，各参与馆大多提供具有本国特色、本民族文化价值的资源②。

由于档案资源本身具有保密性，档案馆在实行馆藏资源数字化选择的过程中面临更多的限制。中国国家档案局发布的《数字档案馆建设指南》中提出"应按照特殊载体优先、重要程度优先、共享性优先等原则分步实施馆藏资源筛选"③。除此之外，研究人员还提出以下选择方式：①按档案文献的开放情况进行筛选，即以已经开放的档案、资料和照片作为全文数字化的范围；②按档案文件单位进行筛选，即以案卷内文件为单位，将卷内可开放的文件作为全文数字化的范围；③按档案内容价值进行筛选，即以档案的内容有无重要或比较重要的查考利用价值作为全文数字化的主要依据；④按档案来源进行筛选，一般以立档单位自身形成的档案文献为主；⑤ 按档案内容的完整程度进行筛选，在确定档案价值的前提下，尽可能选取与该档案内容相关的各种材料；⑥ 按档案内容所属时间进行筛选，一般优先选取形成时间较早或

---

① PALINET – OCA Project［EB/OL］.［2010 – 09 – 15］. http://www.palinet.org/dsfaq. aspx.

② European Digital Library［EB/OL］.［2018 – 04 – 15］. http://europa.eu/rapid/pressReleasesAction.do? reference = MEMO/05/347.

③ 国家档案局.数字档案馆建设指南［EB/OL］.［2018 – 04 – 15］. http://www.zjda.gov. cn/archive/platformData/infoplat/pub/archivesi ＿ 12/docs/201008/res/t3B373003CEC3E7 5F7C8A4AD115CFFA5562191.PDF.

重要历史转折时期形成的档案、资料和照片；⑦ 按档案稿本进行筛选，在确定档案价值的前提下，选择字迹比较清晰的正本或最新修改稿扫描；⑧ 按档案原件质量进行筛选，在确定档案价值的前提下，一般选取字迹清晰、纸张质量完好的档案文献；⑨ 按档案的外形特征进行筛选，即选择那些在外形上有特殊之处的档案等①。具体实施过程中，鉴于上海是中国最具代表性的工业城市，见证了近代民族工商业从无到有的艰难发展历程，上海市档案馆根据"价值优先"的原则，优先选择上海同业公会档案进行数字化。在当前我国经济改革的大背景下，进一步开发近代民族工商业档案既有爱国主义教育价值，又有现实借鉴作用。北京市档案馆根据"开放性"原则，结合馆藏资源特点，提供了北平市政府、北平市社会局、北平市民政局、北平市教育局、北平市卫生局、冀北电力有限公司北平分公司、华北水利工程总局 7 个专题近 180 余万页的数字化纸质档案及部分数字化照片档案，方便公众对开放档案原文的在线阅览②。

除制定严格的选择政策外，很多图书馆还建立专门的资源选择机构，调动全馆、全校师生参与资源选择。CDL 为了实现与 OCA 和 Google 的合作，专门成立大型文献数字化项目馆藏选择顾问委员会。其任务包括为 CDL 建立一套通过数字化扫描进行馆藏回溯和选择的内部机制，为潜在的扫描资源制定选择评价标准，同时负责与 CDL 工作人员、加州大学图书馆的编目员进行沟通，向该馆的项目和技术部门寻求数字化过程中的技术和编程支持；为馆藏发展部门提出大型文献数字化项目在馆藏发展中应注意的问题，并向其推荐图书等。新汉夏普大学图书馆鼓励本校师生员工推荐希望扫描的图书，被推荐的图书若符合该馆的扫描标准，将被优先扫描③。

① 戴志强. 馆藏档案数字化的目标取向、鉴定原则与方法探讨［EB/OL］.［2018 – 04 – 25］. http://www.archives.sh.cn/docs/200802/d_154136.html.

② 北京市档案局. 档案全文查阅［EB/OL］.［2018 – 04 – 25］. http://210.73.80.51/main. asp？ searchtype = 8&winwidth = 770&winheight = 600.

③ CDL. Open content alliance submission criteria［EB/OL］.［2018 – 04 – 25］. http://www.library. unh. edu/diglib/criteria. shtml.

（2）提供原始文献的信息组织成果

在大型文献数字化项目信息组织的过程中，对所有数字化生产的资源进行重新描述和组织需要大量人力、物力和财力的支持，不仅不现实而且也割裂了其与原始文献的关系，不利于信息资源的整合利用。所以，大型文献数字化项目在开展信息组织时要尽量多地利用原始文献的信息组织成果，而这些成果主要来源于原始文献的提供方，即文化遗产保护机构。美国耶鲁大学图书馆的做法是首先通过制定资源选择政策，选择适合数字化加工的且具有珍贵史料价值的文献资源，然后通过录入条形码的方式将这些文献资源进行登记；接下来这些文献会被送至数字化加工机构如雅虎和微软的数字化加工基地，进行数字化加工。与此同时，这些文献资源的书目信息也会通过网络传递的方式发送给数字化加工机构。数字化加工机构在进行数字化加工时会自动生成一些技术数据，如扫描设备的名称、型号、模式，图片的颜色、位深、像素、对比度，以及数字资源使用中所需要的操作系统、阅读软件、打印软件等；这些技术数据将同时导入具体文献的书目记录中，在数字化加工之后连同实体文献一起返回图书馆。这样，耶鲁大学图书馆在对数字化后的数字资源进行信息资源描述时，对表述内容的部分书目数据不需要修改，只需要添加相关的技术信息和管理信息即可①。

档案馆在开展数字化建设之前，参照档案资源控制的专用 MARC 格式、基于 SGML/XML 代码的档案描述标准、档案描述元数据标准体系如档案编码描述格式（Encoded Archival Description，EAD）、通用国际档案描述标准（General International Standard Archival Description，ISAD）、档案名称权威记录国际标准 [International Standard Archival Authority Record For Corporate Bodies，Persons and Families，ISSAAR（CPF）]、编码档案背景信息著录（Encoded Archival Context，EAC）、文本编码指南（Text Encoding Initiative，TEI）和中国档案著录规则等，将馆藏的档案信息组织形成档案目录、馆藏

---

① WEINTRAUB J，WISNER M. Mass digitization at Yale university library：exposing the trea-sures in our stacks[J]. Computers in Libraries，2008，28（9）：6.

档案指南和相应的档案信息数据库，目的是便于用户查找与利用档案。其中档案著录对档案的内容与形式特征进行分析、选择和记录，档案标引则对档案文件或案卷进行主题分析，把自然语言转换成规范化检索语言标识，主要是分类号与主题词，以便将其纳入一定的检索系统，组成一个有序的档案记录集合，形成目录数据库。标引按检索体系分为分类标引与主题标引，档案标引应尽可能准确、深入地揭示档案的内容特征①。

博物馆信息组织的最大特色是其绝大多数馆藏都是以二维或三维方式表现的可视资料。博物馆的信息组织首先要对采购部门采集而来的资源进行资料登记，其登记过程类似于图书馆和档案馆的编目过程，分为原始资料登记、研究登记、辅助管理登记3个阶段。在登记编目过程中，出处是重要的信息，而且随着研究的深入，相关的登记信息可能修改。其中，最困难的当属对可视物品的描述和主题分析，其所含字段要远远超过图书馆书目记录，而且对图像的语言描述有时无法准确表达其含义。现有的博物馆信息组织标准有《博物馆信息的计算机交换》《博物馆藏品信息指标体系规范》《博物馆藏品保管手册》《博物馆学简编》等②。在博物馆提供的数字资源中，大部分是套用原始文献的信息组织成果，这样既保证了信息资源描述标准和结果的一致，同时也节约了经费，最重要的是建立了数字资源与原始文献的关联，方便资源的聚类和用户的一站式获取。

（3）参与信息组织的全过程

图书馆等文化遗产保护机构以拥有的文献资源为基础，向社会提供各种信息服务，这必须依赖其强大的信息组织能力，可以对信息资源进行全面的采集、描述，有效的组织和整合。在这一过程中，文化遗产保护机构拥有其他机构无法比拟的优势。首先是拥有专业人员的支持，相关机构的编目人员和信息服务人员都是信息组织专家，拥有多年的信息资源描述和组织整合的工作实践并积累了相当丰富的信息组织经验。其次，文化遗产保护服务对象

---

① 王应解.基于数字档案馆的知识组织[J].北京档案,2008(1):23-26.

② TAYLOR A G.信息组织[M].张素芳,李书宁,李金波,译.北京:机械工业出版社,2006:8.

为终端用户，所以文化遗产保护机构可以及时了解用户的需求，并结合用户的需求在信息组织工作中进行改进和完善。上述两种因素保证了文化遗产保护机构信息组织成果的专业性并贴近用户需求。

图书馆在信息组织方面的作用不言而喻，档案馆和博物馆也借助大型文献数字化项目建设的契机，对其拥有的数字资源进行深入组织。在传统档案馆时期，档案的信息组织大多停留在对档案主要特征如全宗名称、案卷名、文件名、档案来源、档案主题等进行标引、著录，并参照一定的分类标准进行组织。在数字档案馆的建设过程中，不仅充实了档案资源的描述标准，如出现了专用 MARC 格式、基于 SGML/XML 代码的档案描述标准、EAD、IS-AD（G）、ISSAAR（CPF）、EAC、TEI 档案描述元数据标准等，而且也极大地丰富了档案资源的组织方式。英国国家档案馆在其检索目录中专门设置了"在线文档"目录（Documents Online），专门用于数字档案的查询。除了按照分类标准进行归类外，英国国家档案馆还根据资源的主题进行聚类，设置了陆军、空军、海军等主题模块；另外根据档案资源内容特性，提供了家族历史、社会文化、载体类型等组织依据①。美国国家档案馆（National Archives）将其数字化的资源集中在检索目录（Archival Research Catalog，ARC）中的 ARC Galleries 中提供使用，即按照资源内容主题，实现数字资源的归类，共分为特色档案、地方档案两大类。其中，特色档案包括美国发展历程、非裔美籍、二战中的日裔美籍、地图、女性、面向教师和学生的资源等 10 个专题；地区档案包括波士顿东北地区、纽约市东北地区、亚特兰大市东南地区等 13 个专题。此外，每个专题又进行了细分，以"女性"专题为例，共提供了芭芭拉·布什、希拉里·克林顿、伊丽莎白女王等 30 个专题。在其检索结果显示的页面中，也分为 4 个层次，分别提供相关资源的细节（details）、范围及内容（scope and content）、实体档案的相关内容

---

① The National Archive. Documents online［EB/OL］.［2018 – 04 – 20］. http://www. nation-alarchives. gov. uk/documentsonline/default. asp.

（archive copies）以及层级关系（hierarchy），方便用户了解更多的相关内容①。

中国国家博物馆将数字化的馆藏资源建成藏品数据库，将数据库内藏品首先分成质地、品类和时代三大类，其次每个类目下再进行细分，如质地又细分为石器、玉器、砖瓦、陶器、瓷器、金银、织绣等 19 个子类②。而故宫博物院的数字资料馆将数字资源分为建筑、藏品、古籍、出版、明清宫廷、文物保护、在线阅读等类型；其中古籍一类又细分为武英殿刻本、元明清佳刻、明清抄本、地方志、宫中特藏、宫中档案、内府戏本、少数民族文字等子类③。相较于上述博物馆，美国国家博物馆（史密森尼博物院，Smithonian）的数字资源组织更为细致，首先根据数字资源的内容和来源将其分为艺术设计、历史文化、科学技术、图书馆资源和档案馆资源五大类，同时每一类又按照资源类型、主题、分类、地点、名称、文化、语言、数据源等进行细化；由于该博物馆收藏了大量的生物资源，所以"分类"中又设置了"界、门、纲、目、科、属、种"的区分标准。同时，上述的不同层次的类别都可以按照音序和使用频率进行排序，方便了用户查找利用④。

此外，在大型文献数字化项目建设过程中，很多机构都将数字化加工的部分外包给 IT 公司，IT 公司除了对文献进行扫描之外，还需要对数字资源进行简单描述，所以信息资源描述的工作也由 IT 公司承担。而对于 IT 公司返回的数字资源加工和描述结果，文化遗产保护机构还要利用自己的专长，结合用户的需求进行重新组织和整合，这主要体现在新型知识组织技术的应用和信息资源整合的实现。由于博物馆中馆藏文物的历史性与文化性，对其进行正确而充实的描述有利于用户更好地了解数字资源的价值，这对数字对象描述人员提出了更高的要求，不仅需要其掌握相关的描述标

---

① National Archives and Records Administration. ARC galleries［EB/OL］.［2018 – 04 – 25］. http：//www. archives. gov/research/arc/topics/african – americans/.

② 中国国家博物院. 藏品数据库［EB/OL］.［2018 – 04 – 16］. http：//www. chnmuseum. cn/tabid/218/Default. aspx.

③ 故宫博物院. 数字资料馆［EB/OL］.［2018 – 04 – 18］. http：//www. dpm. org. cn/shtml/520/@/96565. html.

④ Smithonian. Collection［EB/OL］.［2018 – 04 – 25］. http：//www. si. edu/Collections.

准，还应该具有相关背景的专业知识，这也是博物馆与其他文化遗产保护机构在信息组织中的不同之处。档案馆要求在数字化档案信息发布利用之前，必须进行开放利用的鉴定工作，如根据数字档案不同网络的传播范围、用户范围、使用方式等进行处理。对于涉及国家秘密、知识产权或个人隐私及其他敏感信息的档案利用，应当按照国家法律法规要求，进行划控处理。涉密信息只能在涉密网发布，内部信息只能在政务网和档案馆局域网等内网发布，开放信息可以在公众网发布。而且还应通过技术检测，对清晰度、准确性、完整性等方面进行控制，以方便利用者有效检索、阅读和理解数字档案信息①。

网络环境下分类法、主题法等传统信息组织工具难以有效满足用户的需求，为实现对信息资源内容特征的揭示和信息资源间关系的描述，提高信息资源的利用率，文化遗产保护机构应注重对信息组织工具进行创新。例如，国家图书馆和北京大学联合开发的"中国历代典籍总目分析系统"使用计算机技术，分类整理中国历史上曾经出现过的典籍文献、现存的古籍文献，还将不断加入国家古籍保护计划整理出的古籍文献，是目前世界上最大的古籍目录，被称为"当代国史 e 文志"。这套系统目前已完成近 210 万条书目数据的处理，并首次采用古籍文献本体构建了古籍目录知识库，实现了数字图书馆从数据服务向知识服务的转变。借助北大研发的"中国古代人物、地点、时间、职官、机构本体知识库"，可以对中国古代学术流变、中国文化发展史进行全方位的知识扫描。在数据整理方面，使用具有自主知识产权的多项技术成果，其中"知识本体""古汉语语义分析"属世界首创，如图 3－1 所示。该系统作为古籍数字图书馆的重要组成部分，可以为读者提供基础文献知识服务，为从事书目文献研究工作的专业人员提供系统高效的信息服务，并且将广泛应用于文化教育事业和商业经济发展②。

---

① 国家档案局. 数字档案馆建设指南［EB/OL］.［2018－04－15］. http://www.zjda.gov.cn/archive/platformData/infoplat/pub/archivesi_12/docs/201008/res/t3B373003CEC3E75F7C8A4AD115CFFA5562191. PDF.

② 国家图书馆. 中国历代典籍总目分析系统［EB/OL］.［2018－04－19］. http://news.guoxue. com/article. php? articleid＝23304.

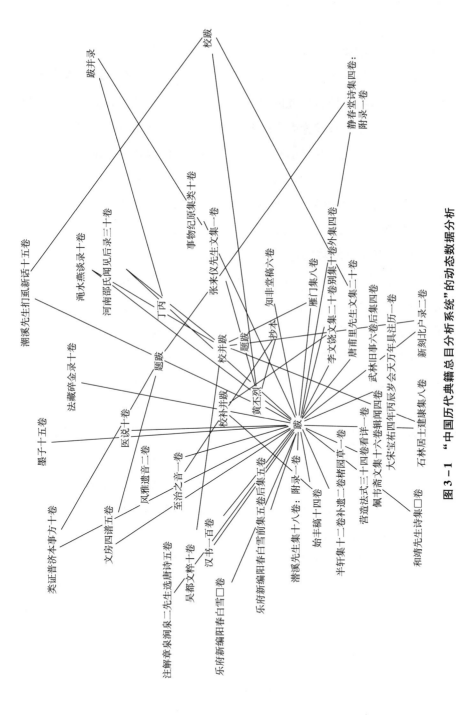

图 3－1 "中国历代典籍总目分析系统"的动态数据分析

注：本图为笔者利用"中国历代典籍总目分析系统"的检索结果制作。

（4）建立信息资源整合利用平台

大型文献数字化项目建设的最终目的是实现信息资源的长期保存并且提高和推广信息资源的使用。为了实现信息资源的有效利用，大型文献数字化项目通常都建立资源使用平台，较为简单的形式就是通过各类特色资源数据库，对大型文献数字化项目生成的数字资源进行集中存储，并提供检索入口方便用户使用。但是这种较为简易的利用方式无法满足用户日益增长的信息需求，大型文献数字化项目目前正在利用各类信息资源整合技术，通过建立数字图书馆、数字博物馆、学科信息门户、门户网站等多种途径实现信息资源的整合利用。很多数字图书馆本身就是大型文献数字化项目，如欧洲数字图书馆、世界数字图书馆、加州数字图书馆等。其中加州数字图书馆已经实现了 2500 万册图书的数字化，提供超过 45 万册公共领域的图书免费利用。在其开展的大型文献数字化项目中，加州大学图书馆负责提供图书和书目元数据，加州数字图书馆则负责与其他数字化合作方联系，进行规划和协调，对数字资源进行管理和保存，提供检索和获取服务，并提供资金的支持。加州数字图书馆生产的数字资源首先与加州大学图书馆的原始文献进行链接；其次，与数字图书馆内其他的资源，如特色数据库、学科信息门户等资源进行整合；再次，这些数字资源还广泛应用于图书馆的参考咨询、学科馆员、特藏管理等信息服务中。此外，为了扩大数字资源的使用范围和利用价值，加州数字图书馆又联合美国机构协作委员会（Committee on Institutional Cooperation，CIC）的 12 个成员馆联合建立 HaithTrust 项目，将这些通过数字化加工获取的数字资源利用网络信息检索标准和互操作协议实现数字资源集成应用①。

博物馆也可能有自己的档案馆、资料管理项目和图书馆，图书馆可以收藏公开出版的记载博物馆馆藏的资料，档案馆收藏了部分珍贵的特殊文献，但其开放性受到限制。美国国家博物馆目前拥有 1.37 亿件史前古器物、艺术作品和标本，其中的 1.26 亿件藏品来自美国国家自然历史博物馆；目前可以

---

① CHRISTENSON H. Mass digitization at the university of California［EB/OL］.［2018 - 04 - 17］. http://www.cdlib.org/services/collections/massdig/docs/UCMass Digitization_Feb2010.ppt.

通过网络检索的数字资源记录为 640 万条，此外还有该博物馆下属的机构图书馆馆藏的 180 万条记录，以及各机构档案馆中馆藏的超过 10 万立方英尺的档案资源①。该馆拥有的所有资源的查询都可以通过统一的检索平台——馆藏查询中心（The Collections Search Center）实现。这主要是其馆藏查询中心建立了"企业数字资源网络"（Enterprise Digital Asset Network，EDAN）的中间层，利用 Apache Lucene/Solr 的索引软件，借鉴已建立的 DC、MARC、METS 等元数据标准，实现相关元素与其自建元数据标准 COST 的映射，从而提供一个灵活、可扩展的索引，并为元数据和图像传递提供平台，可以从 50 多个数据源定期采集和更新相关记录，并实现该平台的元数据检索、布尔逻辑检索、同义匹配、近义匹配、个性化相关性排序等功能②，从而为用户提供了来自博物馆、图书馆、档案馆和研究中心的资源一站式检索服务，并且实现了移动检索。

　　但总体而言，在大型文献数字化项目的信息组织中，档案资源的数字化加工本身对原始档案就是一种伤害，而且受政策限制，很多资源不能公开，开放性受到影响；而且档案资源历来就是重保护、轻利用，所以数字档案资源的信息组织并不是其工作重点，目前大多只提供简单的检索目录，信息组织有待深入。博物馆的数字化建设已经全面展开，且已取得一定的成绩。但由于博物馆中馆藏文物的历史和文化价值，对其进行真实、合理的描述以及全方位标引、著录要求工作人员具有精深的专业素养，并熟练掌握信息组织的相关技能，绝非外包机构的非专业人士可以胜任。所以，博物馆数字资源的信息组织工作进展相对缓慢，可供检索和获取的数字资源数量有限，也限制了博物馆相关职能的发挥。相较于其他文化遗产保护机构，图书馆的信息组织标准更为完善、信息组织技术更为先进、信息组织方式更为丰富、信息组织效果更为理想。因此，图书馆应该且必然成为大型文献数字化项目信息组织的领导者和主力军。

---

① Smithonian. Collection[EB/OL]. [2018 – 04 – 14]. http://www. si. edu/Collections.

② Smithonian. The collections search center[EB/OL]. [2018 – 04 – 15]. http://collections. si. edu/search/about. jsp.

3.1.3 非营利性机构和行业协会

由于组织的性质、职能和号召力，非营利性机构和行业协会参加大型文献数字化项目建设和信息组织不仅可以为其带来一定的资金支持，还可以调动行业内其他组织的积极性，扩大大型文献数字化项目的影响范围。另外，由于其非营利性质，图书馆等机构与其合作时也就更加信任，这也保证了数字化项目生成的数字资源能够像其原始文献一样继续保持其公开、平等的使用和传播。

（1）资助相关大型文献数字化项目的建设

非营利性机构和行业协会资助大型文献数字化项目的建设通常通过两种方式：①通过设立专项基金的方式，根据图书馆等机构提交的大型文献数字化项目建设申请书，对其资质和计划进行全面评审，选择性地资助部分大型文献数字化项目的建设。例如，JISC 从 2004 年至 2010 年共拨款 2400 万英镑用于数字化项目的建设；2008—2009 年间，JISC 将 650 万册藏品经过数字化处理，转换成在线内容①。②由非营利性机构和行业协会自行建立大型文献数字化项目，除了提供经费方面的支持外，作为项目的主管机构还积极吸纳新的合作者，尤其是图书馆等文化遗产保护机构。互联网档案馆（Internet Archive，IA）作为非营利性机构组织建设了大型文献数字化项目 OCA，其参建方除了 IA 之外，主要是各类型的图书馆和档案馆，还有部分 IT 公司。在 OCA 的建设经费配置方面，由 IA、各图书馆和档案馆以及 IT 公司共同出资。虽然图书馆在参与 OCA 项目建设中需要支付一定数额的费用，但由于 IA 的非营利性质及保障数字资源公开利用承诺，从而可以防止资源垄断的形成，成为吸引图书馆等机构加入的关键要素。

（2）负责大型文献数字化项目的监督和管理

行业协会肩负着引导行业发展的重任，理应对大型文献数字化项目进行监督和管理，其主要体现在对大型文献数字化项目进行评价。2007 年 7 月，美国梅隆基金会在美国图书馆和信息资源委员会（Council on Library and In-

---

① JISC. Digitisation and e-content［EB/OL］.［2018－04－15］. http://www.jisc.ac.uk/digitization.

formation Resources，CLIR）设立"大型数字化活动的学术效用评估基金"（Grant to Examine Scholarly Utility of Large-Scale Digitization Projects），在此基础上，CLIR 与美国乔治城大学合作，启动相关研究项目，对谷歌和微软的图书搜索、古登堡计划、布莱克威尔（Blackwell）公司的网上哲学资源项目、美国学术团体协会的人文科学电子图书计划等大型文献数字化项目进行评估。其中还将 OCA 等一些项目作为数字化内容分析的主要资源。该项目的主要评估指标包括：MARC 记录可获取性，以 1923 年为分界线评价数字资源的全文存取，界面质量，对扫描质量和阅读、检索、外部打印、按需出版以及文字识别等功能的质量控制，收录内容的全面性、特殊性及现有资源与项目内容的战略规划之间的耦合度等①。JISC 和内容服务委员会（Content Services Committee）联合开展了数字化项目中保存问题的调查，该项调查的主要目的和任务是对 JISC 数字化项目第二阶段中 16 个子项目中有关数字对象的保存计划及其实施情况，以及其中可能存在的风险和问题进行全面测评，并分别在单个子项目层级和 JISC 数字化项目整体层面提出规避风险的可行战略和具体计划。此外，JISC 还希望项目组能够从所涉及的子项目中发现和总结可供广泛参考的典型个案，以资推广借鉴②。

（3）制定相关标准

随着大型文献数字化项目的普遍开展，对数字化项目获得的数字资源的开发和利用正逐渐成为关注的问题。其中，很重要的一个问题是数字资源如何保存，这不仅关系数字资源现阶段的有效利用，更关乎数字资源的长期保存以及可持续使用。为此权威的标准化组织制定了关于信息保存方面的新标准，并加强现有信息组织标准在大型文献数字化项目中的可行性研究。国际标准化组织（International Organization for Standards，ISO）组织研制的新标准 ISO/TR 13028：2010：信息与文献——信息数字化实施指南（Information and Documentation — Implementation Guidelines for Digitisation of Records）为以数字

---

① CLIR. Scholars' evaluation and analysis of major digitization projects［EB/OL］.［2018 – 04 – 13］. http://www. clir. org/activities/details/scholeval. html.

② JISC. JISC digitisation programme：preservation study［EB/OL］.［2018 – 04 – 22］. http://www. dpconline. org/graphics/reports/index. htm.

化格式存储的数据记录维护提供指导方针，涉及通过数字化或其他手段对纸本文献及其他非数字文献进行复制所得到的数字化内容。它还提供了满足真实性与可信性要求的数字化过程的最佳实践指南①。美国的 ANSI/NISO 通过了 Z39.77—2000：保存产品信息指南（*Guidelines for Information about Preservation Products*），该标准具体指明了在用于保存、装订或修复图书馆资料（包括图书、手册、声像资料、胶片、光盘、手稿、地图和照片等）的相关产品的广告、目录以及宣传资料中所应包含的信息②。2008 年 10 月，ISO/TC46/SC9 接受该工作组草案（ISO/WD 25964 - 1），同年 12 月发布了叙词表方面的标准草案（征求意见稿）：ISO/CD 25964 - 1（*Information and documentation—Thesauri and interoperability with other vocabularies — Part*1：*Thesauri for information retrieval*）。2009 年 9 月 18 日发布了 ISO/TC46/SC9 的投票结果及修改意见，以便正式成为国际标准。ISO 25964 - 2 旨在解决网络系统中使用多种类型词表的互操作规范，将在 BS 8723 - 4 的基础上修订，还将包括 Z39.19 "知识库及相关工具" 兴趣小组在 2008 年开始研究的成果，至今还未公布标准文本③。

（4）提供资源的检索利用

非营利性机构和行业协会作为大型文献数字化项目的参建方，自然也承担提供数字资源检索利用的责任，由于其性质和特点，在资源提供方面具有独特之处。Open Library 是由 IA 旧金山办公室的一个小组于 2006 年发起的一个项目，主要是为了将 IA 参与的一些数字化项目所生产的数字资源以及 OCA 的资源提供用户使用。截止到 2010 年底，该项目已经拥有 3000 万条书目记录，已建好数据库底层架构、开放接口，使用者可全文检索百万本已扫

① ISO. ISO/TR 13028：2010［EB/OL］.［2018 - 04 - 15］. http：//www. iso. org/iso/iso_catalogue/catalogue_ics/catalogue_detail_ics. htm？ ics1 = 01&ics2 = 140&ics3 = 20&csnumber = 52391.

② NISO. Z39.77 - 2000［EB/OL］.［2018 - 04 - 23］. http：//www. niso. org/standards/z39 - 77 - 2001/.

③ 卜书庆. 近年来国际知识组织规范的进展研究［J］. 中国图书馆学报,2010(5):69 - 74.

描的图书①。而且 Open Library 在信息资源的组织方式上也有很大创新：首先在信息组织中应用了分面分类，这就方便多维度检索和聚合；除了分面限定，以及提供图书购买、借阅、下载链接外，Open Library 还为用户提供了元数据编辑功能，类似于维基版 OPAC，用户利用元数据编辑模板，可以在列出的字段列表中填写关于图书的各种信息，包括全文扫描信息与书目信息，还可以增加可重复字段，最后还可以对自己编辑修改情况做个简要的说明；如果进行了注册，还可以修改元数据编辑模板。这样就可以发动社会大众参与到数字资源的组织中，从多维度对数字资源进行揭示。其次，Open Library 还提供了较完善的功能，如可以在线阅读，模拟纸本书的阅读效果，并提供书签等阅读辅助工具；实现全文检索，对命中的检索词重点显示；提供 PDF 及 DjVu 二种格式下载；如需纸本，还可选择按需出版；以古老的卡片形式显示详细的书目信息；另外部分书还提供聆听功能，方便残障人士利用。

3.1.4 IT 公司

IT 公司参与大型文献数字化项目的主要目的是通过大型文献数字化项目的建设获取其所没有的信息资源。在 IT 公司参建的大型文献数字化项目中，其合作对象通常为原始资源的拥有方，如图书馆、档案馆、博物馆等文化遗产保护机构，其合作模式通常为 IT 公司提供资金和技术支持，文化遗产保护机构提供文献资源；数字化加工处理通常由 IT 公司负责，数字化加工完毕之后原始文献会返回文化遗产保护机构，所生成的数字资源由合作双方各持一份。对于数字资源的使用，除了版权等限制外，IT 公司通常也会进行一些规定，比如有的图书馆被要求所获取的数字资源只能在本馆内部使用，而与谷歌合作的图书馆则被要求所获取的数字资源不能提供给其他搜索引擎使用，如微软和雅虎。利用所获取的数字资源，IT 公司对其进行了大范围的应用，如与原有资源和服务整合，开发其他新型服务等。

（1）为大型文献数字化项目提供资金和技术保障

为大型文献数字化项目提供资金和技术保障是吸引文化遗产保护机构与 IT

---

① Open Library. Open library about[EB/OL].[2018 – 04 – 24]. http://openlibrary. org/about.

公司合作的主要动因。图书馆等机构已经认识到数字化项目对信息资源长期保存和提高利用率的巨大作用，但是由于大型文献数字化项目需要大量资金，图书馆作为公益性服务机构仅依靠行政拨款无法负担。以法国为代表的欧洲图书馆曾经极力反对（GBS）项目，但后来却改变了策略。法国国家图书馆收藏部主任德尼·布鲁克曼于 2009 年 8 月对《论坛报》说，法国国家图书馆正与谷歌公司商洽合作事宜，以将该馆的图书等珍贵馆藏进行数字化处理。促成其洽谈的重要原因之一正是高昂的数字化成本。《论坛报》援引布鲁克曼的话说，仅将该馆收藏的法兰西第三帝国时期的作品进行数字化处理，就需要大约 5000 万到 8000 万欧元，而法国国家图书馆每年在此方面的预算仅有 500 万欧元①。此外，在数字化技术方面，IT 公司也提供了充足的保障，与谷歌合作的图书馆只需要将文献资源交给谷歌的数字化加工基地即可，不需要参与其数字化的过程，而且提交的文献资源基本不会受到损坏。IT 公司先进的数字化技术体现在数字化加工速度方面：OCA 在 3 个国家拥有 8 个数字化中心，每个数字化中心都拥有 10 台高速扫描仪，每天工作 16 小时，大约每月可以扫描 12 000 册图书②。2009 年，密歇根大学图书馆与 Google 签订合作协议，开展数字化工作。该馆曾预测若与谷歌合作，该馆的 700 万册图书将在 2015 年前完成数字化，而未加入 GBS，按其原先速度完成相同数量大约需要 1000 年③。

（2）实施数字化加工和描述

如前文所述，商业机构在大型文献数字化项目检索中提供技术保障，在与 IT 公司合作的数字化项目中，数字化加工通常由 IT 公司负责，其速度快、质量高等优势都是文化遗产保护机构所无法比拟的。对于数字化后的数字资源利用，IT 公司会结合自己的需求进行一定程度的信息组织。如谷歌会对其获得的数字资源进行简单的资源描述，主要是从其他数据源获取。谷歌元数据的领军人物 Jon Orwant 称 "GBS 得到了几乎所有 OCLC 的数据，这些数据

---

① 国家图书馆.法国国家图书馆与 Google 合作开展数字化项目［EB/OL］.［2018 - 04 - 22］. http://www.nlc.gov.cn/yjfw/2009/0824/article_1157.htm.

② OCA. OCA about［EB/OL］.［2018 - 04 - 24］. http://www.opencontentalliance.org/.

③ Michigan University Library. Michigan digitization project［EB/OL］.［2018 - 04 - 20］. http://www.umich.edu/news/index.html? BG/google/index.

大大提高了 GBS 的元数据质量。GBS 已经用了好几年，而且对它非常满意。GBS 也购买单独的图书馆目录以及商业的数据，目前 GBS 的信息源超过 100 个"①。此外，有的大型文献数字化项目中虽然也有 IT 公司的参加，但是其只是作为数字化加工方，负责对原始文献进行扫描和简单的描述，并不享有数字资源的获取权。国内很多图书馆开展的数字化项目通常采取此种模式。由于设备和人员的限制和工作重点的不同，将数字化扫描和描述的工作外包给专门的数字化加工商，图书馆只需要对数字化后的数字资源和其描述结果进行质量控制即可。数字化外包加工作为建立数字化项目的一种捷径，可以显著提高数字化加工的效率，但是有的外包公司由雇佣的临时工和学生工来进行信息资源描述，由于其未受过专业培训，信息资源描述的质量也无法保证。而有的外包一味地依赖于资源提供商提供的元数据，由于其元数据来源和标准的多样性，常常造成元数据的混乱，从而降低了资源的利用率。

（3）将数字资源与 IT 公司其他资源和服务进行整合

IT 公司参建大型文献数字化项目的目的并不仅仅是履行其社会职责，也不单单为了获取数字资源，更重要的是将这些数字资源与其拥有的其他资源和服务进行整合，提高其信息服务能力和行业竞争力。最常用的做法是将这些数字资源作为搜索引擎的资源数据库提供给用户检索，对于不受版权保护的文献提供免费利用，对于受版权保护的文献提供限制使用，谷歌、微软、雅虎都采取了这种做法。此外，IT 公司还将这些资源嵌入到其他服务中，如通过 GBS 检索图书，可以由此链接到谷歌网页、谷歌学术、谷歌生活、谷歌地球、谷歌地图、谷歌口碑（Google Buzz）等服务中，并以此为节点与其他网站的网络资源尤其是社会化网站的网络资源进行链接，提高谷歌的使用范围与影响。此外，利用这些数字资源，IT 公司还开发出很多新的服务领域。如在数字资源的检索结果中显示该资源的纸质版本的销售网站，以此来赚取不菲的广告费用。基于参与大型文献数字化项目所获得的大量数字资源，谷歌于 2010 年 6 月推出了谷歌编辑服务，即将这些数字化图书提供电子购买，通过网络售卖的方式获利。在 2009 年 10 月德国法兰克福书展期间，谷歌宣布

---

① GBS. Google book search metadata sources［EB/OL］.［2018 - 04 - 12］. http://www.library-journal.com/article/CA6695887.html.

谷歌编辑会先提供 50 万本电子书。如果读者需要购买谷歌电子书，只需要通过谷歌图书搜索服务查询所需图书，便可通过"谷歌编辑"购买电子版图书。读者可直接向谷歌购买，或通过该服务向亚马逊和巴诺（Barnes & Noble）等书店购买，而且该服务并不需要特定电子书阅读器。另外，谷歌还建立了谷歌电子书店，专门用于售卖其通过参建大型文献数字化项目获得的数字图书①。

综上所述，大型文献数字化项目信息组织的主体具有以下特点：①多元化，包括政府机构、文化遗产保护机构、非营利性机构和行业协会、IT 公司等各种类型、各种性质的参建主体。②合作性，大型文献数字化项目信息组织的开展必然是多种类型参建机构合作的结果，由于各个机构的性质和特点的差异，所承担的职责也各不相同，有的负责数字化扫描加工，有的负责数字资源的描述，有的负责数字资源的组织和整合，也有的机构如文化遗产保护机构参与到信息组织的全过程，也是大型文献数字化项目信息组织的主力军。③质量参差不齐，由于采取合作方式，各参建方资质不同，擅长的领域也不一样，这必然会导致信息组织质量的参差不齐。

3.2　大型文献数字化项目信息组织的客体

大型文献数字化项目信息组织客体是信息组织活动的实施对象，即通过数字化生成的数字资源。只有对目标对象进行系统分析和深入了解，才能选择合适的信息组织方法、技术、标准规范，建立符合目标对象的信息组织流程，从而达到理想的信息组织效果。要对大型文献数字化项目的数字资源进行分析和了解，首先应该从源头开始，了解大型文献数字化项目的原始文献的资源选择标准及特点；然后再结合数字化加工处理的相关环节把握数字化项目生成的数字资源的相关特征；最后结合环境、用户需求和资源与项目发展的需要，对大型文献数字化项目开展合理、有效的信息组织。

---

① Google ebookstore［EB/OL］.［2018 - 04 - 24］. http://books. google. com/ebooks？ hl = zh - CN.

3.2.1 大型文献数字化项目的原始资源选择

资源选择是大型文献数字化项目的核心议题之一，也是信息组织的起点。作为信息组织的对象，资源选择对于信息组织标准、工具的选取至关重要。没有合理的资源构成，大型文献数字化项目信息组织就成了"无本之木，无源之水"。大型文献数字化项目资源的选择有很多值得深入研究之处，如"大型文献数字化项目是否需要资源选择""资源选择的标准""资源选择的流程""资源选择效果的评价"等。结合信息组织研究中主要需要了解资源本身特点的需求，本书在此仅就"资源选择标准"进行阐述。

在学术界和大型文献数字化项目实践领域，已有学者对于数字化项目资源选择的主要因素进行了研究。Susan Jephcott 认为在选择资源进行数字化时，可参考版权、载体、每本书的物理状态、数字化后的使用情况等因素①。Jerrido 等建议根据使用率判断是否入选②。Zuraidah 介绍了马来西亚数字化项目选择的考量因素在于文化价值、历史价值和内在的学术研究价值等方面③。刘家真提出文献价值、用户需求、文献形体状况、技术的可行性与版权 5 项原则④；张艳红认为在实践中，不同文献部门在实施古籍文献数字化项目时，有着不同的倾向，资源选择标准应存在差异⑤。黄燕⑥和臧国全⑦提出的选择原则基本相似，即注重产权保护、原始文献知识价值、用户保障、原始文献物理特性、数字保存、成本效益、避免重复数字化和技术条件限制。

此外，一些大型文献数字化项目也制定了相关的资源选择标准，其中较

① JEPHCOTT S. Why digitise? principles in planning and managing a successful digitisation project[J]. New Review of Academic Librarianship,1998(4):39 – 52.

② JERRIDO M,COTILLA L,WHITEHEAD T. Digitizing collections:a meshing of minds,methods,and materials[J]. Collection Management,2001,26(3):3 – 13.

③ MANAF Z A. The state of digitisation initiatives by cultural institutions in Malaysia[J]. Library Review,2007,56(1):45 – 60.

④ 刘家真.馆藏文献数字化的原则与方法(上)[J].中国图书馆学报,2001(5):42 – 45.

⑤ 张艳红.关于古籍文献数字化的几个问题[J].图书情报知识,2003(1):54 – 56.

⑥ 黄燕.图书馆数字化内容选择原则阐释[J].情报资料工作,2006(6):53 – 55.

⑦ 臧国全.图书馆信息资源数字化内容选择原则研究[J].图书情报知识,2006(1):20 – 24.

知名的选择标准有：JISC 制定的《针对数字化项目的资源选择指南》(*Guidance for Selecting Materials for Digitization*)①，CLIR 制定的《针对数字化项目的研究馆藏的选择》(*Selecting Research Collections for Digitization*)②。还有各图书馆编制的数字化资源选择工作标准，如康奈尔大学图书馆制定的《数字化项目资源选择标准》(*Selecting Traditional Library Materials for Digitization*) 专门用于从传统馆藏中选择用于数字化项目的资源③，美国国会图书馆的《保存数字资源的选择原则》(*Selection Criteria for Preservation Digital Reformatting*)④ 等。

　　综上所述，大型文献数字化项目资源选择标准应包含学科领域、文献形态、版权、质量控制、特色馆藏等要素⑤。首先是对特色馆藏和高利用率资源优先数字化。威斯康星大学—麦迪逊分校图书馆主要将该馆高利用率的文献如医学历史、发明专利、工程历史、地方文献、地图和活页乐谱等内容进行数字化⑥。波士顿图书馆联盟的成员馆主要是数字化其特色馆藏，如布兰代斯大学图书馆的德雷福斯事件的文献，波士顿大学图书馆的非洲方面资料，波士顿公共图书馆的家谱资料等⑦。其次，图书的学科范围也有要求。康奈尔大学规定其 Mann 图书馆涉及生物科学、环境科学、应用经济、公共政策及管理、纺织科学、营养与食品科学的馆藏被优先数字化⑧。微软要求耶鲁

---

① JISC. Guidance for selecting materials for digitization[R/OL].[2018 - 04 - 23]. http://eprints. ucl. ac. uk/492/1/paul_ayris3. pdf.

② CLIR. Selecting research collections for digitization[R/OL].[2018 - 04 - 11]. http://www. clir. org/pubs/reports/hazen/pub74. html.

③ Cornell University Library. Selecting traditional library materials for digitization[R/OL]. [2018 - 04 - 11]. http://www. library. cornell. edu/colldev/digitalselection. html.

④ Library of Congress. Selection criteria for preservation digital reformatting[R/OL].[2018 - 04 - 19]. http://www. loc. gov/preserv/prd/presdig/presselection. Html.

⑤ 宋琳琳,黄如花. 大型文献数字化项目范围限定与术语辨析[J]. 图书情报工作,2009 (11):25 - 28.

⑥ University of Wisconsin - Madison. University of Wisconsin - Madison Google digitization project[EB/OL].[2018 - 04 - 24]. http://www. library. wisc. edu/digitization/#about.

⑦ BLC. BLC - OCA project[EB/OL].[2018 - 04 - 25]. http://bc. edu/libraries/newsletter/ 2008summer/jesuit/index. html.

⑧ Cornell University Library. Cornell university library—Google library partnership[EB/OL]. [2018 - 04 - 26]. http://www. library. cornell. edu/communications/Google/faq. html.

大学图书馆向其提供的图书应限定在艺术、艺术历史、历史、宗教学科领域①。版权方面，OCA、Europeana、百万图书项目均以数字化公共领域资源为主，若要对受版权保护的资源数字化，则必须征得版权持有者的许可。牛津大学图书馆不仅规定只对公共领域不受版权保护的图书数字化，同时还将图书出版年限提到 1885 年。文献形态上，耶鲁大学图书馆规定印刷文献单独页面的宽度小于 9.7 英寸，高度小于 14.5 英寸；印刷文献至少能张开 75 度；必须是侧面或上面装订，装订线附近必须有 1/4 英寸的边距②。

3.2.2 大型文献数字化项目信息资源的特点

通过上文对大型文献数字化项目原始文献选择标准的梳理和主要因素的归纳，结合大型文献数字化项目数字化加工处理的相关环节和需求，笔者对大型文献数字化项目信息资源的特点总结如下：

（1）数量多

所谓大型文献数字化项目之"大型"，其首要特色就是项目生产和拥有的数字资源数量多。Google Book Search 在 2011 年 3 月发表声明称，"经过严密的统计，全球的图书共有 129 864 880 册"③，而 Google 开展谷歌图书检索项目已于 2015 年完成了 3000 万卷图书的数字化工作，也就是说 Google 对全球图书的 1/4 实现数字化。2010 年，"美国记忆"已拥有数字化资源总量超过 900 万册④；2020 年，生物多样性遗传图书馆（Biodiversity Heritage Library）共拥有 160 334 册、58 717 658 页数字化资源⑤。美国加州数字图书馆已完成 3 143 711 册、1 037 424 630 页资源的数字化，其中公共领域的资源多达

---

①② WEINTRAUB J, WISNER M. Mass digitization at Yale university library—exposing the treasures in our stacks[EB/OL]. [2018 – 04 – 27]. http://www.infotoday.com.

③ Google Book. 全球图书数量统计[EB/OL]. [2018 – 04 – 14]. http://booksearch.blogspot. com/2010/08/books – of – world – stand – up – and – be – counted.html.

④ American Memory. American memory resources statistics [EB/OL]. [2018 – 04 – 13]. http://memory.loc.gov/ammem/about/about.html.

⑤ Biodiversity Library. Biodiversity library resources statistics [EB/OL]. [2020 – 10 – 25]. http://www.biodiversitylibrary.org/.

475 200 册①。除了数字化资源总量超过百万册，其年均数字化速度也十分可观。2002 年，《美国博物馆与图书馆技术与数字化环境扫描》指出，图书馆、博物馆和档案馆均开展了数字化工作，而且数字化的规模日益扩大，分别有 16.5% 的博物馆、12.2% 的大型公共图书馆、19.3% 的大学图书馆和 12% 的档案馆年均数字化的数量超过 25 000 页②。如此海量的数字资源对于大型文献数字化项目的信息组织能力提出了很高的要求。

（2）来源广泛

大型文献数字化项目数字资源来源的广泛性主要是由大型文献数字化项目主体的多样性决定的。大型文献数字化项目的参建主体来源于社会各个领域，有政府机构、文化遗产保护机构、IT 公司和非营利性机构及行业协会，其中文献资源主要来源于文化遗产保护机构，如图书馆、档案馆和博物馆等。由于馆藏的机构不同，其所提供的文献的载体、类型、格式等很多方面都存在很大差异。另外，随同原始文献而来的还有其已有的信息组织成果，这些原始文献的描述记录无论是采用的标准还是著录的格式都有不同。如来自于图书馆的文献资源通常是 MARC 数据或是 DC 元数据格式，而来自档案馆的文献资源多采用 EAD 著录。

（3）多样性

由于大型文献数字化项目资源来源的广泛性，必然导致数字资源的多样性，其主要体现在以下 3 个方面：

1）数字资源的来源即原始文献载体多样

虽然大型文献数字化项目原始文献的载体以印刷型载体为主，如纸质图书、期刊、地图、手稿等，但是也不排除其他载体类型的资源，如音频资源、视频资源等；此外，有的项目基于信息资源长期保存的目的，先将印刷型资源转为缩微型文献，然后再将缩微文献数字化生产数字资源，如此一来，原

① CDL. CDL resources statistics［EB/OL］.［2018－04－19］. http://www.cdlib.org/services/collections/massdig/.

② IMLS. Status of technology and digitization in the nation's museums and libraries［R/OL］.［2018－04－11］. http://www.imls.gov/resources/TechDig05/Technology％2BDigitization.pdf.

始文献的载体还包括胶卷等其他类型。

2）数字资源类型的多样性

这也是由原始文献的类型决定的。大体来讲，数字资源的类型涵盖图书、期刊、报纸、手稿、地图、书籍、乐谱、录音资料、电影、印刷制品、照片和建筑制图等珍贵文献。另外，大型文献数字化项目是对原始文献的数字拷贝，在内容上没有改变，主要是对原始文献的载体进行了变化。将纸张、胶卷等载体变为磁带、磁盘等专门用于保存数字资源的物理介质中。

3）格式多样

由于数字化成果以数字资源的形式存在，其必然存在各种格式，也是资源多样性的另一个特征。格式的多样性主要取决于加工的设备和流程，如果数字化加工仅是利用扫描仪器和数码相机，那么所获得的数字资源的格式通常为图片格式；如果数字化扫描后还进行了相关的文字识别的处理，那么数字资源的格式还会包括数字文档等。此外，大型文献数字化项目的信息组织还需要与网络环境中存在的相关资源进行整合，那么信息组织对象的格式还有可能包含各种格式的网络资源。

（4）特色性

大型文献数字化项目信息资源的特色性主要由项目的目的决定。大型文献数字化项目建设的主要目的之一是实现信息资源的长期保存。作为一项长久工程，需要大量人力物力和财力的支持，所以长期保存的对象必须具备一定的价值以证实其长期保存的必要性。在认定资源价值方面，首先应该考虑所数字化的资源是否具有特色，这里的特色主要是指特色馆藏，如特殊的学科、特殊的载体、特殊的文献类型等。再者，大型文献数字化项目的信息资源还需要具备一定的珍贵史料价值，这主要还是受限于大型文献数字化项目巨额的花费。在大型文献数字化项目资源选择中，很多图书馆都是参照特色性这一标准来筛选文献的。因为对于一个机构而言，要保证其核心竞争力和长久的生命力，就必须拥有其他机构无法取代的资源和服务。

（5）限制性

大型文献数字化项目信息资源的限制性主要体现在两个方面：首先是资

源来源的限制。大型文献数字化项目的文献资源除了来源于公共领域外，很多文献还处在版权保护阶段，在没有得到版权所有者允许的情况下对这些受版权保护的资源进行数字化是违法的。谷歌在大型文献数字化项目建设过程中始终面临版权问题的困扰，虽然谷歌同众多作者、出版商以及代表作者和出版商的美国作家协会和美国出版商协会协商，向法院提交了长达 300 页的和解协议，其中提出愿意支付给作家每本不低于 60 美元的"现金支付"，并且在未来支付作家此图书在线阅读收入的 63%[①]。该和解协议于 2008 年达成。此外，即使实现了对受版权保护的图书的数字化，用户在使用过程中也无法查看该文献的全文，而只能查看到该书的一些片段，在使用方面受到限制。其次，原始文献的物理载体方面的因素也限制了数字资源的使用。由于大型文献数字化的对象大多是具有史料价值的文献，其物理状态如尺寸、纸张质量等在很多时候不适合数字化。例如，牛津大学图书馆与谷歌合作时意识到并非所有馆藏都适合数字化，规定脆弱文献如手稿、档案、地图、早期印本图书应排除在数字化范围之外。

3.2.3 大型文献数字化项目的信息资源对信息组织的要求

（1）符合资源和项目本身发展的需求

大型文献数字项目的参建主体多样，通常采用合作的方式开展项目建设，而且由于参建机构的性质、参加的目的和承担的责任不一致，使得大型文献数字化项目的发展呈现多样、合作等特点。由此也使得大型文献数字化项目的信息资源呈现数量巨大、来源广泛、类型、载体、格式的多样性、特色性和使用限制性等特征。因此，要实现大型文献数字化项目信息组织就需要满足以下条件：

首先，不同的参建机构通常采取不同的信息组织方式，仅就信息资源描述而言，IMLS《数字资源建设指南》就提供了 15 种普遍使用的元数据标准，如何对如此多样的信息资源描述标准进行统一规范，或是建立映射就是大型文献数字化项目信息组织需要解决的首要问题。为了保证大型文献数字化项

---

① Google. Google settlement [EB/OL]. [2018 - 04 - 14]. http://books. google. com/book-srightsholders/.

目的可持续发展，保证各参建机构协调有序，就必须建立各类型的信息组织标准规范，其中互操作是需要解决的核心问题。

其次，随着大型文献数字化项目的不断深入发展，将会有海量数字资源生成，从而加重了信息组织的负担。为了应对不断增加的数字资源和不断变化的用户需求，在选择信息组织工具时，一定要注重信息组织工具的可扩展性，应该建立数据模型和概念模型，从资源中包含的细小的实体特征进行描述，重视对关系的揭示，并在信息组织中不断尝试新的知识组织工具。另外，大型文献数字化项目以工业化生产为导向，实现一定程度的自动化，并且具备较高的生产效率，这就要求信息组织过程中必须采用自动化的信息组织手段，实现自动分类、自动抽取、自动标引、自动编制分类表和词表，以及目录、索引、文摘等编制和管理的自动化等。

（2）符合用户需求

大型文献数字化项目建设的最终目的是提供给用户使用，所以用户的需求永远都是项目发展的目标和动力。在网络环境中，用户对数字资源的需求发生了很大的变化。OCLC 的《大学生对图书馆与信息资源的理解》显示，搜索引擎是用户最熟悉的信息资源获取途径，89％的大学生检索信息时首选搜索引擎，93％的学生在使用搜索引擎过程中感到满意，搜索引擎比物理或在线图书馆更适合大学生的生活方式①。JISC 和不列颠图书馆联合委托伦敦大学 CIBER 小组开展的《谷歌一代的信息行为》调查报告建议，学术图书馆应该进一步在网络上开放自己的馆藏，通过向搜索引擎开放的方式增加馆藏的可见度②。上述调查表明，网络环境下用户需要的是更便捷的检索方式和资源获取途径、更精确的信息结果、更全面的信息覆盖范围以及更加公开透明的资源获取环境。大型文献数字化项目信息组织要做到上述几点，就必须从以下几个方面努力：

----

① OCLC. College students' perceptions of the libraries and information resources：a report to the OCLC membership. Dublin, OH：OCLC, 2006［R/OL］.［2018 – 04 – 23］. http://www. oclc. org/reports/perceptionscollege. htm.

② JISC. Information behavior of the researcher of the future［R/OL］.［2018 – 04 – 23］. http://www. ucl. ac. uk/infostudies/research/ciber/downloads/ggexecutive. pdf.

首先应该加强对信息资源内容特征和关系的揭示，从而提供更精确的检索结果。以前的信息组织都是基于文献载体的外部特征进行描述，在网络环境中数字资源通常作为一种无形资源，用户不再关心其存储位置和外形特征，而更关注其具体包含的实质内容。由于全文标引的技术尚不成熟，只有采用相关算法如 FRBR 的核心算法，划分书目实体层次并分离属性特征，提炼实体间、实体与属性间的关系，以获得实体和语义关系。

其次，应该充分利用信息资源描述和组织过程中构建的丰富的语义关系，并与相关网络资源进行整合，构建信息资源检索平台，实现用户一站式的检索与获取。大型文献数字化项目只有利用各种信息资源整合技术，如中间件、信息链接、Mashup 和关联数据等，对来自大型文献数字项目参建机构内部的原始文献和参建机构拥有的其他信息资源与服务进行链接；通过项目建设过程中的协作和联盟共享模式整合实现参建机构间资源共享；并利用页面分析与编程、Mashup 和关联数据等技术实现与网络资源的链接，才能保证为用户提供更全面、更透明的信息获取环境。

4 大型文献数字化项目的数字对象描述

信息资源描述是信息组织的基础，主要是描述信息资源的外部特征、内容特征与关系；以信息资源描述数据为底本，才能建立有效的信息组织体系，从而为信息资源的整合与互操作奠定基础。

大型文献数字化项目信息资源描述的对象以数字对象为主，即信息资源描述中不能分割的项目，如一本书、一卷录音、一部电影、一张照片、一张地图等，是大型文献数字化项目信息资源描述的基本单位。大型文献数字化项目的数字对象描述，应该以描述型元数据为基本内容，并注重完善管理型元数据和结构型元数据，同时还应兼顾行为元数据、保存元数据、追踪元数据、元元数据等类型，从而建立以数字对象描述为中心的大型文献数字化项目信息资源描述框架。

另外，元数据著录仅适用于浅层次的数字对象描述，无法揭示数字对象内容特征间的复杂关系，所以大型文献数字化项目的数字对象描述还需要应用其他的描述方式，如基于实体关系模型的描述框架、面向语义检索的 RDF 描述方式等。

4.1 大型文献数字化项目数字对象描述的现状

4.1.1 调查对象

为了掌握已有大型文献数字化项目数字对象描述所采用的方式与标准规范，并为本书所提出的大型文献数字化项目的数字对象描述标准和描述途径奠定实践基础，结合大型文献数字化项目参建主体的国别、性质与类型，本书选择了 CADAL、中国国家图书馆数字图书馆工程、谷歌图书检索（Google Book Search）、欧洲数字图书馆（Europeana）、Open Library、HaithTrust、加州数字图书馆（CDL）、"美国记忆"共 8 个知名的大型文献数字化项目作为调查对象，其范围涵盖国家主导建设的大型文献数字化项目、商业机构主导的大型文献数字化项目、大学图书馆主导的大型文献数字化项目和非营利性机构主导的大型文献数字化项目，地域上涵盖中国、美国和欧洲等国家和地区。

4.1.2 调查内容

本章的调查内容分为两个方面：一是调查知名大型文献数字化项目所采用的数字对象描述方式。合理的数字对象描述方式不仅可以全面解释数字对象的各项特征，还可为后续的信息组织和信息检索奠定良好的基础。二是调查知名大型文献数字化项目所采用的数字对象描述标准以及所描述的核心元素。通过对描述标准和核心描述元素的掌握，可以大致了解其数字对象的揭示深度，从而方便根据现实需求通过更改和添加描述元素等方式达到理想的数字对象描述效果。上述调查内容的获取途径主要是通过实地调研、深度访谈、登录各大型文献数字化项目的网站及查阅与各大型文献数字化项目信息资源建设相关文献获得。

4.1.3 调查结果

（1）大型文献数字化项目数字对象描述的方式

数字对象描述的方式主要是以元数据著录为主，为适应数字对象内容特征与关系的揭示，又出现了基于实体关系模型的数字对象描述方式和基于语义检索的数字对象描述方式，以机读目录格式 MARC、以 DC 为母本的元数据、FRBR 实体模型描述、资源描述与检索（Resource Description and Access，RDA）实体模型描述、RDF 描述为代表。笔者调查表明：被调研的 8 个知名大型文献数字化项目的数字对象描述方式无一例外采用了元数据著录，而且都是基于 DC 元数据标准，结合各项目建设的实际需求自行构建了新的元数据标准。

　　此外，一些大型文献数字化项目充分调动用户的积极性参与到大型文献数字化项目数字对象的描述中，Open Library 和 Europeana 等都设置了类似于WIKI 的用户编辑页面，通过该入口用户可以自行添加或编辑数字资源，数字对象相应的变化过程会在"修改历史"中显示，编辑结果会在审核后提供给用户使用（见图 4 - 1）。

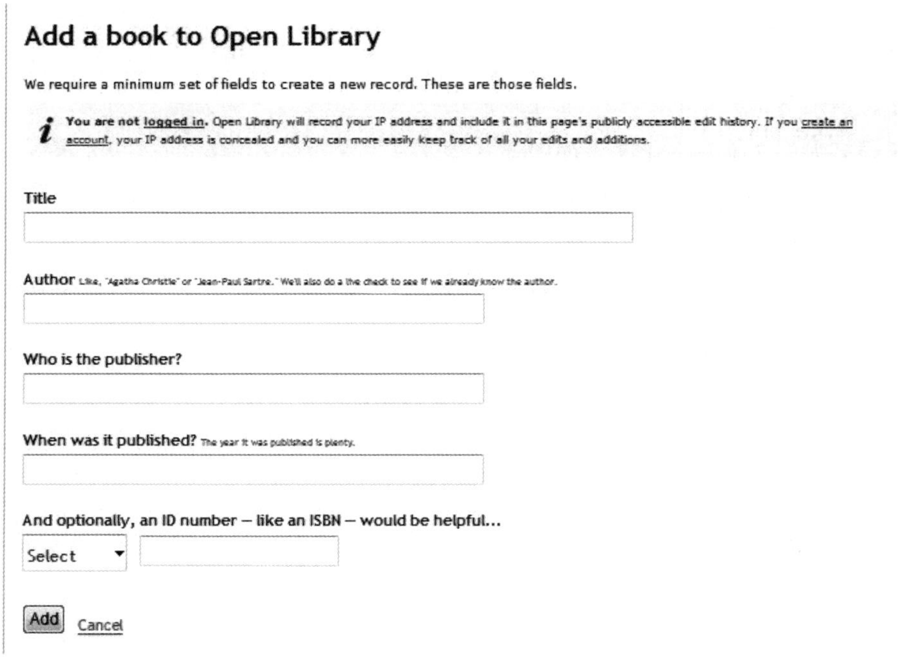

Add a book to Open Library

We require a minimum set of fields to create a new record. These are those fields.

i **You are not logged in.** Open Library will record your IP address and include it in this page's publicly accessible edit history. If you create an account, your IP address is concealed and you can more easily keep track of all your edits and additions.

Title

Author Like, "Agatha Christie" or "Jean-Paul Sartre." We'll also do a the check to see if we already know the author.

Who is the publisher?

When was it published? The year it was published is plenty.

And optionally, an ID number — like an ISBN — would be helpful...

Select ▾

Add Cancel

图 4 - 1　Open Library 数字对象描述的用户编辑页面

注：此图来源于 Open Library 用户编辑页面①。

　　出现这种现象的原因，首先是因为元数据著录是一种成熟规范的数字对象描述方式，其可用性和易用性已经得到了认可，相较于 MARC 而言，更适用于数字对象的著录。而且其与 MARC 数据在很多方面可以进行映射与互操作，这就保证了原始文献描述成果的复用。对于大型文献数字化项目这种具有显著继承性的信息资源建设活动来讲，可以大大降低数字对象描述的工作

---

① 　Open Library. Add a book to Open library［EB/OL］.［2018 - 01 - 23］. http://openlibrary. org/books/add.

负担。其次，基于实体关系模型的数字对象描述方式并未广泛应用于大型文献数字化项目的数字对象描述中，这是因为基于实体关系模型的数字对象描述尚处在逐步发展成熟的过程中。作为一种新型的数字对象描述方式，FRBR虽然已经推出一段时间，但是其中对于主题实体的描述以及各实体之间关系的揭示还处在研制过程中，对于图书馆等使用机构而言仍然处在学习和探索阶段，并未大规模使用。而 RDA 目前处在测试阶段，其推广利用更是难以预计。而且，采用基于实体关系模型的描述虽然对已有的描述成果做到部分继承，但是对于关系的揭示与描述则需要投入大量人力、物力重新创建，这对于很多大型文献数字化项目而言显得力不从心。最后，RDF 通过三元组的方式对数字对象的内容特征进行描述，不同的内容特征再经由语义关系表述从而达到语义检索的目的。由于其具有应用针对性，所以对于现阶段以资源数字化加工和简单描述为任务的大型文献数字化项目而言，还是过于前瞻。另外该方法需要为每个资源特征配置唯一的 URI 并解析和确定其蕴含的关系，其庞大的工作量也会使得大型文献数字化项目的资源建设者望而却步。再者，实体关系模型描述和 RDF 描述这些新型的数字对象描述方式极具专业性和知识性，需要进行系统的学习与研究才能掌握，而现在很多大型文献数字化项目的数字对象描述通常外包给数字化加工商完成，图书馆等机构只负责数字对象描述结果的质量控制，所以要采取这些方式还需要加强人员方面的培训与提升。

本章的写作中，笔者首先以元数据著录方式为主，构建大型文献数字化项目数字对象描述的元数据框架，并制定相关的元数据著录规则；其次就实体关系模型描述和 RDF 描述两种方式在大型文献数字化项目数字对象描述中的应用进行分析。

（2）大型文献数字化项目数字对象描述的内容

对大型文献数字化项目的数字对象描述内容的调查主要是了解各大型文献数字化项目所制定的数字对象元数据标准，以及各元数据标准所包含的核心元素。通过对这些元素进行对比，从中选择一些通用的描述元素用于后文的元数据标准的构建；并且发现其间存在的差异，再结合大型文献数字化项目的特点，对元数据标准进行补充和完善，调查结果见表 4 - 1。

表 4 - 1　国内外 8 个大型文献数字化项目数字对象描述的方式及内容

项目名称	描述方式	描述元素
CADAL[①]	自建元数据标准	题名、主要责任者、主题词或关键词、次要责任者、资源描述、日期、资源形式、资源类型、来源、语言、标识、时空范围、出版者、相关资源、权限管理、版本信息、MARC 标识
中国国家图书馆数字图书馆工程[②]	自建元数据标准	名称、创建者、主题、描述、出版者、其他责任者、日期、类型、格式、标识符、来源、语种、关联、时空范围、权限
Google Book Search	自建元数据标准	题名、作者、出版日期、出版者、页数
欧洲数字图书馆[③]	自建元数据标准	题名、创建者、贡献者、出版者、主题、格式、程度、介质、记录模型、标识符、书目引文、来源、语言、关联、范围、空间、时间、权限、读者对象、地点、记录号、所有者
Open Library[④]	自建元数据标准	作者、贡献者、题名、副题名、声明、物质格式、其他题名、著作题名、版本、出版者、出版地、页码、分类号、主题、地点主题、时间主题、类型、描述、目录、注释、记录号、来源记录号、出版日期、出版国、语种

---

① CADAL. CADAL 元数据规范草案（Version 2.0）［R/OL］.［2018 - 04 - 23］. http://www. cadal. cn/cnc/cn/jsgf/CADAL_metadata_2004. pdf.

② 北京大学图书馆. 国家图书馆核心元数据标准［EB/OL］.［2018 - 04 - 25］. http://www. nlc. gov. cn/sztsg/2qgc/sjym/files/2. pdf.

③ Europeana. European library metadata［EB/OL］.［2018 - 04 - 26］. http://www. theeuropeanlibrary. org/portal/organisation/handbook/display_en. html.

④ Open Library. Open library metadata［EB/OL］.［2018 - 04 - 26］. http://openlibrary. org/about/infogami - dc.

续表

项目名称	描述方式	描述元素
HaithTrust①	自建元数据标准	卷册标识、获取、版权、来源、标题、版本说明、列举/年表、密歇根大学记录号、来源机构记录号、OCLC 号、ISBN 号、ISSN 号和 LCCN 号
CDL②	自建元数据标准	标识符、题名、创建者、日期、描述、语言、名称主题、题名主题、地点主题、功能主题、类型、题材、格式、关联、机构、贡献者、出版者
美国记忆	自建元数据标准	题名、作者、描述、范围、外部特征、影像、录用、原始记录、保存信息、日期、识别码、关系、创作者、摘要、历史、压缩信息、媒介、用途代码

注：本表是笔者根据调查结果制作。

从上表提供的元数据描述元素对比来看，大型文献数字化项目数字对象通常采用的描述元素有题目、责任者、出版项、日期、语言、主题等传统的数字对象描述元素，以数字对象的外部特征居多，同时也都来源于 DC 元数据的核心元素。另外由于各个数字化项目的资源来源、参建主体的差异，其描述元素也存在一定的差异，主要体现以下特征：

（1）体现参建机构的多样性

由于大型文献数字化项目通常是由多个机构联合开展的，也就是说这些数字资源可能来源于不同的机构。由于各参建机构可能采用不同的数字对象描述标准，所以必然存在不一致的描述元素。因此大型文献数字化项目在建立统一的数字对象描述元数据标准时，就应该尽量兼容来自各个参建机构的

---

① Hathitrust. Hathitrust metadata［EB/OL］.［2018 – 04 – 24］. http：//www. hathitrust. org/hathifiles_description.

② CDL. Guidelines for digital objects［EB/OL］.［2018 – 04 – 23］. http：//www. cdlib. org/services/dsc/contribute/docs/GDO. pdf.

特点。以数字对象的记录号而言，有的机构采用自己制定的记录号，有的机构则采用通用的记录号如 OCLC 号、ISBN 号。所以，HaithTrust 作为一个联盟式的大型文献数字化项目，其元数据标准就包含了众多记录号格式，如 OCLC 号、ISBN 号、ISSN 号、LCCN 号及来源机构记录号；另外，由于密歇根大学是首个与 Google 合作的大学图书馆，其提供的资源在 HaithTrust 中占有很大的比重，为了方便元数据的导入和用户的检索，HaithTrust 专门设置了"密歇根大学记录号"这一元素。

（2）加强对数字对象内容特征的揭示

仅仅依靠对数字对象外部特征的描述已经无法满足用户检索的需求，大型文献数字化项目在数字对象描述中应该意识到这个问题，需结合网络环境下数字对象描述的新要求，加强对数字对象内容特征的揭示。在调查过程中，笔者发现有的项目已经着手描述数字对象的内容特征，如 CADAL 设置的"关键词或主题词"元素，Open Library 设置的"分类号""主题""描述""目录""注释"等元素。而且对于具体的元素，有的项目还进行了细分，如 CDL 将"主题"元素细分为"名称主题""题名主题""地点主题""功能主题"。

（3）加强对数字对象关系的揭示

通过数字对象描述和揭示，发现数字对象之间的关联，从而提高信息检索效率，为实现语义检索奠定基础，是大型文献数字化项目数字对象描述的发展趋势。在调查的 8 个大型文献数字化项目中，有些项目已经通过设置特定的描述元素来描述数字对象特征之间的关系，其中主要揭示的是来源关系，体现在两个层次：首先，大型文献数字化项目作为一种继承性很强的信息资源建设工程，其必然存在相对应的原始文献，数字化过程中除了对原始文献进行数字化加工处理之外，对原始文献的信息资源描述成果也应该继承与利用。所以，CADAL 在其元数据标准中特别设置了"MARC 标识"元素，用以表示与数字化文本所对应的原始文献 MARC 记录文件的文件名称。其次，来源关系还体现了资源的来源机构，这对于协作型数字化项目理清权责、加强管理十分有效。HaithTrust、欧洲数字图书馆、Open Library、中国国家图书馆数字图书馆工程、CADAL 等项目都提供了"来源"元素。另外，有的数字化项目还设置了"关联"元素来表示各元素之间的关系。如欧洲数字图书馆的

"关联"元素就可以表示整体部分关系（isPartOf），版本关系（isVersionOf），格式关系（hasFormat），替代关系（isReplacedBy）、需求关系（requires）和参考关系（isReferencedBy）。

通过调研发现，现有的大型文献数字化项目虽然在一定程度上描述了内容特征和关系，但是相关元素所占比例不高，揭示力度有待加强。所以，本书所构建的大型文献数字项目的数字对象描述元数据标准，在描述元素方面既应包含数字对象的外部特征，更应该加强对数字对象内容特征的揭示；同时还要体现大型文献数字化项目参与机构多、文献类型复杂等特点；最后还应有侧重的揭示数字对象特征之间的关系，尤其是原始文献与数字资源的继承关系。

4.2　大型文献数字化项目的数字对象元数据体系

大型文献数字化项目的数字对象元数据体系的创建是一个系统性工程。在构建该元数据体系之前，首先应该掌握其创建的原则与流程，其次应该结合大型文献数字化项目建设的需求与特点，从描述型元数据、管理型元数据、结构型元数据3个方面确定构成数字对象元数据标准的核心要素；最后还应对大型文献数字化项目的数字对象元数据著录规则进行详细说明。

4.2.1　数字对象元数据体系的创建原则

数字对象元数据体系创建前，必须了解现有数据标准。如表4－2所示，包括数据结构标准、数据取值标准、数据内容标准、数据格式标准等，这些标准是大型文献数字化项目数字对象元数据体系构建的基础。另外，还应该掌握各个具体领域所应用的专业性元数据标准，便于在构建过程中进行区分和识别，在掌握已有数据标准的前提下，通过与上述标准的映射，保证所构建的数字对象元数据标准的互操作性。

在构建数字对象元数据体系的过程中，还需要考虑以下问题：数字资源建设的目的是什么？数字资源的目标用户是谁？其典型特征是什么，需要什么信息？用户的信息检索行为如何？如果有多个版本是否需要分别著录？数字资源建设之前是否存在相关的元数据？数字资源的学科类型，该学科常用的元数据标准有哪些？与不同著录对象相对应的元数据标准分别是什么？总体来讲，数字对象元数据标准的创建需要遵循以下原则：

表 4 – 2 国际上与信息组织相关的数据标准的类型与内容

类型	举例
数据结构 标准	机读目录格式（Machine – Readable Cataloging format，MARC） 档案编码描述格式（Encoded Archival Description，EAD） 都柏林核心元数据集（Dublin Core Metadata Element Set，DCMES） 艺术品描述类目（Categories for the Description of Works of Art，CD-WA） 视觉资料核心类目（VRA Core Categories）
数据取值 标准	美国国会图书馆主题词表（Library of Congress Subject Headings，LCSH） 美国国会图书馆姓名权威文档（Library of Congress Name Authority File，LCNAF） 美国国会图书馆图像材料词典（LC Thesaurus for Graphic Materials，TGM） 医学主题词表（Medical Subject Headings，MeSH） 艺术与建筑词表（Art &Architecture Thesaurus，AAT） 艺术家人名联合词表（Union List of Artist Names，ULAN） 盖提地名叙词表（Getty Thesaurus of Geographic Names，TGN）
数据内容 标准	英美编目条例（Anglo – American Cataloguing Rules，AACR） 资源描述与检索（Resource Description and Access，RDA） 国际标准书目著录（International Standard Bibliographic Description，IS-BD） 文物编目（Cataloging Cultural Objects，CCO） 档案描述内容标准（Describing Archives：A Content Standard，DACS）
数据格式/ 技术交换标准	MARC21，MARCXML，EAD XML DTD，METS，MODS，CDWA Lite XML schema，Simple Dublin Core XML schema，Qualified Dublin Core XML schema，VRA Core 4.0 XML schema

注：本表是笔者根据调查结果制作。

（1）与社会通用标准相吻合

首先，应该根据数字资源内容和项目建设目标选择合适的元数据、受控词汇、叙词表，这些内容应反映大型文献数字化项目数字资源的性质，反映用户的使用需求，并体现未来数字资源建设发展的趋势。同时还要考虑元数据的描述层次性，以及类似机构实践案例，以便于互操作的开展。其次，掌握已有元数据的特性。并不是每个元数据标准都适合任何一种资源，如 EAD适合未经改动的同源的数字资源，而不适合多种来源的异构的数字资源。最佳的方式是综合使用，如 MARC 和 EAD 可用于馆藏层面，MODS 或 CDWALite 或 VRA Core 用于具体每本图书，而 METS 用于元数据封装。此外，机构还应该建立一个应用文档，来记录多种元数据框架的详细内容及选择原因，当元数据标准确定后，该文档应记录具体的配置文件，使用过程及注意事项。

（2）支持互操作

这要求元数据标准首先应该包括主要的元素集；其次应该具有在更大范围的适用性；再次数据提供方和服务提供方必须为提供无障碍的有意义的元数据共享负责。数据提供方应该建立具有连贯性、数据内容标准化的元数据，应该使用合适的受控词汇和数据内容标准。而服务提供方也应该尽量采用标准的元数据，并保证及时更新，同时利用辅助词汇、主题聚类、术语映射等方法实现增值服务。此外双方还需要进行元数据互操作层面的协作。另外还需要从机制层面支持元数据共享、元数据注册、映射、支持 OAI 协议、跨系统检索、元搜索等协议。

（3）使用权威控制和内容标准

元数据使用权威控制和内容标准，如编目规则，受控词表和词库，主要应用于人物姓名、机构名称、地点名称、作品题名、主题、分类标题等。其中姓名和题名可以参照编目标准，主题和类型术语可参考受控词汇和主题词表，而分类标准的应用可以方便在线检索的开展。为了保证终端用户的有效检索，在元数据标准建立的过程中最好采用具有本地特色的专指的权威控制文档和通用的权威控制文档相结合的方式，但是使用组合方式时必须构建详细的应用文档说明。

（4）必须包含声明

元数据标准必须包含一些声明，主要是对权力的交代，如描述版权、资源使用权限、关于权利元数据相关的法律问题等，在元数据内容中体现为管理型元数据、权利元数据等。这些声明可以帮助用户获取以下信息：文献的版权状态是公共领域还是受版权保护，是否有使用限制；对于那些有使用限制的文献，如何获取使用许可，如何进行正确的标引。同时，元数据还应该提供该文献的版权所有者的信息等。

（5）适用于保存、维护、管理

元数据标准建立的目的除了方便对信息资源进行描述，还应该便于信息资源的保存、维护和管理，这需要通过管理型元数据、技术元数据、保存元数据、结构型元数据等实现。其中管理型元数据应该包括资源的创建方式和创建时间，资源保存和检索的管理方和具体实施方，以及资源提供利用时的相关限制。而技术元数据主要描述数字文档的格式、体积、校验和、采样频率、相似度等数据。保存元数据则包含用于长期保存的详细的技术元数据和数字对象相关的背景、关系、历史、处理、状态等内容。结构型元数据则用于复合数字对象的封装中，如一本书在数字化过程中是通过每页单独扫描形成的，那么结构元数据就体现了每页图片的页码，以及该图书的逻辑内容结构。

（6）保证来源可信性、真实性、标识唯一性

因为元数据是对信息资源主要内容的描述，是信息组织的基础，其真实性一定要得到保证。如元数据标准中具体来源信息、存储信息等都应该包含机构标识符，而且在创建过程中就应该评估其完整性和质量，另外还需向用户提供充足信息方便其对元数据的可信性进行检验。

4.2.2 大型文献数字化项目的数字对象元数据框架设计

数字对象元数据框架的设计是大型文献数字化项目信息组织的重要环节，将影响到信息组织和信息服务的深度和广度。参照上文所总结的元数据标准的创建原则，在大型文献数字化项目数字对象元数据框架的设计过程中，主要应考虑的因素有数字对象本身的特性、用户的信息检索需求、数字对象的知识组织体系、大型文献数字化项目管理和维护要求、互操作要求、建设与维护的成本、软件技术因素、大型文献数字化项目的可持续发展等。

（1）设计方法

从大型文献数字化项目开展目的和发展态势来看，合作、开放、共享和互操作已经成为主流。所以在大型文献数字化项目数字对象元数据标准的选择和制定过程中，要遵循标准、开放和可扩展的原则。因此，本研究在元数据标准创建过程中，摒弃了从头开始设计大型文献数字化项目的数字对象元数据标准的方法，而是在综合调查分析知名大型文献数字化项目元数据标准的基础上，选择其中的通用元素，以目前信息资源描述领域最为通用的 DC 元数据为底本，制定一套适合于大型文献数字化项目描述、识别、评估及管理的数字对象元数据体系，具体构建流程如图 4 − 2 所示。以 DC 元数据为母本，保证了其与其他多种元数据之间的映射与互操作，另外由于添加了体现大型文献数字化项目数字对象的特殊描述要求，本元数据框架又具有鲜明的特色。

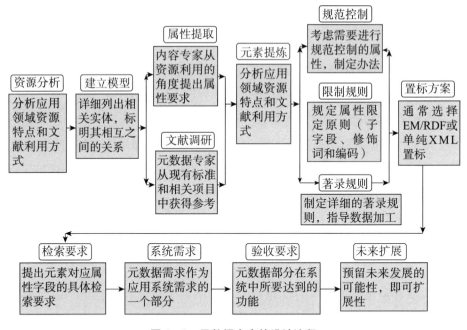

图 4 − 2　元数据方案的设计流程

注：本图来源于《元数据应用规范与著录规则》①。

---

① 　刘炜. 元数据应用规范与著录规则［EB/OL］.［2018 − 04 − 25］. http://cdls2. nstl. gov. cn/mt040526/.../6 − cdls − 基本元数据应用 − 刘炜 − 20040526. pdf.

（2）元数据的结构

元数据的内容类型大致可以分为 3 个部分，分别是描述型元数据、管理型元数据和结构型元数据，其中描述型元数据是元数据的核心组成部分，用于描述、识别、发现和获取信息资源；管理型元数据又可以细分为技术元数据、保存元数据和权利元数据，主要是方便信息资源的维护与管理；结构型元数据主要用于描述信息资源的类型、版本、关联和其他特征，用来定义复杂对象的逻辑构成和获取方式，如一个文本书档的内容目录，方便资源的组织和导航。另外，还存在一些其他类型的元数据如行为元数据、来源关联元数据等，这些都可以实现对信息资源的全面深入的描述。

大型文献数字化项目的数字对象元数据描述框架的设计中，以描述型元数据和管理型元数据为主。其中描述型元数据以 DC 元数据为基础，选择了其中的部分核心元素和修饰词，并利用了调查分析获取的知名大型文献数字化项目的通用元素，且在此基础上进行了一定的扩展。如对责任者进行了职责区分，对日期元素进行了细化，并对其中一些元素的含义和适用范围进行了修改。管理型元数据则结合大型文献数字化项目管理的需求，包括项目的贡献方、相关日期、权限管理以及数字化过程中的技术说明等元素。在结构型元数据中重点描述数字对象特征的关系，通过"来源"和"关系"两个元素进行说明。

（3）元数据的元素

1）大型文献数字化项目的数字对象描述型元数据

描述型元数据是大型文献数字化项目的数字对象元数据标准的核心，主要用于用户识别发现数字对象，包含"题名""创建者""主题""描述""出版者""贡献者""类型""格式""资源标识符""语言""范围"共计11 个元素，如表 4-3 所示。上述元素都是针对数字化项目生成的数字对象的描述而言的，原始资源的相关信息应该在"来源"一项中进行著录。描述型元数据呈现以下特点：一是注重对多种文献类型的描述，大型文献数字化项目在数字化加工过程中会生成多种文献类型，如文本、音频、视频、图像等，对这些文献类型的不能仅仅通过"类型"一项表现，还应借助"语言""格式"和"范围"等元素描述。二是对"责任者"一项进行了细分，包括"创建者""贡献者""出版者"以及管理型元数据中的"贡献机构"。其中，对"出版者"的描述对象进行了变动，用于描述数字对象的创造机构，而将原始文献的出版机构放在"来源"中。这主要是因为对于数字化项目而言，数字对象的创造机构才是其真正的出版机构。三是加强了对数字对象内容特征的揭示，通过"主题"和"描述"两个元素表现。虽然这两个元素都是元数据标准的传统核心元素，但是其描述能力却大大加强。"主题"用来描述数字对象的标题、关键词、关键名称，以及与主题相关的概念、对象、事件、地点。其中概念是指用来描述作品主题的抽象的概念或实现，如知识领域、学科、思想派别、理论、过程、技术、实践等。对象是指描述作品主题的物质事物，包括自然界存在的有/无生命力的实物，或是人类创造的固定/可移动的实物，或是不存在的实物。事件是指描述作品主题的广泛的行动和事情，如历史时间、时代、时期。地点是指描述作品主题的场所，可以是地球的、历史的，也可以是外星的、当代的；同时还可以采用地理特征和地理政治管辖区。

表4-3 大型文献数字化项目的数字对象描述型元数据的元素

元素	修饰词	编目规则	与 DC 映射的元素	备注
题名	文首题名 资源集合题名 数字对象题名 艺术品题名 系列文献题名	AACR2 DAC CCO	Title	可以采用原始文献自带的题名，也可以采用数字化加工方提供的题名
创建者	创建者 创建机构 服务提供方	LC Authorities OCLC/RLIN ULAN 著录实体	Creator	与文献知识创造直接相关的人或机构
主题	概念 对象 事件 地点	CCS CLC SKC DDC LCC UDC LCNAF MESH AAT	Subject	涉及表示主题的人物和机构，应与"创建者"保存一致
描述	摘要 内容目录		Description	关于原始文献的描述应放在"来源"

续表

元素	修饰词	编目规则	与 DC 映射的元素	备注
出版者	合作机构 机构地址 博物馆 历史团体 大学图书馆 项目 存储库	LC Authorities	Publisher	数字对象的创造机构，原始文献的出版机构放在"来源"
贡献者	编者/机构 注释者/机构	AACR2 DAC CCO LC Authorities OCLC/RLIN ULAN 著录实体	Contributor	对数字化项目贡献次于"创建者"
类型	文本 图像 音频 视频	DCMI Type Vocabulary	Type	同一数字对象可包含多种类型
格式	范围 介质	MIME（IMT Scheme）	Format	范围表示数字对象的大小和时间；介质表示物理属性
资源标识符	URI DOI	URI DOI	Resources Identifier	数字对象的唯一表示、获取、管理、保存、使用
语言	书写语言 Audio 语言 Video 语言	ISO 639 – 2	Language	
范围	空间特征 时间特征	TGN DCMI Point DCMI Box ISO3166	Coverage	空间指地点的地名、经纬度、空间位置，时间指时间跨度

注：本表是笔者对数字对象的描述型元数据的分析。

2）大型文献数字化项目的数字对象管理型元数据

由于大型文献数字化项目是一个多机构合作建设的项目，机构之间必然存在很多差异，如数字化加工的设备不同、数字对象描述的标准不同、数字对象的加工时间多样等。要保证大型文献数字化项目的顺利进行，利用管理型元数据是一种可行途径，其呈现以下特点：一是细化了"日期"元素，细分为"数字化日期"和"原始日期"，其中"原始日期"一项为新增元素。因为大型文献数字化项目建设过程中会产生很多时间，如原始文献的创建、出版、修改和版权日期，数字对象的提交、可用、修改日期；而且不同的日期间又存在密切的联系，如数字对象的可用日期就取决于原始文献的版权日期，所以对相关日期进行细致描述可以有效掌握数字对象的发展态势和利用情况。二是添加了技术元数据的相关内容，通过"数字化详细说明"一项体现。技术元数据包含的内容很多，本研究结合数字化项目建设的需求和特点，主要描述数字化加工过程中使用的仪器设备、操作系统、创建软件等的名称、制造商和型号等，用于数字化成果质量控制的校验和值，必要的时候还应该包括数字化加工的工作流程及相关技术说明。三是意识到权利元数据的重要性。版权问题始终是困扰数字化项目的一个难题，要尽量避免侵权问题的出现，就需要对权利元数据进行详细著录，不仅应该说明该数字对象是否受版权保护，可否公开使用；为方便用户的利用还应该提供版权持有人的联系方式，以便获取使用许可。四是为方便大型文献数字化项目的管理，明确权责义务，管理型元数据设置了"贡献机构"和"数字化详细说明"中的"生产者"两个元素。其中"生产者"是指数字化加工过程中具体的生产人员，如扫描员、元数据添加人员等；而"贡献机构"是指数字化加工过程中为数字对象创建、管理描述、传播做出贡献的机构和管理单位。与描述型元数据中的"贡献者"不同，前者侧重信息资源智力加工过程中的贡献，而后者则侧重数字化加工操作中的贡献，具体内容见表4-4。

表4-4 大型文献数字化项目的数字对象管理型元数据的元素

元素	修饰词	编目规则	与 DC 映射的元素	备注
数字化日期	创建时间 有效期 发布日期 修改日期 版权日期	ISO6801 W3C DTF DCMI period	Date digital	数字对象创建和可用时间
原始日期	创建时间 有效期 发布日期 修改日期 版权日期	ISO6801 W3C DTF DCMI period		原始文献创建和修改日期
数字化详细说明	软件 硬件 校验和 技术参数 生产者	NISO Z39.87		描述数字化过程中的技术信息
权利管理	版权声明 访问限制 安全许可		Rights Management	以文字声明和 URL 链接的方式提供，但应包含权利持有者的联系方式
贡献机构		AACR2 DAC CCO	Contributing Istitution	为数字对象创建、管理描述、传播做出贡献的机构和管理单位

注：本表是笔者对数字对象的管理型元数据的分析。

3）大型文献数字化项目的数字对象结构型元数据

结构型元数据主要用于描述数字对象的来源、关联和其他特征，用来定义复杂数字对象的逻辑构成和获取方式，如文本目录体系、目录和正文的链接信息、文本版式信息以及该文本与其他相关文本的关联信息。大型文献数字化项目的数字对象结构型元数据主要包含两个元素，如表4-5所示。其中

"来源"元素表示派生关系，用来表示数字对象的来源的相关信息，该项通常是许多信息的整合，如原始文献的出版者、标识符等都应该在该项中著录。其中原始文献的标识符对于数字对象的描述尤为重要，如 ISSN、ISBN、分类号，以及机构内部使用的索书号、控制号和条形码等，这些都是构成数字对象标识符的重要组成部分。而"关系"一项主要展示数字对象与其他资源之间的关系，而且这种关系是多维的，一个的数字对象可能是某一数字对象的组成部分，也可能包含了更多小规模数字对象，它可能是一种数字对象的最新版本，也可能被其他数字对象所取代等。"关联"元素的充分描述有助于用户识别、引用、定位和链接其他资源。

表 4 – 5　大型文献数字化项目的数字对象结构型元数据的元素

元素	修饰词	编目规则	与 DC 映射的元素	备注
关系	变化关系 部分与整体关系 引证/参考关系 替代关系 格式变化关系 依赖关系	URI	Relation	关系可能是多向、单向和互逆
来源		URI	Sources	原始文献的相关信息可在此著录，与"关系"相呼应

注：本表系笔者对数字对象的结构型元数据的分析。

4.2.3　大型文献数字化项目的元数据著录规则

元数据标准规定了数字对象描述元素，说明从哪些方面对数字对象进行描述，并向用户展现了具体的属性。在确定元数据标准后，还需要对收集到的数字对象进行著录，才能最终形成供用户浏览和检索的元数据记录，从而构成一个完整的数字对象描述体系。在对数字对象进行著录的过程中，需要制定严格的著录规则作为著录人员的工作守则，也是大型文献数字化项目元数据著录的具体实施方法。元数据著录规则应该详细规定元素的内容和属性的具体设置、取值和特征，说明如何按规定格式进行资源描述，生成元数据记录。其应包含元数据内容编码规范、元数据元素、子元素或限定属性的选择方式，主题词、分类号的选择标引原则和方式，文字描述内容等①。

在构建大型文献数字化项目的数字对象元数据著录规则中，本研究根据数字化项目信息资源建设的特点、元数据框架和用户需求，参考 DC 标准、CADAL 的《元数据规范及著录细则》，并查阅了 CDL 的《数字对象指南》、科罗拉多州数字化项目《DC 元数据最佳实践》等国外大型文献数字化项目制定的相关元数据著录规范，制订了适用于大型文献数字化项目数字对象的元数据著录规则。该著录规则对大型文献数字化项目数字对象元数据框架中的每个元素的著录内容、元素修饰词、著录注意事项等均作了明确定义和说明。

以"主题"元素为例，表 4 – 6 详细说明了该元素的构成情况，包括名称、标识、定义、必备性、属性、元素修饰词、编码修饰词、著录细则等 16 项内容。

表 4 – 6　大型文献数字化项目的数字对象元数据标准中"主题"元素的著录规则

名称	主题词/关键词			
标识	Subject			
定义	描述数字对象主题内容的受控或非受控词汇。			
必备性	是			
可重复性	是			
属性	标识	必备性	名称	参照
	Xsi：Type	必备	编码类型	W3C
应用层次	数字对象			
编码修饰词	标识	名称		参照
	CCS	中国主题词表		
	CLC	中国图书分类法		

---

①　刘竟. 面向概念检索的农史信息门户的设计与构建［D］. 南京:南京农业大学,2008:54.

续表

	LCSH	美国国会图书馆主题词表	
	MESH	医学主题词表	
	DDC	杜威十进分类法	
	LCC	美国国会图书馆图书分类法	
	UDC	国际十进分类法	
元素修饰词	事件、概念、地点、对象		
数据类型	字符型		
指定值	—		
缺省值	—		
注释	用于描述数字对象的主题内容，包括标题、关键词、术语、名称，或是能够表示主题意义的人物、地点、事件、分类号等。		
著录信息源	用户定义		
著录细则	最好选择来自叙词表或学科词表的主题词，但应考虑到共享与互操作； 输入时应按重要性，即对内容的描述概括程度，依次输入； 尽量选择具有特殊意义的词汇； 如果采用人物或机构作为关键词，则应保持名称输入的顺序，保证机构名称的完整，尽量少用缩写，并在"创建者"项中同时标注； 应与"类型"项保持区别。		
DC 映射	Subject		

注：本表是笔者在 CADAL《元数据规范及著录细则》[1]基础上改进制作。

在具体著录过程中，需要注意以下事项[2]：

（1）输入多种主题词和分类号时应按照其对内容描述的重要性排序，同

———————————

① CADAL. CADAL 元数据规范草案（Version 2.0）［R/OL］.［2018－04－23］. http://www. cadal. cn/cnc/cn/jsgf/CADAL_metadata_2004. pdf.

② CDL. Guidelines for digital objects［EB/OL］.［2010－10－29］. http://www. cdlib. org/serv-ices/dsc/contribute/docs/GDO. pdf.

时利用空格和标点符号确保每个主题词间隔清晰。

（2）尽量从已经成熟的叙词表和分类表中选择主题词。

（3）借助于标题、描述和资源本身来判断选择合适的主题词。

（4）来自不同叙词表中的主题词应注意区分清楚。

（5）对不同的主题词来源的叙词表和框架赋予合适的标签，通常以缩写代替，具体缩写方式可参见 MARC 编码规则。

（6）尽量采用特殊或唯一的词汇来描述主题。

（7）主题同样可以选用表示个人或机构的名称、地点、类别、形式和事件的词汇。

（8）主题元素不仅应该描述数字对象的内容，还应该表示数字对象的体裁，如一首歌颂医生的诗歌，其主题应该描述为"医生"和"诗歌"两项。

（9）对于非规范字符的输入应制定相应的说明。

（10）如果主题是人物或机构，则在人物的表示中应注意其名称的顺序，尤其是英文名称，还应标注人物的生卒年，以便区分。在机构的表示中，应该按照一定的顺序输入机构名称的全称，应尽量少用缩写，当然通用的机构名称缩写除外，同时还可参照相关权威控制文档，如 LC Authorities。

（11）主题中著录的内容应该比"类型"中著录的内容更详细。如一张数字图片在"类型"中表示为"image"，而在"主题"中则应该细化为"photograph"。

（12）如果创建者对于主题揭示非常重要，则其应该在"创建者"和"主题"中同时著录，如毕加索的画展，因为画展作品的作者是毕加索，而展览又是为其作品举办的，所以毕加索应该在两个元素中同时著录。

根据笔者前文提出的大型文献数字化项目数字对象的元数据框架及著录规则，《信息组织》（*The Organization of Information*）一书的元数据著录实例如图 4 – 3 所示。

题名：信息组织（The Organization of Information）

创建者：Arlene G. Taylor

主题：信息管理、信息组织

描述：系统阐述了隐藏在各种环境下的信息组织实践背后的理论、原则、标准和工具，既包括分类、主题、编目、排架的原理与方法等内容，也加入了新的信息组织方法，如信息构建、知识管理、学科主题门户、语义网、信息组织系统和网络资源分类学的概念等。本书重点讨论了元数据的相关知识，它和编目的关系以及各种类型的元数据，几种新的元数据的管理工具，对元数据的深度描述、检索点和规范控制，新的元数据方案等，为求全面、准确地把信息资源组织的理论和操作知识系统化地描述出来，使广大读者能对信息资源组织与管理的历史和现状、内容与对象、理论与实践有一个全面的了解和认识。本书每章后面都有大量的推荐读物，列举了最新的研究成果，书后附有术语表，是很好的教、学、研用书。

出版者：Libraries Unlimited

贡献者：Daniel N. Joudrey

原始时间：2009—出版发行时间

数字化时间：2011—数字化版本可用时间

类型：图片

载体：2 000 000bytes（文件体积）

数字化详细说明：扫描仪器——佳能扫描仪，扫描模式——普通扫描，操作系统——Windows XP，文字识别软件——汉王文本王文豪7600，存储设备——IBM磁盘阵列5000

资源标识符：http：//.../isbn9781591587002

来源：出版社——Libraries Unlimited，载体项——512 页，24cm；中图分类号——G201，LC 分类号——Z666.5.T39 2009，杜威分类号——025，ISBN9781591587002，版本项——第三版

语言：EN

关系：信息组织（第三版）is version of 信息组织（第二版）

信息组织（第三版，印刷版）has format 信息组织（第三版，数字图片版）

信息组织（第三版，数字图片版）requires Djvu 阅读器

权限管理：受版权保护，版权持有者——Arlene G. Taylor，联系信息——School of Information Sciences，University of Pittsburgh，USA

贡献机构：数字化扫描机构——书同文公司，元数据著录机构——书同文公司，质量控制机构——武汉大学图书馆，原始文献提供机构——武汉大学图书馆，数字资源保存机构——武汉大学图书馆，浙江大学图书馆，数字资源管理机构——浙江大学图书馆

图 4 - 3　大型文献数字化项目的数字对象元数据著录的实例

注：本图是笔者根据前文提出的大型文献数字化项目数字对象的元数据标准及著录规则绘制。

4.3　基于实体关系模型的大型文献数字化项目的数字对象描述

大型文献数字化项目通常采用元数据描述数字对象，但由于元数据描述能力有限，以揭示数字对象的外部特征为主，在揭示数字对象内容特征和不同类型数字对象间的关系方面有所欠缺，不利于深层次信息组织的开展。为了全面、细致的描述数字对象，不断满足用户的检索需求，就必须在数字对象内容特征描述和关系揭示方面进行深化，基于实体关系模型的数字对象描述方案正是应此需求而产生的。

4.3.1　基于实体关系模型的描述方案的含义与特征

基于实体关系模型的描述方案是指在描述过程中以用户的检索需求为导向，构建一个概念模型，这个模型可以清晰定义用户所关心的实体、每个实体的属性、实体间的各类关系，并且将特定的属性与关系同用户查询书目记录时所履行的各项任务链接起来。此类数字对象描述方案最核心的内容是采用实体分析技术，分离出用户关心的主要对象，即为实体；然后再识别与每个实体相联系的特征或属性以及实体间的关系。这些实体属性及关系对于用户建立书目查询、解释查询结果都十分重要。

FRBR 和 RDA 都是基于实体关系模型的资源描述方案的代表。FRBR 问世后，对国际编目界产生了很大影响，也成为修订 AACR2 的理论基础。2001 年 10 月，RDA 联合指导委员会（Joint Steering Committee，JSC）决定将 FRBR 的术语融入 AACR；在 2005 年的会议上决定进一步使 RDA 的结构与 FRBR、FRAD 模型相一致①。2007 年 10 月，JSC 接受了 RDA 的编者建议，决定采用新结构，将数据元素与 FRBR 的实体和用户任务更密切地联系起来。RDA 将按照 FRBR 的实体、属性和关系来组织，各部分各章集中在支持特定

---

① Joint Steering Committee for Development of RDA. Incorporating FRBR terminology and concepts[EB/OL]. [2018 – 04 – 20]. http://www. rda – jsc. org/rda. html#presentations.

用户任务的元素，RDA 核心元素选自那些与 FRBR 和 FRAD 定义的用户任务具有"高"匹配值的属性和关系①，可以说它是一部充分体现 FRBR 概念和结构的编目标准。FRBR 和 FRAD 模型给 RDA 提供了一个基本的框架，使它具有支持包括各种类型内容与媒体所需的范围，具有适应新出现的资源特征所需的灵活性和可扩展性，具有在广泛的技术环境范围内数据的生产和运行所需的适应性②③。

（1）RDA 的结构与内容

RDA 包括导言和 10 个部分的指南和使用说明，它们按照 FRBR、FRAD 模型定义的实体、属性和关系来组织，还有几个附录。每个部分的各章集中支持特定用户任务——查找、识别、选择、获取的元素。其具体内容如表4 - 7 所示：

表4 - 7　RDA 的结构与内容

结构	目的	章节	具体内容
导言	简单介绍 RDA 的目的、范围、主要特点和其他资源著录与检索标准的关系		阐明 RDA 的基本原则、RDA 基本框架的概念模型、RDA 的结构、核心元素及其使用惯例
第一部分记录载体表现与单件的属性	指导如何记录 FRBR 所定义的载体表现与单件的属性	第 1 章	记录载体表现与单件的属性的一般规则
		第 2 章	通常用于识别载体表现与单件的元素
		第 3 章	载体的物理特征、存储格式、编码元素
		第 4 章	提供获取与检索信息及元素

---

① Kiorgaard D. RDA core elements and FRBR user tasks[EB/OL].[2018 - 04 - 22]. http://www. rda - jsc. org/docs/5chair15. pdf.

② Joint Steering Committee for Development of RDA. RDA：resource description and access prospectus[EB/OL].[2018 - 04 - 20]. http://www. rda - jsc. org/rdaprospectus. html.

③ 吴晓静. RDA——资源描述与检索的新标准[J]. 数字图书馆论坛,2010(12):1 - 7.

续表

结构	目的	章节	具体内容
第二部分 记录作品与 内容表达的 属性	指导如何记录FRBR所定义的作品与内容表达的属性	第5章	记录作品与内容表达的属性的一般规则
		第6章	识别作品与内容表达主要元素，构建表现作品或内容表达的规范检索点和变异检索点
		第7章	用户选择满足其内容需求的资源时所依据的作品与内容表达的属性，包括内容的性质和范围、预期读者等元素
第三部分 记录个人、 家族与团体 的属性	指导如何记录FRBR、FRAD所定义的个人、家族与团体的属性	第8章	记录个人、家族与团体属性的一般规则
		第9章	识别家族的常用元素
		第10章	识别团体的常用元素
		第11章	识别个人的常用元素
第四部分 记录概念、 实物、事 件、地点的 属性	指导如何记录FRBR、FRAD所定义的概念、实物、事件、地点的属性	第12章	记录概念、实物、事件、地点的属性的一般规则
		第13章	识别概念的常用元素
		第14章	识别对象的常用元素
		第15章	识别事件的常用元素
		第16章	识别地点的常用元素
第五部分 记录基本 关系	指导如何记录作品、内容表达、载体表现与单件的基本关系	第17章	记录作品、内容表达、载体表现与单件的基本关系的用法和指南所体现的目标和原则
第六部分 记录与资源 相关的个 人、家族和 团体的关系	指导如何记录FRBR所定义的资源和与其相关的个人、家族和团体的关系	第18章	记录与资源相关的个人、家族和团体关系的一般规则
		第19章	与作品有关的个人、家族和团体
		第20章	与内容表达有关的个人、家族和团体
		第21章	与载体表现有关的个人、家族和团体
		第22章	与单件有关的个人、家族和团体

续表

结构	目的	章节	具体内容
第七部分 记录主题关系	提出著录用法与指南、基本目标和原则,说明核心要素	第23章	记录作品主题关系的一般规则
第八部分 记录作品、内容表达、载体表现与单件之间的关系	指导如何记录作品、内容表达、载体表现与单件之间的关系	第24章	记录作品、内容表达、载体表现与单件之间关系的一般规则
		第25章	相关作品
		第26章	相关内容表达
		第27章	相关载体表现
		第28章	相关单件
第九部分 记录个人、家族与团体之间的关系	指导如何记录FRAD所定义的个人、家族与团体之间的关系	第29章	记录个人、家族与团体之间关系的一般规则
		第30章	相关个人
		第31章	相关家族
		第32章	相关团体
第十部分 记录概念、实物、事件、地点之间的关系	指导如何记录概念、实物、事件、地点之间的关系	第33章	记录概念、实物、事件、地点之间关系的一般规则
		第34章	相关概念
		第35章	相关实物
		第36章	相关事件
		第37章	相关地点
附录和术语表		附录A—L	附录A大写,附录B缩写,附录C首冠词,附录D描述数据记录句法,附录E检索点控制数据记录句法,附录F个人名称补充说明,附录G贵族头衔或等级,附录H公历日期,附录I、J、K、L是一系列关系标识的列表

注:本表由笔者参考《RDA——资源描述与检索的新标准》[①]一文整理制作。

---

① 吴晓静. RDA——资源描述与检索的新标准[J]. 数字图书馆论坛,2010(12):1-7.

（2）RDA 的特点与优势

RDA 提供了有关数字资源和传统资源的编目的规定，它基于 AACR2 的优点，重视用户便捷地发现、标识、选择和获得他们所需资料的需要，在不同的元数据领域内支持元数据的共享，使用 RDA 描述信息资源具有以下特点及优势[①]：

1）RDA 具有很强的兼容性

RDA 侧重于需要描述资源的信息，而不是说明如何显示该信息。用户将可以将 RDA 内容与许多编码方案如 MODS、MARC 21 或 DC 核心元数据一起使用。RDA 具有适应性和灵活性，具有被其他信息行业和图书馆使用的潜在可能性。

2）RDA 以方便用户更容易地查找他们所需要的信息为目的

RDA 结构基于 FRBR 和 FRAD 概念模型，使得人们可能在目录中聚集关于同一题名的信息（例如翻译、节略、不同的物理格式），设计出更好的显示。RDA 提供了更灵活的数字资源内容描述框架，并且还满足图书馆组织传统资源的需要；RDA 创建的记录将与 AACR2 记录兼容，而且 RDA 有 AACR2 中所没有包含的，但是却在数字资源的描述中很常见的标识的和附加的单元。

3）RDA 更适合新兴的数据库技术

RDA 重视"取你所见"，从而方便了元数据的机器抓取，而不必大量编辑，节省了编目员的时间；使得机构能在数据抓取和存储检索中提高效率。

4）RDA 将提高编目效率

作为联机的、基于万维网的工具，RDA 规则可以被定制适用特定的应用纲目或特定的任务，并用于著录特定类型的资料。另外，RDA 将提高不熟悉格式的编目的效率——通过联机工具可以检索所有被编目资源所需要的规则。RDA 将允许用户联机添加自己的注释。类似地，规则解释以及机构的或网络的政策可以与 RDA 联机数据库整合起来。最后，RDA 将允许与厂商产品的整合，从而改进编目员的工作流程和绩效。

基于上述特点与优势，本研究将以 RDA 元素为基础，结合大型文献数字化项目的特点，设计并实现基于 RDA 的数字资源描述框架。

---

① 顾犇. RDA——资源描述和检索:21 世纪的编目标准[R/OL]. [2018 - 04 - 24]. http://www. rda - jsc. org/docs/rdabrochure - chi. pdf.

4.3.2 基于 RDA 的大型文献数字化项目的数字对象分析

笔者通过表 4 - 7 的总结发现，RDA 将信息资源的描述元素划分为 3 大部分，即实体、实体的特征属性以及关系。其中实体又细分为 3 类，分别是用以描述信息资源主要识别特征的作品、内容表达、载体表现和单件；用以描述相关责任者的人物、团体和家族；用以揭示信息资源内容特征的主题实体。而关系又包含第一组实体间的关系，第二组、第三组实体与第一组实体之间的关系和各类实体内部的关系。之所以建立如此复杂的信息资源描述框架，其目前就是与用户的检索需求密切结合，并实现对信息资源的全面描述及关系的深刻揭示。

RDA 资源描述框架是否适合大型文献数字化项目的数字对象描述，必须从大型文献数字化项目的特征进行论证。

（1）内容的复杂与传承性

大型文献数字化项目的资源选择政策通常由各参与机构自行拟定，各机构通常会选择具有珍贵史料价值、馆藏特色和使用率高的文献进行数字化加工①。即便如此，由于缺乏统一规划，重复现象依然普遍存在。这就导致经过数字化加工后所获得的数字对象存在大量相同和类似状况。在数字对象描述中，首先要做的就是将这些相同的数字对象进行聚类，有必要时还需进行对比和剔除，而这些工作的前提就是对数字对象的内容进行详细的描述。

另外，大型文献数字化项目作为信息资源长期保存的有效方式，在具有珍贵史料价值的古籍保护中经常使用，如"国际数字敦煌项目"和国家图书馆相关的古籍数字化项目。相较于其他文献类型，古籍体现出很强的传承性，由著、述、编、译等著作方式构成了庞大的著作群。古籍的传承与发展，从内容和形式上表现出三种版本特性：一是由内容发展变化导致的相互关联和影响的内容版本的变迁；二是随着出版技术的进步及时代空间的变迁，在载体形式上呈现出的形式版本特征；三是在收藏和诵读过程中，随着读者对

---

① 宋琳琳,黄如花.大型文献数字化项目范围限定与术语辨析[J].图书情报工作,2009 (11):25 - 28.

文献的使用和对知识的领会而附加在文献上的各种评注信息、校勘信息、题跋信息、藏书印等各种个性化的藏品文化信息，从而构成其个体的附加版本信息①。无论如何变化，古籍所围绕的文献作品是一定的。所以如何通过数字对象描述，梳理其版本与内容变化的脉络也是大型文献数字化项目数字对象描述需要解决的问题之一。

（2）数字对象间关系的丰富性

除了上文提到的古籍版本传承与演变，其他类型的数字对象间也存在丰富且复杂的关系，这主要体现在载体的多样性方面。大型文献数字化项目是对原始文献的"数字拷贝"，所以除了数字资源外必然存在相对应的原始文献。对于大型文献数字化项目的原始文献来讲，其最常见载体形式是印刷型载体，物理介质以纸张为主；另外还有缩微型文献，如广东省立中山图书馆首先将纸质文献转换为缩微型文献，然后再将缩微型文献转换为数字资源，建立缩微文献的目的是便于数字资源的长期保存。而对于大型文献数字化项目的数字对象而言，其常用的载体形式是数字载体，从格式方面又可细分为数字文档、数字图片、数字音频、数字视频等；而且还会受存储介质的不同而存在差异。面对如此复杂的载体形态，数字对象描述过程中首先需要理清同一种文献的不同载体形态，其次需要在掌握文献内容传承及变化的基础上，将具有关联的不同文献的各种不同载体形态进行归纳和集合。

（3）参建机构的多样性

大型文献数字化项目的另一个显著特征是参建机构的多样性，包括图书馆、档案馆、博物馆、IT 公司、历史机构等，这些机构有的是原始文献的提供方和馆藏存储方，有的是扫描数字化加工方，有的是数字对象描述组织方，有的是数字资源管理维护方。机构的多样性必然带来权责分配、相关时间标注、使用权限的复杂性。

另外，RDA 的关系的核心环节就是第二组实体与第一组实体之间的关系，即大型文献数字化项目的参建机构与项目所生产的数字对象之间的关系。

---

① 宋登汉,周迪,李明杰. 基于 RDA 的中国古籍版本资源描述设计[J]. 图书馆,2010(5)：49－52.

在数字对象描述中，首先应该对大型文献数字化项目的参建机构进行规范化标注，然后再参照其从事的活动及肩负的职责来添加两者之间的关系。

综上所述，利用 RDA 资源描述框架对大型文献数字化项目的数字对象进行描述，主要应实现以下目的：一是加强对数字对象内容特征的揭示，通过 RDA 的"作品"和"内容表达"两类实体，理清文献资源的内容传承与变革，实现同一作品不同内容表达形式的聚类。此外，还应借助 RDA 的"主题"实体，通过对"概念""事件""对象""地点"4 种主题类型的描述更加深入揭示数字对象的内容特征。二是加强对数字对象关系的揭示，基于大型文献数字化项目参建主体的多样，首先通过"个人""家族""团体"3 个实体对项目的参建主体进行规范控制和详细描述，再利用 RDA "关系"中提供的关系列表，揭示两组实体间的关系。而对于数字对象的不同载体间的关系，则需要对"载体"实体进行详细的描述，再根据数字化加工的流程揭示其间的关系。

4.3.3　基于 RDA 的大型文献数字化项目的数字对象描述框架的设计与实现

基于 RDA 的大型文献数字化项目的数字对象描述框架的结构应该包括以下内容：一是对数字对象内容的揭示，通过建立"作品""内容表达""主题"的 RDA 元素，其中重点表达数字对象的题名和主题。二是建立"作品""内容表达""载体表现""单件"之间的关系，尤其是"载体表现"实体内部之间的衍生关系。三是建立"个人""家族""团体"等名称规范，对数字化项目的动作实体进行规范控制。四是建立"个人""家族""团体"与"作品""内容表达""载体表现""单件"之间的关系。

（1）内容描述规范

数字对象描述的内容规范针对作品和作品的内容表达方式，通过规范记录来描述作品时代背景、作品的主题内容、与作品相关的学科、与作品相关的名称（个人、家族、团体）、作品的各种内容版本以及相关的作品等，如表 4 - 8 所示。在内容规范及元素的确立过程中，应主要解决以下问题：

1）同一作品的认定

根据 RDA 对作品属性的定义以及文献在流传过程中呈现的复杂情况，作品的内容会发生很大的变化。以古籍为例，在其创作、出版、利用的不同阶段都会发生内容上的变化，如通过续作、编辑、校勘、注解、音义、传疏、校评等原因，对某部著作进行的内容或形式上的加工，如何判断这些后续创作或出版过程中产生的作品是否属于同一种作品，对其间的关系和性质区分等都是"同一作品认定"中需要解决的问题。

参考 RDA 和 FRBR 对同一作品认定的相关说明，同一作品包括早期文本修订或更新在内的不同文本，已有文本的简编本或增补本，音乐作品的附加部分或伴奏，以及不同语种的译本、音乐的变强与改编曲、电影的配音或字幕版本都是同一作品的不同内容表达形式。

相比之下，当一部作品的改编涉及显著的独立知识创作或艺术创作，则可视为新作品。因此，意译、改写、儿童改编本、仿写、音乐主题变奏曲和音乐作品的自由改编曲可被看作新作品。一部作品的不同文学或艺术形式的改编本如改编成戏剧，或文摘、摘要、提要等也可被看作新作品①。

2）同一内容表达的认定

内容表达是作品每次"实现"时所采用的特定的知识或艺术形式，如果作品以文本的形式表现，则内容表达包含特定的词语、句子、段落等；如果作品以音乐形式表现，则内容表达包括特定的声音、音节②。因为内容表达的形式是内容表达的内在特征，所以形式的变化形成新的内容表达，同样用于表达一部作品的知识规范或工具的变化也会产生新的内容表达，如从字母—数字标记变为口头文字，从一种语言翻译成另一种语言。

3）主题描述范围的确定

主题指用来描述作品和内容表达的内容特征的主题词，可以细分为概念、对象、事件、地点。其中概念是指用来描述作品主题的抽象的概念或实现，如知识领域、学科、思想派别、理论、过程、技术、实践等。对象是指描述

---

①② IFLA 书目控制与国际 MARC 项目组. 书目记录的功能需求——最终报告. 王绍平，等译［R/OL］.［2018－04－25］. http://www.bengu.cn/homepage/paper/FRBR_Chinese.pdf.

作品主题的物质事物，包括自然界存在的有/无生命力的实物，或是人类创造的固定/可移动的实物，或是不存在的实物。事件是指描述作品主题的广泛的行动和事情，如历史时间、时代、时期。地点是指描述作品主题的场所，可以是地球的、历史的，也可以是外星的、当代的；同时还可以采用地理特征和地理政治管辖区。选择主题词描述数字对象的时候应该结合上述4个方面的特征，从主题词表、叙词表和学科词表中选择，具体可参考表4-6中提到的"主题"元素著录规则。

表4-8　大型文献数字化项目的数字对象内容规范的 RDA 要素

元素	类别	值域	元素	类别	值域
作品的题名	E	Work	内容表达的可扩展性	E	Expression
作品的形式	E	Work	内容表达的可修改性	E	Expression
作品的日期	E	Work	内容表达的数量	E	Expression
读者对象	E	Work	内容的概括	E	Expression
作品背景	E	Work	内容表达的背景	E	Expression
演出媒体	E	Work	内容表达的评论	E	Expression
数字标识	E	Work	内容表达的使用限制	E	Expression
调名	E	Work	排序模式（连续出版物）	E	Expression
坐标	E	Work	总谱类型（乐谱）	E	Expression
二分点	E	Work	演出媒体（乐谱）	E	Expression
作品诞生地	E	Work	比例尺（地图图像/实物）	E	Expression
作品历史	E	Work	投影（地图图像/实物）	E	Expression
作品其他显著特征	E	Work	大地、网格和垂直测量（地图图像/实物）	E	Expression
内容表达的题名	E	Expression	特殊特征（遥感图像）	E	Expression
内容表达的日期	E	Expression	技术（图形或投影图像）	E	Expression
内容表达的语言	E	Expression	地形表现（地图图像/实物）	E	Expression

续表

元素	类别	值域	元素	类别	值域
其他区分特征	E	Expression	记录技术（遥感图像）	E	Expression
内容表达的可扩展性	E	Expression	预计发行规律（连续出版物）	E	Expression
内容表达的可修改性	E	Expression	预计发现频率（连续出版物）	E	Expression
概念术语	E	Concept	对象名称	E	Object
概念标识符	E	Concept	对象标识符	E	Object
事件名称	E	Event	地点名称	E	Place
时间标识符	E	Event	地点标识符	E	Place

注：本表是笔者根据 RDA 元素分析整理制作，表中 E = Element。

（2）主体名称规范

文献从创作、出版到传播、保存再到数字化加工处理等各个环节，个人、家族、团体都是其开展主体，对作品的创作和实现的各种责任者如作者、注者、译者、编辑者、数字化加工者、数字对象集合的建立者、数字资源长期保存的实施者等的充分和规范描述，能够保证以始终如一的方式命名与识别责任者，而不必考虑其名称如何出现在一部作品的任何特定的内容表达或载体表现上；同时还能够描述一个特定主体与其可能负有责任的一部作品或一部作品的内容表达之间，或者一部作品与成为该作品主题的个人之间的关系；从而提供丰富而准确的名称规范信息，为数字对象的聚类和识别提供必要的基础信息。

主体名称规范首先应确定名称标目，包括名称标目的结构内容如全称和名称顺序；相关名称的规范控制，可借鉴相关名称权威文档。一方面要确定名称的规范标目（首选名称），另一方面要全面充分地收录有关名称的各种变异名称。其次还应该尽量涵盖与主题名称相关，用于识别具体主体的信息，如个人的生卒年、出生地、性别、职业、爵位等，团体的性质、地址、活动领域等，见表4-9。

表4-9 大型文献数字化项目的数字对象名称规范的 RDA 要素

元素	类别	值域	元素	类别	值域
个人名称	E	Person	家族名称	E	Family
首选个人名称	ST	Person	家族类型	E	Family
变异个人名称	ST	Person	家族相关时间	E	Family
与个人相关日期	E	Person	家族相关地点	E	Family
出生日期	ST	Person	家族代表人物	E	Family
死亡日期	ST	Person	世袭爵位	E	Family
显著活动周期	ST	Person	家族历史	E	Family
头衔	E	Person	家族标识符	E	Family
全称	E	Person	团体名称	E	Corporate body
性别	E	Person	团体相关时间	E	Corporate body
出生地	E	Person	团体相关地点	E	Corporate body
死亡地	E	Person	团体相关机构	E	Corporate body
国别	E	Person	团体语言	E	Corporate body
地址	E	Person	团体地址	E	Corporate body
语言	E	Person	团体活动领域	E	Corporate body
职业	E	Person	团体历史	E	Corporate body
传记信息	E	Person	团体标识符	E	Corporate body
个人标识号	E	Person			

注：本表是笔者根据 RDA 元素分析整理制作，表中 E = Element，ST = Sub - type。

（3）形式描述规范

形式描述通常指一部作品的内容表达的物理体现，通过载体表现来说明。大型文献数字化项目的数字对象涵盖广泛的文献类型，包括图书、期刊、手稿、地图、海报、录音、电影、录音和多媒体资源等，这些作品的内容表达可能在物理上体现在纸张、录音带、录像带、画布、石膏等载体上。而经过数字化加工后，这些作品的内容表达有可能在物理上体现为各种数字存储载体的不同存储格式，如图片、文档、音频、视频。这就导致了同一作品的同一内容表达存在多种载体表现，对其进行描述首先必须界定不同的载体表现。

　　界定不同载体表现的基础是知识内容与物理形式。如果生产过程中涉及物理形式的变化，那么由此产生的产品就看作是一个新的载体表现。物理形式的变化包括影响显示特征的变化，如字体、字号、版面等的变化；物理载体的变化，例如缩微化加工将传递介质由纸张变为缩微胶卷，数字化加工将传递介质由纸张或缩微胶卷变为磁带或磁盘；存储容器的变化，如磁带容器由盒式磁带变为卷式磁带等。当生产过程中涉及出版社、制作者、发行者等，并且产品显示了与出版、销售等有关的变化如出版者变化、重新包装等，由此产生的产品可以看作是一个新的载体表现。另外，只要生产过程中涉及影响知识或艺术内容的修改、增添、删除等，其结果就是产生体现作品新的内容表达的一个新的载体表现①。

　　大型文献数字化项目的载体表现的描述中，主要应该体现以下特征：对于古籍资源，应该考虑古籍资源传承和流传的特点，着重描述各种版本在物理载体实现方面的信息，大致可分为基于物理载体的版本，包括出版工艺、版刻材料、字体、字号、墨色、着墨材料、刻工等；基于地区的版本，包括中国各地区版本如建本、浙本、蜀本及日本本、朝鲜本、梵本等；基于出版责任者的版本，包括个人、家族、团体、官方机构和民间机构等；基于时间的版本，包括唐本、五代本、宋本、元本、明本、清本；基于载体形态的版本，包括字数、页数、行数、插图数等②。对于其他类型的文献资源，则主要应该考虑其经过数字化加工后载体的变化，主要应该加强物理载体、存储容器、使用条件等方面的描述。其使用条件是针对非纸质文献而言，要使用这些类型的文献需要借助于一定的辅助设备，如缩微文献必须使用缩微阅读器，而数字资源则需要使用相应的阅读软件以及相应的硬件设备和操作系统。另外，同一种原始资源可能被多个机构数字化，这就意味着数字对象的制作者和出版者发生了变化，从而导致了新的载体表现，对于这些信息或是在载体表现中进行描述，或是通过添加载体表现与主体的关系进

①　IFLA 书目控制与国际 MARC 项目组. 书目记录的功能需求——最终报告. 王绍平, 等译 [R/OL]. [2018 - 04 - 25]. http://www.bengu.cn/homepage/paper/FRBR_Chinese.pdf.

②　宋登汉, 周迪, 李明杰. 基于 RDA 的中国古籍版本资源描述设计[J]. 图书馆, 2010(5): 49 - 52.

行说明，见表 4 - 10。

表 4 - 10　大型文献数字化项目的数字对象形式规范的 **RDA** 要素

元素	类别	值域	元素	类别	值域
题名	E	manifestation	载体表现识别符	E	manifestation
正题名	SE	manifestation	优先引用	E	manifestation
并列题名	SE	manifestation	保管历史	E	manifestation
其他题名	SE	manifestation	注释	E	manifestation
责任声明	E	manifestation	访问授权来源	E	manifestation
与正题名相关的责任说明	SE	manifestation	获得方式	E	manifestation
与正题名相关并列责任说明	SE	manifestation	访问限制	E	manifestation
版本声明	E	manifestation	字体	SE	manifestation
版本标识	SE	manifestation	字号	SE	manifestation
并列版本号	SE	manifestation	开本	SE	manifestation
制作声明	E	manifestation	配页	SE	manifestation
制作地	SE	manifestation	出版状态	SE	manifestation
制作者	SE	manifestation	播放速度	SE	manifestation
出版发行声明	E	manifestation	纹宽	SE	manifestation
出版发行者	SE	manifestation	刻纹类型	SE	manifestation
出版发行日期	SE	manifestation	磁带结构	SE	manifestation
加工声明	E	manifestation	声音类型	SE	manifestation
加工地	SE	manifestation	特殊复制特征	SE	manifestation
加工日期	SE	manifestation	颜色	SE	manifestation
加工者姓名	SE	manifestation	缩率	SE	manifestation
版权日期	E	manifestation	极性	SE	manifestation

元素	类别	值域	元素	类别	值域
丛书声明	E	manifestation	代	SE	manifestation
正丛书名	SE	manifestation	呈现格式	SE	manifestation
并列丛书名	SE	manifestation	系统要求	SE	manifestation
丛书责任说明	SE	manifestation	文件特征	SE	manifestation
丛书编号	SE	manifestation	访问方式	SE	manifestation
分丛书名	SE	manifestation	访问地址	SE	manifestation

注：本表是笔者根据 RDA 元素分析整理制作，表中 E = Element，SE = Sub - element。

（4）关系描述规范

在 RDA 实体关系模型中，关系作为描述一个实体和其他实体之间链接的表达工具，从而帮助用户在信息检索过程中利用实体的属性形成查询请求，找到所搜寻的实体，并帮助用户利用关系说明找到与之相关的其他实体。在 RDA 资源描述中，关系可以通过多种方式反映出来，通常是通过实体间不同属性的链接体现。如一个特定载体表现的属性与在该载体表现所体现的内容表达的属性，并与该内容表达所实现的作品的作品属性相结合，即形成了"作品—内容表达—载体表现"的关联。关系还经常通过有关实体的标目含蓄地反映，如作品与个人或团体之间的关系通常通过附加识别对作品负责的个人或团体的标目含蓄地反映出来。关系有时也通过一个实体的"层次"属性与相关实体的"层次"属性反映出来；关系还常常借助附注或类似的方法揭示①。

大型文献数字化项目的数字对象的关系描述应该着重从以下几个方面揭示：一是揭示"作品""内容表达""载体表现""单件"4 种实体内部和它们之间的关系，尤其是"载体表现"实体内部之间的衍生关系，这是因为数字化加工是对原始文献的"数字拷贝"，内容方面的变动不大，主要是文献资源的资源的载体发生了变化。二是建立"个人""家族""团体"与"作

---

① IFLA 书目控制与国际 MARC 项目组. 书目记录的功能需求——最终报告. 王绍平，等译［R/OL］.［2018 - 04 - 25］. http://www.bengu.cn/homepage/paper/FRBR_Chinese.pdf.

品""内容表达""载体表现""单件"之间的关系。无论是原始文献还是数字资源，无论是古籍还是其他类型的文献资源，其生产、出版、传播、保存的主体对于信息资源的识别和检索都发挥举足轻重的作用，尤其对于大型文献数字化项目的管理和协调来讲，意义更为重大。同时，对于内容表达的主题关系也应该进行揭示，见表 4 – 11。

表 4 – 11　大型文献数字化项目的数字对象关系规范的 RDA 要素

关系名称	关系对象 A	关系对象 B
通过……实现	作品	内容表达
由……体现	内容表达	载体表现
被……代表	载体表现	单件
被……创作	作品	个人/家族/团体
被……实现	内容表达	个人/家族/团体
被……生产	载体表现	个人/家族/团体
被……拥有	单件	个人/家族/团体
有……作为主题	作品	作品/内容表达/载体表现/单件
		个人/家族/团体
		概念/事件/对象/地点
后续/补编/补充/概要/改编/转型/模仿/整体部分	作品	作品
节略/修订/翻译/改编/整体部分	内容表达	内容表达
复制/交替/整体部分	载体表现	载体表现

注：本表是笔者根据 RDA 元素分析整理制作。

4.4　基于 RDF 数据模型的大型文献数字化项目的数字 对象描述

基于资源描述框架（Resource Description Framework，RDF）数据模型的信息资源描述是语义检索的前提和基础。大型文献数字化项目采用 RDF 数据模型对数字对象进行描述，主要是为"6.7 大型文献数字化项目利用关联数据整合网络信息资源"服务，同时也为语义环境中提供相关的语义检索服务及开展数据挖掘等奠定基础。

4.4.1　RDF 数据模型的特点

RDF 是一种描述有关 Web 资源的格式化语句集合的模型，还可将 RDF 看作 Web 的元数据系统。RDF 把资源定义为对象，该对象唯一地被统一资源标识符（Uniform Resource Identifier，URI）来标识，资源的属性（或特征）用属性类型（propertytypes）来标识，属性类型有相应的值（values）。在 RDF 中，values 可以是文本、数字等，也可以是 Web 上其他资源，这些资源又可以有它的属性。所以，RDF 可以用一个三元组来表示，即主体（subject）、谓语（predicate）、对象（object），在 RDF 中这样的三元组也被称为声明（statements）①，适合为现有的各种非结构化、半结构化和结构化数据框架建立模型。

RDF 采用 URI 作为标识符系统，URI 是由 Web 提供了一套更通用的标识符形式，所有 URIs 都具有共同的特征，即不同的人或组织可以彼此独立地创建并使用 URIs 来标识事物。但是，URIs 并不局限于标识具有网络地址或其他计算机访问机制的资源；还可以创建 URI 来引用陈述中需要被标识的任何资源，网络资源如一份电子文档、一张图片、一个服务或是一组其他的资源；

---

① 鲁奎．基于 XML/RDF 数字图书馆信息资源描述与应用研究［D］．合肥：合肥工业大学，2003：26．

非网络可访问资源如人、公司、在图书馆装订成册的书籍；物理存在的抽象概念等①。

个体，如 EricMiller，可被标识为：http：//www. w3. org/People/EM/contact#me。

事物的种类，如 Person，可被标识为：http：//www. w3. org/2000/10/swap/pim/contact#person。

事物的属性，如 mailbox，可被标识为：http：//www. w3. org/2000/10/swap/pim/contact#mailbox。

属性的值，如 mailno：em@ w3. org 是 mailbox 属性的值。RDF 也使用字符串（比如"EricMiller"）以及其他数据类型中的值（如整数、日期等）作为属性的值。

RDF 提供一种 RDF/XML 的可扩展置标语言（eXtensible Markup Language，XML）语法来书写和交换 RDF 模型，作为书写 RDF 的规范性语法，其具备以下特征：首先，所有的 RDF 语句必须都在一个 rdf：RDF 元素中；其次，每个 RDF 声明用一个 rdf：Description 元素表示，其中用 rdf：about 属性的值指明声明主体的 URI 引用；再次，声明的谓词作为 rdf：Description 的子元素出现，而客体即是该元素的属性或内容。最后，rdf：nodeID 属性是专门用来表示空节点的，空节点被指定空白节点标识符后可作为主体或客体使用。

4.4.2　大型文献数字化项目数字对象 RDF 描述的实现方式

在数字资源描述中，有的元数据标准可以利用 RDF/XML 语法直接表示成 RDF 形式，如以 DC 为底本的元数据标准。而有的元数据标准则需要通过转换环节最终实现 RDF 描述，如 MARC 记录。结合大型文献数字化项目的数字对象描述开展的现状和需求，再结合本研究 RDF 描述的服务对象——基于关联数据的信息资源整合，本节主要就以 MARC 记录和 4.2 中制定的大型文献数字化项目的数字对象元数据标准为对象，研究基于 RDF 的数字对象描述

---

① 董慧. 本体与数字图书馆[M]. 武汉:武汉大学出版社,2008:127.

的方法和实现。

　　基于 RDF 的大型文献数字化项目数字对象描述，重点就是基于 XML 结构的 RDF 资源描述体系将多种元数据封装在一起。这样既保证了针对不同资源类型描述的元数据要求，也充分利用了原始文献的元数据资源（主要为 MARC 记录），同时基于 XML 的 RDF 资源描述体系框架也实现了开放、标准、统一的内容管理，保证大型文献数字化项目资源建设的兼容性和持久性，也为未来向新的体系与标准迁移提供了便利，如图 4 - 4 所示。

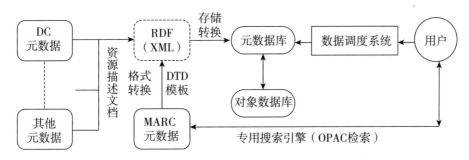

图 4 - 4　MARC 和其他元数据记录的 RDF 描述流程

注：本图由笔者参照《基于 XML/RDF 数字图书馆信息资源描述与应用研究》①绘制。

　　（1）基于 RDF/XML 的大型文献数字化项目的数字对象元数据标准的描述

　　利用 RDF/XML 对元数据标准进行描述已经在实践领域得到应用和总结，其主要采用 XML 语法对元数据标准进行标记，然后再利用 RDF 数据模型对 XML 的标记进行语义添加，从而方便人和计算机的阅读及理解。基于 RDF/XML 大型文献数字化项目的数字对象元数据标准的描述主要借鉴 DC 的 RDF/XML 描述方案，结合大型文献数字化项目的数字对象元数据标准的具体要素和数字对象描述需求构建而成。

---

①　鲁奎. 基于 XML/RDF 数字图书馆信息资源描述与应用研究［D］. 合肥：合肥工业大学，2003：23.

大型文献数字化项目的数字对象元数据标准（MDDC）以 DC 元数据为底本构建，共包含 18 个元素，具体内容参见表 4 – 5，利用 RDF/XML 对其进行描述，首先应该编写其基本框架，见图 4 – 5。

```
<? xml version = " 1.0"? >
<rdf：RDF xmlns：rdf = " http：//www.w3.org/1999/02/22-rdf-syntax-ns#"
              xmlns：mddc = " http：//www.mddc/elements/1.1/" >
  <rdf：Description >
    <mddc：title > a </mddc：title >
    <mddc：creator > b </mddc：creator >
    <mddc：contributor > c </mddc：contributor >
    <mddc：publisher > d </mddc：publisher >
    <mddc：subject > e </mddc：subject >
    <mddc：description > f </mddc：description >
    <mddc：resource identifier > g </mddc：resource identifier >
    <mddc：relation > h </mddc：relation >
    <mddc：source > i </mddc：source >
    <mddc：rightsmanagement > j </mddc：management rights >
    <mddc：format > k </mddc：format >
    <mddc：type > l </mddc：type >
    <mddc：date original > m </mddc：date original >
    <mddc：date digital > n </mddc：date digital >
    <mddc：coverage > o </mddc：coverage >
    <mddc：language > p </mddc：language >
    <mddc：digitization specification > q </mddc：digitization specification >
    <mddc：contributing institution > r </mddc：contributing insti-tution >
  </rdf：Description >
</rdf：RDF >
```

图 4 – 5　大型文献数字化项目的数字对象元数据标准的 RDF/XML 描述

注：本图由笔者参照 DC 元数据的 RDF/XML 框架[1]绘制。

在具体的数字对象描述中，仅掌握元数据标准的描述框架显然不够，还需要充分利用 RDF 具有的标签来描述各元素之间的关联，见表 4 – 12。

---

① Stefan Kokkelink. Expressing qualified Dublin Core in RDF/XML[EB/OL]. [2018 – 04 – 15]. http://dublincore.org/documents/2002/04/14/dcq – rdf – xml/.

表 4 – 12　用于描述元数据的 RDF 标签

标签	含义
rdf：value	识别某一属性的主要取值，通常采用字符串
rdf：lable	为资源提供一个供人阅读的名称
rdf：isDefinedBy	揭示资源含有的内容并规定目标资源
rdf：seeAlso	揭示资源与目标资源存在类似关系
rdf：Comment	为资源提供一个供人阅读的描述
rdf：Class	概念类
rdf：type	识别资源类别

注：本表是笔者参照 RDF 规范[①]整理制作。

以大型文献数字化项目的数字对象元数据标准的"格式"元素为例，由于格式（format）元素参照 IMT 编码框架进行著录，其采用 RDF/XML 所形成的描述图如图 4 – 6 所示：

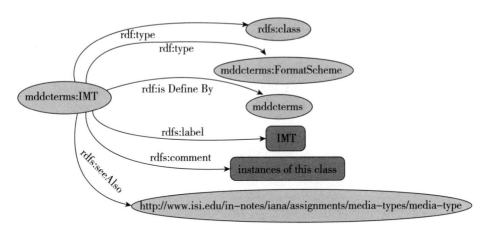

图 4 – 6　"格式"元素的 RDF 图描述

注：本图由笔者参照 DC 元数据的 RDF/XML 框架[②]绘制。

① W3C. Resource description framework［EB/OL］.［2018 – 04 – 15］. http：//www. w3. org/RDF/.

② Stefan Kokkelink. Expressing qualified Dublin Core in RDF/XML［EB/OL］.［2018 – 04 – 15］. http：//dublincore. org/documents/2002/04/14/dcq – rdf – xml/.

如果具体描述对象为网页文本格式，则其描述语言如图4－7所示，相应的 RDF 图如图4－8所示。

```
< ?xml version = " 1.0"? >
< rdf:RDF xmlns: rdf = " http://www.w3.org/1999/02/22-rdf-syntax-ns#"
            xmlns: rdfs = " http://www.w3.org/2000/01/rdf-schema#"
            xmlns: mddcterms = " http://purl.org/mddc/terms/" >
< rdf: Description >
  < mddcterms: medium >
    < mddcterms: IMT >
      < rdf: value > text/html < /rdf: value >
      < rdfs: label > HTML < /rdfs: label >
    < /mddcterms: IMT >
  < /mddcterms: medium >
< /rdf: Description >
< /rdf: RDF >
```

图4－7　网页文本格式的 RDF 描述代码

注：本图由笔者参照 DC 元数据的 RDF/XML 框架[①]绘制。

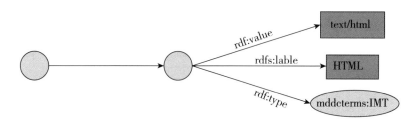

图4－8　网页文本格式的 RDF 图描述

注：本图由笔者参照 DC 元数据的 RDF/XML 框架[②]绘制。

将元数据标准通过 RDF/XML 进行描述后，不仅为其赋予了语义，方便人机理解和语义检索，而且也为其他资源描述标准实现 RDF/XML 描述提供了中间平台，方便了大型文献数字化项目数字对象描述中对多种资源描述标准的综合应用。

①② Stefan Kokkelink. Expressing qualified Dublin Core in RDF/XML[EB/OL]. [2018－04－15]. http://dublincore.org/documents/2002/04/14/dcq－rdf－xml/.

（2）基于 RDF/XML 的 MARC 描述

MARC 书目数据是目前信息资源的主要描述结果，也是大型文献数字化项目原始文献的主要信息组织成果。在大型文献数字化项目的数字对象描述过程中，对所有新生成的数字对象进行重新描述，是一项不现实的任务。最好的办法就是充分利用原始文献的描述成果来提高数字对象的描述效率，并为建立数字对象集合与信息资源整合利用奠定基础。由于 MARC 书目数据是主要的描述成果，所以如何结合大型文献数字化项目发展需求，对 MARC 书目数据进行的有效开发利用是需要重点解决的问题。在网络环境中，网络语义检索是信息资源利用的趋势之一，所以很多大型文献数字化项目都采用元数据标准描述数字对象而非 MARC；而为了适用未来语义检索的需求，基于 RDF/XML 的数字对象描述是大势所趋。所以要有效利用 MARC 书目记录，实现其基于 RDF/XML 的描述不失为一种有效的途径。

基于 RDF/XML 的 MARC 描述已有学者[①]进行系统研究，本书在参考已有研究成果的基础上，结合大型文献数字化项目的数字对象描述需求，进行应用实践研究。首先利用 XML 的 DTD 机制，定义 MARC DTD，解决 MARC 的 XML 描述。然后利用 RDF 的 Schema 模式机制，定义 MARC Schema 模式，并结合 RDF 的容器概念，实现基于 XML/RDF 的 MARC 描述。

1）MARC 的 XML 描述

解决 MARC 的 XML 描述，主要是利用 XML 的 DTD 机制，定义 MARC DTD。XML 的 DTD 机制就是为了定义逻辑结构的限制和支持预定义存储单元的使用。一个 XML 文档的内容只有各部分遵守相关的 DTD 限制才能被看作是有效的。使用一个 DTD 可以为 XML 文档制定一种语法，显示文档中允许出现的标记及其出现顺序和内容等，如图 4 - 9 所示。

---

① 黄伟红，张福炎. 基于 XML/RDF 的 MARC 元数据描述技术［J］. 情报学报，2000（8）：326 - 332.

```
< ? xml version = " 1. 0" encoding = " UTF-8" standalone = " yes" ? >
< ! DOCTYPE marc [
    < ! ELEMENT marc（record）＊ >
    < ! ATTLIST marc
        TYPE（CN │ US │ UNI）#REQUIRED >
    < ! ELEMENT record（datafield）＊ >
    < ! ATTLIST record
        type CDATA #REQUIRED
        info CDATA #REQUIRED >
    < ! ELEMENT datafield（subdatafield）＊ >
    < ! ATTLIST datafield
        tag CDATA #REQUIRED
        ind1 CDATA#IMPLIED
        ind2 CDATA#IMPLIED >
    < ! ELEMENT subdatafield（#PCDATA）
    < ! ATTLIST subdatafield
    code CDATA#REQUIRED > ]  >
```

图 4 - 9   MARC DTD 描述框架

注：本图由笔者参照《基于 XML/RDF 数字图书馆信息资源描述与应用研究》[1]绘制。

图 4 - 9 中，＜MARC＞是 MARC 内容开始和结束标记，属性 type 用于标记 MARC 类型。＜RECORD＞是 MARC 记录的头标区标记，对应于 MARC 的 24byte 固定字长的头标区内容，属性有"type"和"info"。＜DATAFIELD＞是 MARC 记录数据字段区的数据字段标记，对应于 MARC 记录中每个字段的内容，包括字段标识、第一和第二指示符。＜SUBDATAFIELD＞是 MARC 记录数据字段区中数据字段的某子字段标记[2]。

2）基于 RDF 的 MARC 描述

通过 MARC DTD 将复杂的 MARC 规范流格式转换为 XML 格式，为其实现 RDF 描述奠定了基础。接下来需要引入 RDF 资源描述框架，其作为一种标准化的元数据语义描述规范，通过基于 XML 语法的明确定义的结构化约定来帮助建立语义协定和语法编码之间的联系，促进元数据的互操作。

---

[1] 鲁奎. 基于 XML/RDF 数字图书馆信息资源描述与应用研究[D]. 合肥:合肥工业大学, 2003:30.

[2] 鲁奎. 基于 XML/RDF 数字图书馆信息资源描述与应用研究[D]. 合肥:合肥工业大学, 2003:35.

```
< ?xml version = "1. 0" encoding = "UTF-8"? >
< rdf: RDF xmlns: rdf = "http: //www. w3. org/1999/02/22-rdf-syntax-ns#"
xmlns: rdfs = "http: //www. w3. org/2000/01/rdf-sehema#"
xmlns: mddc = "http: //www. mddc/elements/1. 1/#"
xmlns: marc = "http: //lib. whu. edu. cn/marc#" >
< rdf: Deseription about = "" >
      < mddc: Title > MARC 元数据集 </mddc: Title >
      < mddc: Creator > 武汉大学信息管理学院 </mddc: Creator >
      < mddc: Deseription > 此 MARC 元数据集解决了 MARC 书目数据的转化问题 < mddc:
Deseription >
      < mddc: date > 2010 年 12 月 </mddc: date >
</rdf: Description >
< rdf: Description ID = "MARCTYPE" >
      < rdf: type rdf: resource = "http: //www. w3. org/1999/02/22-rdf-syntax-ns#Property"/ >
      < rdfs: label > MARCTYPE </rdfs: label >
      < rdfs: comment) MARC 类型 </rdfs: comment >
      < rdfs: is defined by rdf: resource = "/ >
</rdf: Description >
< rdf: Description ID = "RECORD" >
      < rdf: type rdf: resource = "http: //www. w3. org/1999/02/22-rdf-syntax-ns#Property"/ >
      < rdfs: label > RECORD </rdfs: label >
      < rdfs: comment > MARC 记录的 24byte 定长的头标区标记 </rdfs: comment >
      < rdfs: is defined by rdf: resource = " "/ >
</rdf: Description >
      < rdf: Description ID = "DATEFIELD" >
      < rdf: type rdf: resource = "http: //www. w3. org/1999/02/22-rdf-syntax-ns#Property"/ >
      < rdfs: label > DATEFIELD </rdfs: label >
      < rdfs: comment > MARC 记录数据字段区的某数据字段标记 </rdfs: comment >
      < rdfs: is defined by rdf: resource""/ >
</rdf: Description >
      < rdf: Description ID = "SUBDATEFIELD" >
      < rdf: type rdf: resource = "http: //www. w3. org/1999/02/22-rdf-syntax-ns#Property"/ >
      < rdfs: label > SUBDATEFIELD </rdfs: label >
      < rdfs: comment > MARC 记录数据字段区的某数据子字段标记 </rdfs: comment >
      < rdfs: is defined by rdf: resource""/ >
</rdf: Description >
```

图 4 – 10　基于 RDF 的 MARC Schema 模式

注：本图由笔者参照《基于 XML/RDF 的 MARC 元数据描述技术》[①]绘制。

---

① 黄伟红,张福炎. 基于 XML/RDF 的 MARC 元数据描述技术[J]. 情报学报,2000(8):
　　326 – 332.

首先，需要利用 RDF 的 Schema 模式机制，定义 MARC Schema 模式，本研究使用大型文献数字化项目的数字对象元数据标准模式做整体说明，所定义的 MARC 模式如图 4 - 10 所示：

其次，再利用 RDF 的"容器"概念，选用它的三种重要对象"包对象"（Bag）、"序列对象"（Sequence）、"可选择对象"（Alternative），用于表现 MARC 的语义。其中，< rdf：Bag > 元素用于描述一个规定为无序的值的列表；< rdf：Seq > 元素用于描述一个规定为有序的值的列表，如字母的顺序等；< rdf：Alt > 元素用于一个可替换的值的列表，用户仅可选择这些值的其中之一。如此便可以将 MARC 数据中包含的有序或无序，获取多项选择和单项选择的著录要求表达完整。

以图书《信息组织》为例，其 MARC 记录如表 4 - 13 所示，利用 RDF 对其题名字段即 200 字段的相关内容进行描述，如图 4 - 11 所示。

表 4 - 13　《信息组织》的 MARC 记录

字段	内容
010	9781591585862
200 $ a	The organization of information
200 $ f	Arlene G. Taylor，1941 -
200 $ g	Daniel N. Joudrey
300	Includes bibliographical references（p. 479 - 498）and index.
205	3rd ed.
210	Westport，Conn.：Libraries Unlimited，2009.
215	xxvi，512 p.：ill.；26 cm.
225	Library and information science text series.
606	Information organization.
606	Metadata.
690	G201
701	Arlene G. Taylor，1941 -
702	Daniel N. Joudrey

注：本表是笔者对《信息组织》一书书目数据的著录。

```
< ? xml version = " 1. 0" encoding = " UTF-8" ？ >
< rdf：RDF xmlns：rdf = " http：//www. w3. org/1999/02/22-rdf-syntax-ns#"
xmlns：rdfs = " http：//www. w3. org/2000/01/rdf-sehema#"
xmlns：marc = " http：//lib. whu. edu. cn/marc#" >
< rdf：Description about = " 信息组织" )
< mare：marctype）CNMARC </mare：marctype >
< marc：reeordtag > 022009106255 </marc：reeordtag >
< marc：record >
  < rdf：Bag >
      < rdf：li marc：datafieldcode = " 200" >
        < marc：datafield >
          < rdf：Bag >
              < rdf：li marc：subdatafield = " a" >
               < rdf：value > The organization of information </rdf：value >
              </rdf：li >
              < rdf：li marc：subdatafield = " f" >
                < rdf：value > Arlene G. Taylor </rdf：value >
              </rdf：li >
              < rdf：li marc：subdatafield = " g" >
                < rdf：value > Daniel N. Joudrey </rdf：value >
              </rdf：li >
              ……
          </rdf：Bag >
        </marc：datafield >
      </rdf：li >
      ……
  </rdf：Bag >
  </marc：record >
  </rdf：Description >
</rdf：RDF >
```

图 4 – 11   《信息组织》的 RDF 描述

注：本图是笔者利用 RDF"容器"对该书的 RDF 描述。

4.4.3   大型文献数字化项目数字对象 RDF 描述在关联数据中的应用

4.4.2 小节中已经实现了对大型文献数字化项目的数字对象元数据标准和原始文献 MARC 书目数据的 RDF 描述，在实现 RDF 描述的过程中，每一个相关的要素都应配置一个唯一的 URI，如文献用 http：//example. org/123 表示，而文献的主题可以描述为 http：//example. org/subject32，其具体形式如图 4 – 12 所示。

而大型文献数字化项目的数字资源在利用关联数据进行整合过程中，主要是通过对比和匹配数字资源的相关 URI，如果匹配成功，则说明两种资源间存在关联，从而构成关联数据，继而进行信息资源整合。

以图书《信息组织》为例，首先了解数字对象的基本信息，如表 4 – 14 所示，由 Libraries Unlimited 于 2009 年出版的《信息组织》，作者是 Arlene G. Taylor，ISBN 号为 9781591587002。

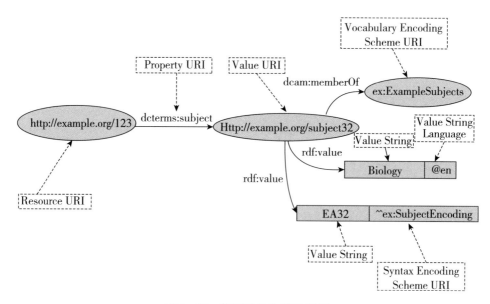

图 4 – 12　数字对象的 URI 配置

注：本图由笔者参照 DC 元数据的 RDF/XML 框架①绘制。

表 4 – 14　《信息组织》的基本书目数据

ISBN	书名	作者	版次	出版年	出版社
9781591587002	The Organization of Information	Arlene G. Taylor	3	2009 年	Libraries Unlimited

注：本表是笔者对该书书目数据的著录。

---

① Mikael Nilsson，Andy Powell，Pete Johnston，et al. Expressing Dublin Core metadata using the Resource Description Framework［EB/OL］.［2010 – 12 – 19］. http://www. dublincore. org/documents/dc – rdf/.

　　将这些基本的信息利用 RDF 进行描述，对相关资源采用 URI 标识，即呈现图 4 - 13 中白色部分所显示的内容。其次，在 Amazon 网站中，名为王帆的用户对《信息组织》一书进行了评价，认为该书"内容充实，实用性强"。这条信息用 RDF 图描述结果如图 4 - 13 灰色部分所示。由于两种资源在描述对象上是一致的，即都是针对《信息组织》一书，利用 ISBN 号的匹配，可以将两种资源实现关联，结果如图 4 - 13 所示。

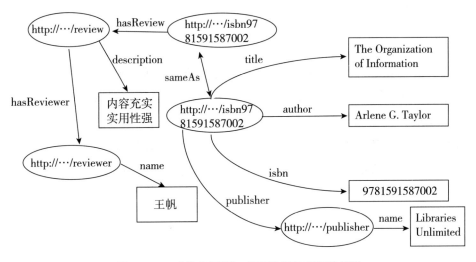

图 4 - 13　《信息组织》书目数据与书评的关联

注：本图是笔者对数字资源间关联的形式化表示。

　　基于 RDF 描述的大型文献数字化项目信息资源整合，参见本书"6.6 大型文献数字化项目利用 Mashup 技术整合网络信息资源"，在此不便赘述。

5 大型文献数字化项目数字对象集合的建立

数字对象（digital object）按照一定的主题、资源类型、用户范围、生成过程、使用管理范围等因素被组织在一起，形成数字对象集合（digital collection）。本章所研究的"大型文献数字化项目数字对象集合的建立"，是在上一章大型文献数字化项目的数字对象描述的基础上，重点关注如何选择和构建合适的信息组织工具，将数字对象组织成为有序的数字对象集合。

5.1 大型文献数字化项目数字对象集合建立的现状

大型文献数字化项目的数字对象集合的建立是指将大型文献数字化项目所加工生产的数字对象及数字化过程的重要技术信息、管理信息以及它们之间的关系，利用信息组织工具进行深度揭示和序化组织的过程。可以从数字对象集合的建立工具即信息组织工具、数字对象集合的建立效果即信息检索评价两个维度来对其现状进行分析。

5.1.1 信息组织工具的分析

笔者调查发现，分类法、主题法、元数据等是目前大型文献数字化项目数字对象集合的主要建立工具，在此统称为信息组织工具。

表 5－1 国内外 8 个大型文献数字化项目信息组织工具使用情况调查

项 目 工具	分类法	主题法	元数据	本体	倒排档索引
CADAL[①]	√	√	√		√
中国国家图书馆数字图书馆工程[②]	√	√	√	√	√
Google book search	√	√	√		√
Europeana[③]	√	√	√		√
Open Library[④]	√	√	√		√
HaithTrust[⑤]	√	√	√		√
CDL[⑥]	√	√	√		√
美国记忆	√	√	√		√

注：本表由笔者根据调查分析制作。

（1）分类法

分类法包括综合性列举式分类表、分面分类法等，着重于建立知识结构。作为一种分类知识组织工具，分类法可用于组织、浏览资源以及提供检索词的上下文等功能。大型文献数字化项目采用分类法建立数字对象集合，主要体现为两个方面：首先是在数字对象描述中，参照一定的分类标准，添加分

---

① CADAL. CADAL 元数据规范草案（Version 2.0）[R/OL].[2018－04－23]. http://www. cadal. cn/cnc/cn/jsgf/CADAL_metadata_2004. pdf.

② 北京大学图书馆. 国家图书馆核心元数据标准[EB/OL].[2018－04－25]. http://www. nlc. gov. cn/sztsg/2qgc/sjym/files/2. pdf.

③ Europeana. European library metadata[EB/OL].[2018－04－26]. http://www. theeurope-anlibrary. org/portal/organisation/handbook/display_en. html.

④ Open Library. Open library metadata[EB/OL].[2018－04－26]. http://openlibrary. org/about/infogami－dc.

⑤ Hathitrust. Hathitrust metadata[EB/OL].[2018－04－24]. http://www. hathitrust. org/hathifiles_description.

⑥ CDL. Guidelines for digital objects[EB/OL].[2018－04－23]. http://www. cdlib. org/serv-ices/dsc/contribute/docs/GDO. pdf.

类标识如分类号，然后借助该分类标准所构建的分类框架，利用其层级关系将具有不同分类标识的数字对象组织成为系统的数字对象集合。Open Library 在数字对象描述中提供了多种分类标识，如杜威十进制分类号和美国国会图书馆分类号，这样在组织过程中就可以参照不同的分类标准，从而形成不同的分类体系。其次，为了方便用户的浏览，大型文献数字化项目在梳理数字对象特性的基础上，以类别为标准进行归类组织。"美国记忆"按照数字对象的"时代""地点""主题""类型"进行归类；Open Library 按照数字图书的用途，归类为"可阅读的读书""可借阅的图书""最新归还的图书"等。如此分类组织的主要作用是辅助那些对大型文献数字化项目信息资源不太了解的用户进行浏览和选择。

（2）主题法

主题法是以受控的自然语言为标识，主要以标识的概念组配来表达主题概念的一种主题语言，以字顺为主要检索途径，并通过参照系统等方法提示词间关系的标引和检索信息资源。大型文献数字化项目采用主题法建立数字对象集合，也体现为两个方面：一是参考已制定的主题词表和叙词表，在数字对象元数据描述的基础上，对其内容进行标识，再借助于词间蕴含的丰富语义关系，如近义、同义、等级和相关关系等对具有不同主题标识的数字对象进行组织。相较于分类组织形成的等级结构体系，主题组织所构建的结构体系关系更为复杂和多样。而且与主题相关的人名、地名、事件、内容等都可以进行标识，这也增加了数字对象集合中的关系节点，有利于建立更丰富的关系。二是为了满足浏览的需求，大型文献数字化项目在对数字对象内容提炼基础上，参照主题进行了梳理，建立不同主题的数字对象集合。如"美国记忆"在分类组织的基础上，又对"主题"浏览入口采用了主题组织的方法，参照数字对象的主题内容，将其组织为"广告""农业""技术工业"等 18 个数字对象集合。Open Library 在主题浏览中，按照"主题""地点""人物""时间"等进行了分类，而具体类别中的子类则是采用《美国国会图书馆主题词表》的主题词进行命名，如"主题"中的"哈雷彗星""时光机器"，"地点"中的"婆罗洲""伊斯坦布尔"，"人物"中的"伊丽莎白一世""亚伯拉罕·林肯"和"时间"中的"第三共和国 1870—1940""中世纪 500—1500"①。

（3）元数据

要将数字对象组织成为数字对象集合，需要首先对数字对象进行全面的描述，并以此为基础进行有层次的组织。通过第三章的调查，知名大型文献数字化项目通常建立了符合自身发展需求的元数据标准，用以描述数字对象，从而形成了针对每个数字对象的元数据记录，即书目记录。将这些书目记录纳入大型文献数字化项目的书目数据库中，就在一定程度上建立了数字对象集合，在此基础上，还可以根据特殊的目的选择不同的信息组织工具，从而达到更为理想的效果。如果仅对书目数据进行简单的浏览，可以利用元数据中的分类号和主题词等标识符进行归类；如果面向用户对书目数据库的检索需求，还应该建立倒排档索引。被调查的 8 个大型数字化项目无一例外地建立了适合本项目需求的元数据标准，其具体情况已在第 3 章进行过论述。

（4）倒排档索引

上述信息组织工具的作用主要体现在信息资源的浏览方面，而信息组织的最终目的是实现信息资源的有效检索，这就需要在信息资源描述的基础上，借助于倒排档等针对信息检索的信息组织工具来实现。目前，大型文献数字化项目所提供的信息检索以书目数据为主，提供题名、作者、出版项、分类号、主题词等检索途径。要保证检准率和检全率，最常用的方法就是建立倒排档索引。在大型文献数字化项目的书目数据库中，按照元数据著录项目输入的先后顺序排列的文档，称之为顺排档。由于顺排档全面记录数字对象的各个特征，所以在检索过程中速度较慢。而将顺排档中的某些文献特征抽取出来，再按照一定的规律排列形成的文档，称为倒排档。例如，Europeana 建立了题名、日期、作品、主题 4 类倒排档。这样，用户在信息检索时，检索词先进入倒排档查找有关信息的存取号，然后再进入顺排档按存取号查找记录。利用倒排档对数字对象进行组织，超越了数字对象实体的限制，对数字对象的描述数据进行重新排序，从而提高用户的检索效率。

---

① Open Library. Open library subject［EB/OL］.［2018 – 04 – 18］. http：//openlibrary. org/sub-jects.

（5）本体

大型文献数字化项目中利用本体建立数字对象集合，应基于数字资源特征和关系全面揭示的基础之上。笔者调查发现，国内仅有国家图书馆采用本体技术构建了"中国历代典籍总目"，借助于"中国古代人物、地点、时间、职官"，建立了机构本体知识库，运用语义本体、古汉语语义分析、数据挖掘、软件工程等技术，对中国古代学术流变、中国文化发展史进行全方位的知识扫描[①]。在其数据分析功能中，提供了人物分析、人物相关性分析、动作分析和时间分析4项动态处理服务。以人物相关性分析为例，主要是依赖数字对象描述中对人物、动作等关系的揭示。如黄丕烈为《张来仪先生文集一卷》作了题跋，而丁丙对《张来仪先生文集一卷》作了跋并录，所以黄丕烈和丁丙之间通过《张来仪先生文集一卷》建立了关系，从而实现了基于关系特征的数字对象的链接。

此外，还有两种应用较为广泛的知识组织系统——主题图和Taxonomy，虽然目前尚未应用于大型文献数字化项目数字对象集合的建立中，但作为关联组织工具的代表，在未来项目发展中存在被应用的可能性，不能忽视。

（6）Taxonomies

Taxonomies一词来自生物学领域，指动植物有机体的分类系统。在信息组织中，Taxonomies是分类表与叙词表的结合，其类表规模通常比图书分类法和叙词表要小，类表结构比分类表简单，类目词数量比叙词表少。首先，Taxonomies的类表由两部分组成：一是等级结构，即分类结构，二是概念语词。Taxonomies的分类结构不局限于学科分类，根据所组织的信息对象，采用用户可理解的分类结构，可灵活采用分面分类和多重列类等方法，而且类目的表示不需要采用标记符号，通过字顺排列即可。为了形成合理、逻辑的知识结构，Taxonomies的概念语词的选词可运用一定数量的复合词，相较于叙词表就扩大了选词范围。再者，Taxonomies所表示的词间语义关系以等级关系为主，没有叙词表的词间关系表达能力强。Taxonomies可以用于信息检索系统的各个端口，如前端的检索提问和检索结果的处理、后端的源信息处

[①] 张志清. 中国历代典籍总目［EB/OL］.［2018 - 04 - 25］. http://lib.wzu.cn/down-load/附件:历代典籍总目介绍.ppt.

理和资源浏览等。在网络环境下，Taxonomies 将分类法的知识分类进行了深化，但在语义关系表达方面仍需加强①。

（7）主题图

主题图（topic map）是一系列以主题、联系和范围组成的主题节点，这些节点以符合 XTM 或者其他规范（HyTm）的文件形式或者以满足 XTM 加工需求的内部应用的方式存在②。主题图技术包括在主题图构建过程中的本体分析、主题图 XTM 文件的生成、编辑、存储、主题图的可视化展示等主题图的各种应用中以及主题图与其他知识表示技术互操作中所用到的技术和方法中③。简而言之，主题图以图形方式来展示某一资源库的知识结构从而提供信息检索。传统知识组织工具主要用于标引阶段，所包含的知识结构对用户来说是隐形的；而主题图揭示信息资源的主题概念，并通过主题概念的链接展示整个资源库的知识结构，而且相较于本体、叙词表所揭示的抽象和一般性关系，主题图所揭示的关系更为具体。主题图结合了元数据和主题法的特征，提供了更为丰富和有效的资源描述、揭示手段④，从而方便用户在浏览该资源库的知识结构图的前提下，进行信息资源的检索。

5.1.2 信息组织效果的评价

笔者调查发现，大型文献数字化项目在数字对象集合的建立过程中充分利用了数字对象描述的成果，对数字对象的外部特征进行了较为详细的描述，为用户获取信息资源提供了较丰富的途径。另外，在数字对象集合的建立过程中，各大型文献数字化项目都在不同程度上应用了传统信息组织工具，如分类法、主题法、元数据等，有的项目还实现了多种信息组织工具的综合应用，构建了多层次的信息组织体系。

---

①　王忠红. 论新的知识组织工具——Taxonomies［J］. 图书馆杂志,2010(2):6-9.

②　PEPPER S,MOORE G. XML TopicMaps(XTM)1.0［EB/OL］.［2018-04-22］. http://www.topicmaps. org/XTM/1.0/XTM1-20010806. html.

③　马建霞. 主题图技术在数字化知识组织中的应用研究［J］. 现代图书情报技术,2004(7):11-16.

④　GARSHOL L M. Metadata? Thesauri? Taxonomies? Topic maps?:making sense of it all［J］. Journal of Information Science,2004,30(4):378-391.

但是，通过调查笔者发现，大型文献数字化项目数字对象集合的建立过程中依然存在问题，具体表现为以下几方面：

（1）缺乏对内容特征和关系的揭示

已经提供使用的大型文献数字化项目的数字对象集合的建立对象主要是数字对象的书目数据，其偏重于数字对象外部特征的描述，很少涉及数字资源的内容特征以及技术、管理等方面的信息。图 5 - 1 为 Google Book Search 对于 Arlene G. Taylor 的《信息组织》第 3 版的描述，仅包含了名称、作者、版本、出版社、ISBN 和页数等基本的书目信息，甚至连"主题"这种基本的内容描述也没有提供。

书目信息

名称	The organization of information
	Library and information science text series
	Organization of Information
作者	Arlene G. Taylor, Daniel N. Joudrey
版本	3, 插图版
出版商	Libraries Unlimited, 2009
ISBN	159158700X, 9781591587002
页数	512 页

图 5 - 1　Google Book Search 中 *The Organization of Information* 一书的书目信息

注：本图是笔者对 GBS 的检索结果，检索式为 TI = The Organization of Information。

（2）缺少按数字对象的各种表现形式聚类

同一数字对象具有多种形式和形态特征，包括不同的版本形式，如全本、缩略本；不同的体裁形式，如小说、戏剧、舞蹈、电影等；不同的信息形态，如全集、单行本等；不同的译本形式，如原语种本和翻译本。OCLC WorldCat 的馆藏统计数据显示，全部馆藏中有 12% 的资源品种具有 2—5 种表现形式，1% 的资源品种具有超过 5 种以上的表现形式，87% 的资源只有一种表现形式。如果将这一统计扩大到所有成员的多家馆藏，则多表现形式的馆藏所占比例非常高：具有超过 5 种以上表现形式的资源所占比例为 17%，而具有 2—5 种表现形式的资源所占比例为 40%[①]。另外，对于大型文献数字化项目

---

① OCLC. FRBR and OCLC research [EB/OL]. [2018 - 04 - 19]. http://www.oclc.org/research/ presentations/childress/.

而言最大的特点就是载体形式的不同，通过数字化加工处理后，数字对象的载体形式既包括数字化的对象如印刷本、缩微本，同时还包括数字化之后各种载体形态的数字资源，如数字文档、数字图片、音频、视频等。作为大型文献数字化项目的主要特征和书目信息的主要内容，在其信息组织过程中，有必要按一定的特征进行集合和聚类，达到深度序化和有效组织的目的。

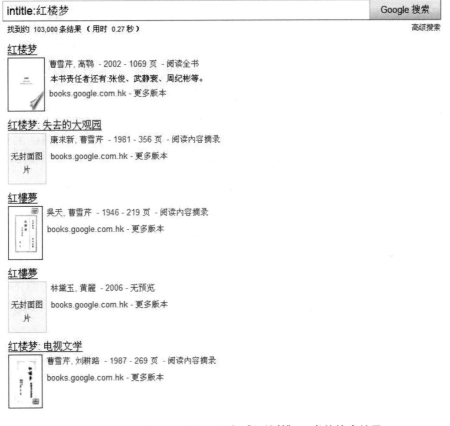

图 5 – 2   Google Book Search 中《红楼梦》一书的检索结果

注：本图是笔者对 Google Book Search 的检索结果，检索式为 TI = "红楼梦"。

同样以 Google book search 的检索结果为例，如图 5 – 2 所示，查找题名中包含"红楼梦"的图书，得到 10 万多条结果，涵盖了各种形式，但却没有以某一形式为线索进行梳理和聚类。如果用户想查找"白话版的红楼梦"，就需要对检索结果进行逐个浏览筛选，费时费力。因此需要改进平铺排列的信息组织方式，以帮助用户提高查询、识别和获取的效率。

（3）缺少对数字对象动态变化关联的揭示且无法揭示数字对象的同一性

数字对象具有变化性和动态性。在大型文献数字化项目中，数字对象的变化和衍生特点更为突出，这主要由以下原因造成：首先大型文献数字化项目的参与机构众多，在数字化过程中参与机构会根据自身的需求对数字资源进行调整和修改，最常见的做法就是更改数字资源的名称，从而导致同一资源拥有不同的名称，不利于检索。其次，大型文献数字化项目通常没有严格的信息资源选择标准，而且数字化进度不一致，这就会造成大量资源的重复和浪费大量资源加工时间，所以仅凭借加工时间的先后来掌握信息对象的变化动态不太现实。再者，原始文献本身也存在动态变化，如图书再版时更改了题名，虽然内容变化不大，但仅凭题名是无法判断两者间的继承关系。所以，无论是针对传统非数字资源的 OPAC，还是现有的面向数字资源的书目信息检索，都很难揭示信息对象的同一性。

（4）无法对复合数字对象进行有效组织

复合数字对象是指包括不同载体类型如文本、图像、音频、视频等，不同内容类型如文章、图书、数据集，不同媒体格式如 PDF、XML、MP3，以及不同时间、空间版本和不同语义类型，如线性关系、版本关系、引申关系、整部关系等的信息单元，是多个信息单元按一定逻辑关系组合起来的整体集合。复合数字对象具有突出的多层性、可嵌套、可重组和多态性[①]。大型文献数字化项目的数字对象是典型的复合信息对象。由于较为宽松的资源选择标准和数字化加工设备的多样性，数字资源包括不同的载体类型、内容类型和媒体格式；由于项目参加机构众多和工作安排的不一致，使得数字资源的时间、空间版本存在差异。上述现象所形成的多种语义关系如线性关系、版本关系、派生关系、引申关系、整体与部分的关系等，都需要通过信息组织进行描述和整合。而在现实的检索中，要查找一种数字资源的来源版本都很难实现，多种关系的集成体现更加难以实现。

可见，目前大型文献数字化项目数字对象集合的建立效果并不理想，无法实现数字对象表现形式的聚类、动态关系的揭示和复杂数字对象的有效组

---

① 李春旺,张晓林.复合数字对象研究[J].情报学报,2004(4):444-451.

织。这主要是因为在对各机构花费大量人力物力财力所生产的数字资源的开发利用方面，目前还是通过最基本的服务方式，如仅描述数字对象的外部特征、利用分类法和主题法等传统信息组织工具，采用布尔逻辑检索、字段检索的字符匹配等简单的数据库检索技术，实现数字资源的检索与获取。上述方式的资源描述工作效率低，重复劳动的现象大量存在，而且缺乏有效的语义控制，资源关系和资源结构不清晰，影响了信息的识别和选择。再者上述方式对资源管理也产生影响，导致难以制定明确的可操作性的规则，影响资源的统计、分析与决策，从而出现漏检或检索结果过多的现象，不能满足用户语义检索的需求。综上所述，要解决大型文献数字化项目数字对象集合建立过程中存在的种种问题，提升组织效果，最可行的方法就是根据项目发展的要求，选择合适的信息组织工具。

5.2 大型文献数字化项目数字对象集合建立工具的选择

5.1.1 小节已对大型文献数字化项目数字对象集合的建立过程中采用的工具进行了简单的介绍，但是笔者通过对其效果的评价发现，现有工具并未完全满足用户信息检索的需要。如何分析和选择一种合适的信息组织工具是大型文献数字化项目数字对象集合建立的核心问题之一。

上文提到的分类法、主题法、元数据、倒排档等都属于传统的信息组织工具，在建立信息组织关联体系方面能力有限。因此，大型文献数字化项目应借数字资源建设之机，选择针对数字资源组织的知识组织系统。

"知识组织系统"（Knowledge Organization System，KOS）是指用以组织信息并推动知识管理的各种系统，是已有信息组织工具的典型代表。它不仅包括组织一般资料（如书架上的图书）的分类表，还提供更多详细检索点的标题表，以及规范地名、人名等不同表达形式的规范档，同时还包括语义网络和本体等一些非传统的系统。知识组织系统是用来组织信息的系统，因此它是每个图书馆、博物馆及档案馆管理的核心[①]。Gail Hdege 将 KOS 分为术

---

① 司莉. KOS 在网络信息组织中的应用发展[M]. 武汉:武汉大学出版社,2007:3.

语列表、分类法和关系列表，如图 5 - 3 所示。其中，术语列表包含一系列有完整定义的术语，通常不包括术语之间的关系，如规范档、术语表、字典、地名词表等；分类法强调关于主题的集合的创建，对术语之间的关系揭示着重于属分关系，一般是树形结构的，如标题词表、分类法、专类分类法、类目结构等；关系列表强调术语及其之间的多方面描述，术语之间关系的揭示不仅仅局限于用、代、属、分参等关系，还可以包括整体部分关系、蕴涵关系等多种复杂的关系，一般是网状结构的，如叙词表、语义网络和本体等①。

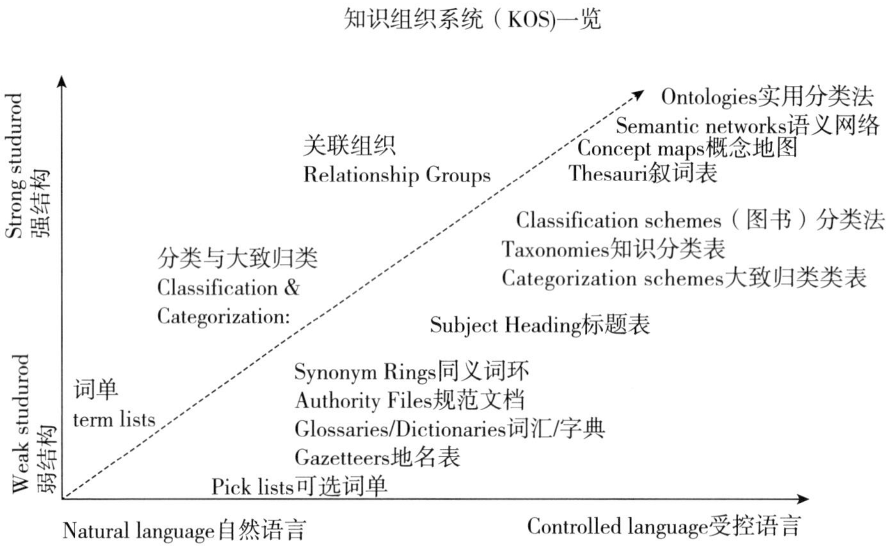

知识组织系统（KOS)一览

图 5 - 3　知识组织系统的结构

注：本图来自于《网络环境下的知识组织系统研究与发展概述》②。

参照图 5 - 3，大型文献数字化项目数字对象集合的建立主要采用"分类与大致归类"的知识组织系统，而其发展趋势就是采用"强结构、受控语言"的"关联组织"类的知识组织系统，以主题图、本体、Taxonomy 等为代表。

① HODGE G. Systems of knowledge organization for digital libraries：beyond traditional authority files［M］. Wastemston：The Digital Library Federation，2003：4 - 7.
② 孙凌云. 网络环境下的知识组织系统研究与发展概述［J］. 图书馆理论与实践，2010（3）：34 - 46，54.

5.2.1 大型文献数字化项目数字对象集合建立工具的对比

参照表5-2，以本体为参照物，本研究对大型文献数字化项目的数字对象集合建立中可用的工具进行对比和选择。

（1）本体与分类法的对比

从本体与分类法的对比来看，分类法侧重于对某领域知识整体框架的揭示，而本体拥有更丰富的概念，更强调对具体事物属性和关系的描述，其层次关系类型也更加全面、详尽。它强调构建领域概念的形式化模型，重视术语体系的模型化、明晰化、形式化和概念模型的共享性。对概念进行定义，准确限定概念的内涵和对象；用类—实例来界定概念的外延与资源的关系；重视概念间的逻辑关系，强调机器可读的术语模型以及知识的可交互性。

（2）本体与主题法的对比

从本体与主题法的对比来看，主题法在本质上是一种知识组织体系，是一种轻量级本体。所谓"轻量级"是因为主题法侧重于提供某领域知识的规范用词，强调术语与术语间的语义关系，形成的以词为中心的四面辐射结构，需要通过字顺法等发现进行类别划分后方可形成整体性架构。而且词间关系有限且宽泛，导致关系过程含糊不清。本体的概念和术语用自然语言和半自然语言来表达，相较于主题法的规范化语言适用范围更广。本体是从系统整体的角度构建的，其侧重于事物间内在联系的揭示，可以对概念添加属性，对属性添加逆属性和映射关系；关系由概念语义与其他概念的内在关系决定，用一阶逻辑语言描述，通过推理机制实现动态揭示，从而形成四维空间中可伸缩的网状结构。

（3）本体与Taxonomies的对比

从本体与Taxonomies的对比来看，Taxonomies是基于分类法的等级结构基础上发展而来的，而且又融入了叙词表的选词理念，扩大了叙词表的选词范围，形成了逻辑化的知识结构，可以用于信息检索系统的各个端口。但是，Taxonomies在表示词间语义关系方面以等级关系为主，其表达能力还不及叙词表的词间关系表达能力，所以其在语义关系表达方面较之本体稍显逊色。

表 5-2 大型文献数字化项目数字对象集合组织工具的多维度对比

组织工具 对比维度	分类法	主题法	Taxonomies	主题图	元数据	本体
概念定义	范畴说明	自身属性与词间关系	分类结构,概念语词	描述信息资源知识结构的元数据格式	数据的数据	注释
概念名称	类,子类	主题词	类	主题	元素,子元素	类名
侧重点	领域知识整体框架的揭示	反映该领域术语及术语间的语义关系	领域知识整体框架的揭示	定位某一知识概念所在的资源位置,表示知识概念之间的相互联系	描述信息资源的外部特征	描述信息资源的内容特征
组织结构	等级结构	等级结构	等级结构,多重列类,分面式结构	网状结构	等级结构	网状结构
组成要素	类目及类间关系	主题词及词间关系	概念语词,等级关系	主题,关联,资源出处	元素,修饰词	类,类间关系,实例,函数,公理
概念间关系	参见,互见	等同关系,等级关系,相关关系	参见,互见	关联关系	平行	同一/近义反义关系,上/下位关系,整体—部分关系,转指关系,动作关系
语义关系	无	用,代,属,分,参	有	有	无	继承类目与个体的特性类型
数据结构	无	无	无	无	树形	关系型,对象型
标记语言	无	无	无	XML,XTM	RDF	Ontolingua,Loom,SHOE,RDF(S),OIL,DAML+OIL

注:本表是笔者根据本书分析内容制作,由于倒排档主要是提高信息检索效率,在此不作为比较对象。

（4）本体与主题图的对比

从本体与主题图的对比来看，虽然主题图以图形的方式形象揭示主题概念，并通过主题概念的链接展示整个知识结构，而且所揭示的关系更为具体。但是，在主题图构建中的核心内容是通过主题分析构建本体，再经由 XML 语言生成 XTM。没有本体，主题图的描述、导航作用将大打折扣；而且其推理功能功能还不完善，不能称之为 "heavy ontology"。

（5）本体与元数据的对比

从本体与元数据的对比来看，首先与元数据的元素相类似，本体将对象或概念划分为若干类，每一类再划分成子类，并为其赋予一定的属性；在此基础上，本体还为类和子类添加实例，扩充了对象范围，从而使得对象间的关系更为复杂，对信息资源内容描述更具表现力。其次，元数据只能表现较为简单的概念间的关系，对于资源对象之间的复杂关系以及资源对象描述采用不同的元数据方案所导致信息系统的语义异构问题缺乏解决能力。要解决这个问题就要在元数据之上再建立信息系统间的互操作机制。而本体的本质就是领域知识的共享和复用，标准化和形式化的领域本体是实现高层互操作的重要工具。

本体可以从系统的高度对不同实体对象采用不同的元数据方案，并描述其间复杂的关联关系。通过特定领域的概念与概念关系的规范化表述，然后参照这些概念之间的逻辑关系以及一定的推理规则，挖掘、利用某一领域的知识。其本质就是领域知识的共享和复用。标准化和形式化的本体能够为信息系统之间的高层互操作提供很好的工具。

尽管六者间存在明显的区别，但是分类法、主题法和元数据依然是构建本体必不可少的底层基础。主题词表和分类表等在本质上是一种知识组织体系，具有层次结构和分类等级，也包含丰富的关系。虽然关系数量不多而且界定的严密性过低，但经过规范化和形式化之后，也都可以作为初级知识本体，通过形式化处理后被计算机理解和应用。而且随着研究和实践的深入，本体和元数据出现逐渐融合的趋势：首先，本体可以用元数据方式进行开放式的描述、标记、交换、挖掘，也就是说如果把本体的类、子类视为元素、子元素，那么，本体便可以按元数据的方式进行描述。其次，本体涉及的对象都可看成一种元数据模式，例如关于文献的本体可以采用 DC 的元素集，关于个人信息的本体可以采用 VCARD 元数据。一些本体在建立时也直接引入了相关的元数据模式及其定义作为自己的类、特定类的子类或属性集①。

在大型文献数字化项目数字对象集合的建立工具的选择上，要强调对网络环境中新型信息组织工具的应用；既要使其应用范围延伸至信息资源的内容特征，更重要的是强调对内容特征之间关系的揭示。本体可以对领域知识进行语义化的描述，且具有良好的概念层次结构并支持逻辑推理，以信息或知识的内容和本质特征为依据进行组织，并且通过形式化语言进行描述，方便计算机的理解。所以本体可以表现信息资源内容中更为复杂的语义关系，通过逻辑推理获取概念之间蕴含的关系，更适用于语义网中的信息组织与检索。

因此，本书选择利用本体技术作为大型文献数字化项目数字对象集合建立的工具，建立大型文献数字化项目的书目本体。以数字对象的书目数据为本体构建的资源基础和组织对象，主要是因为大型文献数字化项目建设过程中最有价值的信息都可以通过书目数据体现，不仅可以描述数字对象的外部特征、内容特征以及相关的技术、管理方面的信息，而且可以描述原始文献的相关信息，实现对数字资源发展脉络的清晰把握。在建立大型文献数字化项目书目本体的过程中，应从大型文献数字化项目建设整体角度出发，充分考虑信息组织过程中的各个元素，设置相关的类，并赋予详尽的属性及实例，从而将原本孤立的描述信息通过各种关联和映射联系到一起，方便语义检索的实现。通过建立大型文献数字化项目的书目本体，不仅可以实现对数字对象外部特征和内容特征的双重揭示，同时可以按数字对象的各种表现形式进行集合与聚类，还可以通过语义关联掌握数字对象的动态变化，从而揭示数字对象的同一性，最终将实现对复合数字对象的有效组织与检索。

5.2.2 本体的类型与构成

本体是"共享概念模型的明确的形式化规范说明"，其中"概念模型"是通过抽象出客观世界中一些现象的相关概念而得到的模型，其表示的含义独立于具体的环境状态。"明确"是指所使用的概念及使用这些概念的约束都具有明确的定义。"形式化"是指采用形式化语义表示，使计算机实现可

---

① 常艳.基于本体的数字图书馆知识组织构建模式研究[D].长春:吉林大学,2008:47.

读、可理解、可处理等。"共享"是指本体中体现的是共同认可的知识，反映的是相关领域公认的概念集①。本体的目标是捕获相关领域的知识，提供对该领域知识的共同理解，确定该领域内共同认可的词汇，并从不同层次的形式上给出词汇之间相互关系的明确定义②。

（1）本体的类型

根据本体描述对象的领域依赖程度，可以将其分为顶层本体、领域本体、任务本体、应用本体4类。这4类本体间具有一定的层次关系，其中应用本体作为下层本体，直接继承上层本体的概念类，而且其概念类可以作为上层本体某个概念类的子类，或是存在一定属性关系。而领域本体和任务本体则采用顶层本体来细化定义具体应用领域和具体任务所需的概念类、属性和语言关系。本章所要构建的本体适用于大型文献数字化项目，方便书目信息语义检索，属于应用本体范畴，所以它应该继承书目描述的核心概念、属性以及关系，并且体现大型文献数字化项目生产的数字资源的主题多元、时间多样、数字化技术信息规范等特点。

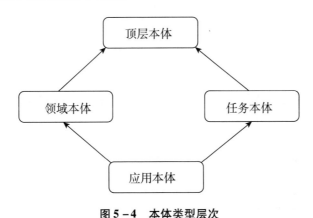

图 5-4 本体类型层次

注：本图是笔者根据本体的类型绘制。

① STUDER R, BENJAMINS R, FENSEL D. Knowledge engineering: principles and methods [EB/OL]. [2018-04-02]. http://www.vschool.net.cn/old/jksei/guojjt/knowledge%20engineering%20principles%20and%20methods.pdf.
② 甘利人, 薛春香, 刘磊. 数字信息组织[M]. 北京:科学出版社,2010:67.

（2）本体的构成

Perez 等人认为 Ontology 可以按分类法来组织，并归纳出 Ontology 包含 5 个基本的建模元语（Modeling Primitive），分别为类（classes），关系（relations），函数（functions），公理（axioms）和实例（instances）①，如表 5 - 3 所示。从语义上分析，实例表示的就是对象，而类表示的则是对象的集合，关系对应于对象元组的集合。类的定义一般采用框架（frame）结构，包括类的名称，与其他类之间关系的集合，以及用自然语言对该类的描述。其中，类间的 4 种基本关系为 part-of，kind-of，instance-of 和 attribute-of。但在实际的应用中，本体不必全部包含上述 5 类元素；同时类之间的关系也不局限于上述 4 种基本关系，可以根据特定领域的具体情况定义相应的关系，以满足应用的需要。

表 5 - 3　本体的构成元素

类别名称	定义	举例
类	类有时也称为概念，一般用于描述领域内具有共同属性或行为的一类对象的概念	时间作品
关系	关系是领域中类与类、实例与实例之间的联系	part-of, kind-of, instance-of, attribute-of
实例	实例是领域内某一特定的对象，根据本体粒度不同，对实例的界定也不同	缩微型载体是载体表现的一个实例
函数	函数是一种特殊的关系，可以用于推理	Publisher-of（x，y）表示 y 是 x 的出版者
公理	公理是领域内一些常识性知识的描述	作品包含子作品

注：本表是笔者根据 *Overview of Knowledge Sharing and Reuse Components*② 一文整理制作。

---

①② GÓMEZ - PÉREZ A,BENJAMINS R. Overview of knowledge sharing and reuse components：ontologies and problem solving methods［C］//STOCKHOLM V R,BENJAMINS B,CHANDRASEKARAN A. Proceedings of the IJCAI 299 workshop on ontologies and problem - solving methods（KRR5）. Sweden：IOS Press,1999.

5.3　大型文献数字化项目书目本体的构建思路

5.3.1　大型文献数字化项目书目本体构建已有的基础和面临的困难

（1）已有的基础

1）书目数据资源丰富

书目数据是图书馆领域最有价值的数据之一，一直是图书馆发展和创新的核心竞争力。无论是早期的卡片式书目记录、机读书目数据如 MARC，还是发布成关联数据的各种书目数据，图书馆、档案馆和博物馆等信息服务机构都积累了大量丰富的书目信息资源。这些书目数据为本书建立书目本体、开展信息组织提供了丰富的资源基础，避免建成的书目本体成为"空中楼阁"。

2）书目著录规范日趋完善

自目录学研究开始，书目数据一直是图书情报科学的研究重点[①]，在漫长的研究过程，该领域制定了一系列被信息服务机构普遍认可的书目数据著录标准和规则，如《英美编目条例》（*Anglo-American Cataloging Rules*，AACR2）、《国际标准书目著录》（*International Standard Bibliographic Description*，ISBD）、《中国文献著录国家标准》《中国文献编目规则》《西文文献著录条例》《中国编目规则》等。近年来，国际组织也出台了一系列信息组织方面的标准，方便书目著录工作的规范发展[②]，如 IFLA 书目组发布的《数字时代的国家书目：指南和新方向》（*National Bibliographies in the Digital Age：Guidance and New Directions*），IFLA 分类与标引组发布的《多语种叙词表指南》（*Guidelines for Multilingual Thesauri*）、《主题规范数据的功能需求》（*Functional Requirements for*

---

①　彭斐章,陈传夫,王新才,等.数字时代目录学的理论变革与发展研究[M].武汉:武汉大学出版社,2009:5.

②　胡小菁.信息组织领域国际研究动态 2009—2016[EB/OL].[2018-04-25].http://www.nlc.gov.cn/yjfw/pdf/huxiaojing.pdf.

Subject Authority Data，FRSAD）和《国家书目机构主题检索指南》（*Guidelines for Subject Access by National Bibliographic Agencies*），IFLA 编目组推进开发与维护书目描述与检索的《国际编目原则声明》（ICP），继续开发与使用书目记录的功能需求（FRBR）系列概念模型。另外，资源描述与检索（RDA）在 2008 年 11 月发布了完整版草案，并且在 2010 年 6 月中旬发布了 RDA Toolkit，目前美国国会图书馆等机构正在进行 RDA 测试。上述书目著录规范为书目本体的概念选取、属性分配和关系确定提供了规范化控制。参照上述标准规范构建的书目本体，其可操作性和可实用性得到保障。

3）已有书目本体的示范

书目本体作为对书目数据进行组织的有效工具，已受到信息组织领域的关注。其中比较著名的书目本体有 MarcOnt Ontology、Bibliographic Ontology Specification 等。其中 MarcOnt Ontology 整合了 MARC21、DC 和 BibTeX 格式，可提供一个统一的书目信息描述框架，共定义了 34 个大类和 43 个属性，以便通过格式转换、规则映射，解决不同元数据标准的整合和一致化①。为了在语义网的环境下管理参考文献和引文信息，D'Arcus、Giasson 等开发了基于 RDF 的书目本体 Bibliographic Ontology Specification，支持 XML、XML 命名空间、RDF 以及 OWL，提供描述图书、论文等的引文和参考文献的概念与属性共计 175 个，因而具有强大的可扩展性，并且该本体的书目描述可以与其他 RDF 词汇描述的声明合并②。另外，国内学者在书目本体构建方面的研究也为大型文献数字化项目书目本体的构建提供了很多指导，如王军和程煜华研究的基于现有的知识组织工具和书目数据资源自动构建本体的方法，首先根据书目数据揭示的领域知识建立一个用 OWL 描述的数据模型，然后从词表、类表和书目数据集中自动抽取对象和关系的实例，写入 OWL 数据模型，形成

① SYNAK M，KRUK S. MarcOnt initiative – the ontology for the librarian world［C］//Asunción Gómez-Pérez，Jérôme Euzenat. The Proceedings of The 2nd European Semantic Web Conference （ESWC 2005）. Greece：Springer，2005.

② Bibliographic Ontology. Bibliographic Ontology specification［EB/OL］.［2018 – 04 – 13］. http：//bibliontology. com/specification.

书目本体①。白海燕引用了通用词表，吸收了 FRBR、OAI – ORE、DCMI 等概念模型和标准规范，利用 Protégé 工具构建了以连续出版物为主体的科技文献组织的书目本体②。

（2）面临的困难

1）已有的书目数据规范性不够

大型文献数字化项目是由多个机构共同参与的数字化工程，各机构所肩负的职责并没有明晰的规定。以图书馆为例，有的图书馆既负责原始文献的数字化加工处理，也负责数字资源的描述组织并提供数字化资源的检索；有的图书馆由于能力有限，将数字化加工和描述的工作外包，只负责提供原始资源，并对外包商数字化后的资源进行质量控制，不参与书目数据著录活动。大型文献数字化项目信息组织的主体多元化，不同的机构可能采取不同的著录标准，这就导致书目数据的格式多样，且兼容性差。如出版机构多用 ON-IX，档案馆多用 EAD，图书馆多用 MARC 和 DC，而博物馆多用 CIMI。另外，大型文献数字化项目的数字对象形式多样，既有传统的纸质文献，也有缩微文献和存储在其他载体上的音频和视频文献；同时其内容体裁也很丰富，涵盖图书、地图、手稿、古籍等各类型。由于项目参加机构多样、数字对象载体、形式丰富，所以目前还没有制定统一的书目著录标准规范，从而导致大型文献数字化项目的书目著录存在规范性不强，书目数据质量良莠不齐的现象。

2）著录范围广泛

大型文献数字化项目所生产的数字信息资源与其他类型信息资源相比，除了载体上的不同之外，相对于"原生数字资源"而言，它与原始文献实体相对应；以图书为例，印刷型图书和缩微型图书都可能是数字资源的来源对象。所以，在大型文献数字化项目的书目著录过程中，不仅应该对数字化加工的成果即数字对象进行著录，而且还应该对其来源即非数字资源进行著录，这就增加了书目著录的工作量。同时复杂的著录对象必然对应

① 王军,程煜华.基于传统知识组织资源的本体自动构建[J].情报学报,2009(5):651–657.

② 白海燕.基于本体和关联数据的书目组织语义化研究[J].现代图书情报技术,2010(9):18–27.

更为复杂的关系，只有对著录对象进行全面把握和深入分析，才能保证大型文献数字化项目书目数据的完整性，也方便书目本体构建过程中对其动态变化关系的梳理。

3）原有书目数据著录框架需要改进

传统的书目数据著录中主要强调以载体为中心，对信息资源的外部特征进行著录，如 MARC 和 DC 元数据。分类法和主题法虽然是从信息资源内容特征方面进行分析组织，但数字化加工作为一种原始资源的数字拷贝，对其信息资源内容并没有进行改变，只是实现了载体上的变动。而数字化加工过程的一个重要因素，即加工过程中所使用的设备、软件、详细的技术参数和数字化加工后权责的分配等信息都无法在原有的书目记录中体现。所以，对大型文献数字化项目的书目信息进行著录，需要对分类法、主题法、元数据进行适应性调整，在保证原有重要数据完全记录的同时，还应加强对技术信息、管理信息等方面的著录。

4）复合数字对象间存在复杂关系

大型文献数字项目所生产的数字对象作为一种复合数字对象，涵盖了不同的载体类型、不同的内容类型、不同的媒体格式、不同的时间版本、不同的空间版本。这必然使其具有复杂的语义关系，如线性关系、版本关系、引申关系、整体—部分关系等。以图书为例，首先应该确定不同类型作品之间的关系，如子作品是集合型作品的组成部分；同时还应明确同一作品是否有不同的内容表达形式，如《红楼梦》既可以是古典文学，也可以是影视作品；其次需要确定同一内容表达有几种具体的载体体现，如同样对印刷版《红楼梦》进行数字化加工，可能会产生数字图片版本和缩微版本两种不同的载体，而且缩微版本还可能作为数字化对象生产其他的数字版本。另外，数字对象在使用过程中所需要的读取软件、在长期保存过程中所需要的支撑系统等都需要通过关系设置在书目数据中体现。所以，书目著录对象之间错综复杂的关系是本体构建中需要着重解决的关键性问题。

5.3.2 大型文献数字化项目书目本体的构建方法

（1）本体构建方法的比较和选择

本体构建的步骤和方法有很多，其中应用比较多的方法有以下几种，如表 5 -4 所示：

表 5 -4 国际上应用较多的本体构建方法

构建方法	简介
TOVE 法[①]	第一步，定义直接可能的应用和所有解决方案。提供潜在的非形式化的对象和关系的语义表示；第二步，非形式化本体能力问题的形成阶段，这些问题是构造本体的约束以及对本体的评价标准；第三步，从非形式化能力问题中提取非形式化的术语，然后用本体形式化语言进行定义；第四步，词汇形式化之后，在下一个阶段就能将问题也形式化定义；第五步，将规则形式化公理用一阶谓词逻辑表示出来；第六步，调整问题的解决方案，使本体趋于完备
"骨架" 法[②]	第一步，确定本体应用的目的和范围；第二步，由领域专家参与，定义本体所有术语的意义及其之间的关系；第三步，用语义模型表示本体；第四步，建立本体的评价标准；第五步，根据标准对本体进行评价，如果符合要求，则最后形成文档，如果不符合，则需重新回到构造阶段的本体分析
KACTUS 工程方法[③]	第一步，提供应用的语境和应用模型所需的组件；第二步，在相关的顶级本体类的基础上进行初步设计，搜索已存在的各种本体，对其进行提炼、扩充，还要考虑复用问题；第三步，构建本体，用最小关联原则来保证模型既相互依赖，又尽可能一致，以便最终达到最大限度的系统同构

---

① Enterprise Intergration Lab. TOVE［EB/OL］.［2018 – 01 – 13］. http：//www. eil. utoronto. ca/enterprise – modelling/tove/.

② USCHOLD M，GRUNINGER M. Ontologies priciples：methods and applications［J］. Knowledge Engineering Review，1996（11）：93 – 136.

③ BERNARAS A，Iñaki Laresgoiti，CORERA J M. Building and reusing ontologies for electrical network applications［C］//Budpaest，Hungary. Proceeding of the European Conf on Artificial Intelligence. Tornoto：John Wiley and Sons Press，1996：298 – 302.

续表

构建方法	简　　　介
Methontology 方法①	第一步，管理阶段，对任务进行系统规划，如进展情况、资源情况以及质量保证问题等；第二步，开发阶段，分为规范说明、概念化、形式化、执行以及维护五个步骤；第三步，维护阶段，包括知识获取、系统集成、评价、文档说明、配置管理等
IDEF5 法②	第一步，确定本体建设项目的目标、观点和语境，并为组员分配角色；第二步，收集本体建设需要的原始数据；第三步，分析数据，为抽取本体做准备；第四步，从收集的数据当中建立一个初步的本体；第五步，本体的精练与确认
斯坦福七步法③	第一步，确定本体的专业领域和范畴；第二步，考察复用现有本体的可能性；第三步，列出该领域本体的重要术语；第四步，定义类（Class）和类的等级体系（Hierarchy）；第五步，定义类的属性，即类之间的内在结构；第六步，定义属性的分面（Facets）；第七步，创建实例

注：本表由笔者根据相关文献调研整理制作。

表 5 - 5　国际上常用的本体构建方法的对比

名称＼项目	生命周期	与 IEEE 标准的一致性	相关技术	知识本体的应用	方法的细节
TOVE 法	不是真正的生命周期	不完全一致	不确定	一个域	少
METHONTOLOGY 法	有	不完全一致	有，不全	多个域	详细
骨架法	没有	不完全一致	不确定	一个域	很少
KACTUS 法	没有	不完全一致	不确定	一个域	很少

---

① FERNDNDEZ M，GOMEZ - PEREZ A，JURISTO N. Methontology：from ontological art towards ontological engineering［J/OL］.［2018 - 04 - 15］. http://ksi. cpsc. ucalgary. ca/AIKM97/.

② IDEF5 method report［R/OL］.［2018 - 04 - 15］. http://www. idef. com/pdf/Idef5. pdf.

③ Protégé［EB/OL］.［2018 - 04 - 13］. http://protege. stanford. edu/.

名称＼项目	生命周期	与 IEEE 标准的一致性	相关技术	知识本体的应用	方法的细节
IDEF5 法	没有	不完全一致	不确定	多个域	详细
七步法	不是真正的生命周期	不完全一致	有	多个域	详细

注：本表来自于《构建知识本体方法体系的比较研究》[①]。

参考表 5－5 的对比，上述方法的成熟度依次为：七步法、METHONTOL-OGY 法优于 IDEF5 法优于 TOVE 法优于骨架法优于 KACTUS 法。而七步法主要用于领域本体的构建，并由 Protégé 工具的支持，所以本书选用"七步法"来构建大型文献数字化项目的书目本体。

（2）大型文献数字化项目书目本体的构建步骤

大型文献数字化项目书目本体的构建，参照"七步法"，其构建步骤如下，如图 5－5 所示：

1）确定知识本体的专业领域和范畴

本书所制定的大型文献数字化项目的书目本体主要覆盖大型文献数字化项目建设过程中所生产的数字对象及相关的附加信息。应用该知识本体是为了更好地挖掘本领域的深层信息，掌握数字对象动态发展的趋势，为用户的语义化检索、项目的管理和发展以及数字资源的长期保存服务。

2）考察复用现有知识本体的可能性

本书在 5.1 小节中已经对大型文献数字化项目数字对象集合的建立的现状进行了分析。现有的成熟的书目本体，如 MarcOnt Ontology、Bibliographic Ontology Specification 分别侧重书目信息的不同录入格式和文献的引证关系，这与本书所构建的以梳理文献资源的动态发展、实现复合数字对象的语义查找的构建目的不同。而国家图书馆建立的"历代典籍总目"的古籍文献本体，主要针对古籍文献，无法全面展示大型文献数字化项目的数字资源类型

① 李景,孟连生.构建知识本体方法体系的比较研究[J].现代图书情报技术,2004(7)：17－22.

与特征。所以，本书是在参考现有书目本体的基础上，重新制定适用于大型文献数字化项目的书目本体。

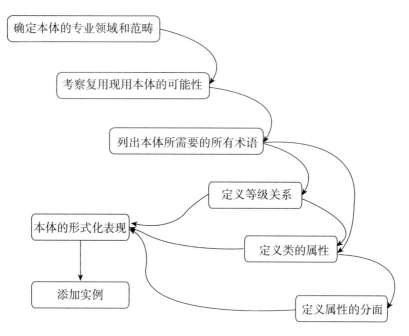

图5-5 大型文献数字化项目书目本体的构建流程

注：本图由笔者根据大型文献数字化项目书目本体的构建需求绘制。

3）列出所有相关术语

书目本体构建应列出大型文献数字化项目的书目信息描述所涵盖的所有术语，而且需要对每个术语进行清晰的界定，并且完善术语间的等级体系。鉴于大型文献数字化项目的特点，该本体的术语涉及文献的外部特征信息、内容特征信息、相关空间、时间信息以及数字化加工过程中的技术信息和管理信息等方面。

4）定义类和类的等级关系

本书采用的是综合方法，首先定义大量重要的概念，然后分别将它们进行恰当地归纳和演绎，再将它们与一些中级概念关联起来。本书采用综合方法的基础是书目信息著录经过长期的研究和实践，已经形成了较为稳定的核心概念体系，其间的等级关系较为稳定。在书目本体构建过程中，在原有核心概念体系的基础上，根据大型文献数字化项目数字资源的特点，进行有目的的增删或调整属性，而不需要对等级关系进行调整。

5）定义类的属性

通过第四步已经建立了书目本体的整体概念框架，还需要描述概念间的内在结构，即在某一特定类下面填充该类的相关属性，而这些属性大部分来源于第三步所列出的该领域的术语。类的属性通常分为两个层面，一种是"内在属性"，也称"数据属性"，用以描述该类的内在属性，如某本书的题名；一种是"外在属性"，也称"对象属性"，用以描述属性之间的关系，如某本书的出版时间。另外，任意一个类的所有子类都会继承该类的属性。

6）定义属性的分面

在定义类的属性的基础上应定义属性的分面，通常用来描述取值的类型、容许的取值范围以及取值的个数和有关属性取值的其他特征等。

7）添加实例

这需要建立在本体形式化表述的基础上，而且需要具体到最小的类，创建类的一个实例，赋予合适的名称，并添加合适的属性值。

综上所述，大型文献数字化项目书目本体是相对于传统的书目描述、组织和检索方式而言，通过语义分析和本体构建技术，以机器可读的方式显性地表达书目的属性特征和关联关系，并基于规范的组织模型，对书目实体之间和属性之间的关系进行序化，从而提供基于语义关系的、统一的存取方式。

在具体构建过程中，需要着重解决以下几个方面的问题：

一是，划分书目实体层次并分离属性特征，提炼实体间、实体与属性间的关系，从而获得实体和语义关系，以机器可读的形式显性地描述和表达各种关系。

二是，基于本体构建大型文献数字化项目的书目信息组织模型，通过"概念语义"进行概念规范，并将与书目组织领域相关的概念，如 MARC、DC、FRBR、RDA 等进行一致化处理，选取普遍认可、相对固定的词汇集进行描述；通过"规则语义"进行规则设定和关系约束，固化基于网状关系的多维、立体的组织模式。

三是，构建数据层面的书目本体和实例数据链接机制，构建结构化和富含语义的数据网络，通过统一的数据模型和一致的语义描述方法，提供统一的信息存取方式①。

5.4 大型文献数字化项目书目本体构建的实现

大型文献数字化项目的数字化加工对象范围广泛，如地图、手稿、动态图像、唱片、图片、照片、声音记录、图书及其他印刷文档等。虽然其内容形式多样，但作为文献的一部分，还是蕴含着很多相似的地方，如都需要对题名、作者、主题、分类等主要的内容特征进行描述，都是以某种具体载体的形式呈献给用户，所以需要对其外部特征进行描述。另外，在数字化加工过程中都要使用数字化加工设备、数字转换软件、存储设备和显示工具等，所以也需要对此方面的信息进行著录。在综合分析上述特点的基础上，本书以图书为信息组织对象，对"大型文献数字化项目的图书书目本体"（简称图书书目本体）的构建进行系统的研究。

5.4.1 类的界定

图书书目本体的类包括两大部分，一是指本体的基本大类，二是指各大类下设的子类，子类下设的子子类。对于本体基本大类的选择，本章以第3章构建的"大型文献数字化项目的数据对象元数据标准"和"大型文献数字化项目的数据对象 RDA 要素集"为蓝本，参照 DCMI、FRBR、RDA 等概念模型和标准规范，从中析出和确定图书书目数据的实体。

DCMI 提供的核心元素为贡献者（contributor）、范围（coverage）、创建者（creator）、时间（date）、描述（description）、格式（format）、标识符（identifier）、语言（language）、出版者（publisher）、关系（relation）、权限（rights）、来源（source）、主题（subject）、题名（title）、类型（type）②。FRBR 供提供了3组实体，第一组实体包括书目记录命名或描述的知识或艺术创

① 刘炜.基于本体的数字图书馆语义互操作［D］.上海:复旦大学,2006:85.

② DCMI. DCMI-terms［EB/OL］.［2018－04－13］. http://www. dublincore. org/documents/ dcmi-terms/.

造的产品：作品（work）、内容表达（expression）、载体表现（manifestation）和单件（item）；第二组实体包括那些对知识或艺术内容、物质生产与传播或其产品的保管负责的实体：个人（person）、团体（corporation）；第三组包括一系列附加的实体，它们作为知识或艺术创作的主题：概念（concept）、对象（object）、时件（event）、地点（place）①。RDA 基本继承了 FRBR 中使用的实体，其核心元素选自那些与 FRBR 和 FRAD 定义的用户任务具有"高匹配值"的属性和关系。FRBR 中的实体相当于 RDF 模型中的"类别"（class）。但是 RDA 词汇表也对 FRBR 的规定做出了一些改变，比如将第二、三组的实体降级成为"子类别"（subclass），然后借用了来自 FRBRoo（面向对象的FRBR）中的"agent"和"subject"两个实体作为两组实体各自的上位类②。

第 3 章所制定的"大型文献数字化项目的数字对象元数据标准"共设定了 18 个核心元素，分别为题名（title）、创建者（creator）、主题（subject）、描述（description）、出版者（publisher）、贡献者（contributor）、来源时间（date original）、数字化时间（date digital）、类型（type）、格式（format）、数字化详细信息（digitization specification）、资源标识符（resource identifier）、来源（source）、语言（language）、关系（relation）、范围（coverage）、权利管理（rights management）、贡献机构（contributing institution）。RDA 要素集包括内容规范、名称规范、形式规范、关系规范 4 个类型作品。相较于原有的元数据描述规范，本框架着重强调了数字化项目参与机构和生产时间的多样性，以及数字化加工过程中所涉及的技术和管理信息，上述内容在图书书目本体构建中给予了重视。

在系统比较上述概念模型和标准规范的基础上，本书共确定了图书书目本体的 8 个基本大类，如图 5 - 6 所示：分别是作品（work）、内容表达（expression）、载体表现（manifestation）、单件（item）、时间（time）、代

---

① IFLA 书目控制与国际 MARC 项目组. 书目记录的功能需求——最终报告. 王绍平，等译［R/OL］.［2018 - 04 - 25］. http：//www. bengu. cn/homepage/paper/FRBR_Chinese. pdf.

② Joint Steering Committee for Development of RDA. RDA：resource description and access prospectus［EB/OL］.［2018 - 04 - 20］. http：//www. rda-jsc. org/rdaprospectus. html.

理（agent）、主题（subject）、数字化详细信息（digitization specification）。
选择"作品""内容表达""载体表现""单件""主题"是因为图书的内容特征和外部特征是书目信息最核心的部分，而且这四者之间存在严密的逻辑关系。作品通过内容表达实现，内容表达通过载体体现，而载体又被单件所代表，可以形象地描述数字对象的动态变化。选择"代理"和"时间"作为基本大类，是因为大型文献数字化项目最显著的特征就是参与机构众多，而且由于各机构工作安排不一致导致加工时间多样，对这些资源进行描述和组织，有利于大型文献数字化项目的统筹规划和有序运行。选择"数字化详细信息"作为基本大类，是因为大型文献数字化项目运行的过程就是利用各类数字化设备和工具进行生产的过程，其中涉及很多技术方面的信息，对于用户的使用和数字资源的长期保存作用重大。

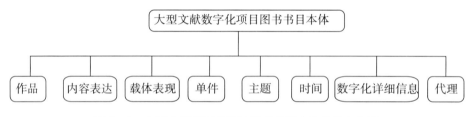

图 5 - 6　大型文献数字化项目图书书目本体的基本大类

注：本图由笔者根据大型文献数字化项目书目本体的内容绘制。

现对各类的概念限定如下：

作品。作品是一个抽象的实体，没有一个单独的物质对象可以对应为作品，可以通过作品的单独实现或内容表达来识别作品，但作品本身只存在于作品不同内容表达之间的共性内容中；只有当作品的改编程度大，涉及其内容的显著变化或知识创作时，才能称之为新的作品。如不同语种的译本只能作为同一原始作品的不同内容表达；而一部作品的不同文学或艺术形式的改编本则可以称之为新作品。设置"作品"类的目的是可以以作品为中心，将其所有的内容表达形式进行聚集；尤其是在数字化过程中，并不总能确定某个数字化版本的资源来源，在这种情况下，就需要将每一个文本与作品相联系，从而含蓄地将它们与作品的其他文本联系起来。针对图书数字化而言，其作品类型又可细分为集合型作品、子作品、附属型作品和独立作品。

内容表达。内容表达是作品在它每次"实现"时所采用的特定的知识或艺术形式，是以字母—数字、音乐或舞蹈标记、声音、图像、实物、运动等形式，或者这些形式的任何组合所表达的一部作品的知识或艺术的实现。内容表达的形式是内容表达的内在特征，所以语言的变化、文字的修订和更改都会导致内容表达的变化。利用内容表达可以反映同一作品的不同实现方式之间存在的知识或艺术内容的差异，同时还可用来识别作品与特定内容表达之间的关系。比如，在数字化过程中经常会生成不同的载体表现，如数字文档、数字图片，但如果这两种载体表现体现了相同的内容，则即使物理体现方式不同，仍可以认为两者属于同一内容表达。

载体表现。载体表现是一部作品的内容表达的物理体现，即内容表达只有具化到具体的物理载体上，如纸张、画布、录音带等，才能方便用户的使用。在某些情况下，作品的载体表现只对应一个物理样本，而在大型文献数字化项目生产过程中，则可能出现同一作品的同一内容表达同时具有多种载体表现。界定不同的载体表现的基础是知识内容与物理形式，其中物理形式的变化包括影响显示特征的变化如字号、字体、版面等，物理载体的变化如传递介质从纸张变为缩微胶卷，或是存储容器的变化。当这上述对象发生变化时，则会产生一种新的载体表现。载体表现是大型文献数字化项目资源描述的一个显著特征，既是作品和内容表达赖以实现的物质基础，又包含了外部特征信息，同时还与数字化建设中的管理、技术信息有着密切的联系，所以是图书书目本体的中间桥梁，可大致归纳为印刷型载体、缩微型载体和数字型载体。

单件。单件是一种载体表现的单一样本，它在很多场合是一个单独的物理对象。载体在出版发行过程中有很多复本，同样馆藏机构在存储的过程中也会多保留几本复本，但是每本图书都有一个唯一的识别号，而在数字化过程中恰恰是选择具体某一本书作为数字化加工对象，所以对单件信息的著录可以帮助数字化加工机构了解数字化资源的实体源头，也方便原始文献的提供机构掌握该书的具体情况。

代理。代理是指涉及作品的创造或实现的个人和机构。定义代理有助于在信息描述和组织中始终以统一的方式对个人和机构进行命名和识别，同时还可以描述代理与其负有责任的作品或内容表达或载体表现之间的关系。

时间。时间是指与信息资源内容和形式相关的各种时间点或是时间段方面的信息。如原始文献的出版时间、版本修订时间、知识产权保护期限、进行数字化加工的时间、数字对象的提交时间、可用时间、修改时间等。同时还包括与代理相关的各类时间特征，如个人的出生日期、死亡日期，机构的建立日期等。

主题。主题是指用来描述作品和内容表达的内容特征的主题词，可以细分为概念、对象、事件、地点 4 个子类。其中概念是指用来描述作品主题的抽象的概念或实现，如知识领域、学科、思想派别、理论、过程、技术、实践等。对象是指描述作品主题的物质事物，包括自然界存在的有/无生命力的实物，或是人类创造的固定/可移动的实物，或是不存在的实物。事件是指描述作品主题的广泛的行动和事情，如历史时间、时代、时期。地点是指描述作品主题的场所，可以是地球的、历史的，也可以是外星的、当代的；同时还可以采用地理特征和地理政治管辖区。上述主题词都可以来源于主题词表。

数字化详细说明。数字化详细说明是指数字化资源创建过程中所用到的技术信息，如硬件、软件、过程参数和相关数据等。在图书书目本体中"数字化详细说明"作为基础大类，又被细分为硬件及软件的详细说明和技术参数两部分。其中"硬件及软件的详细说明"涵盖图书数字化过程中所用到的转换硬件、显示硬件、存储硬件的详细信息，以及呈现程序、操作系统、转换程序的详细说明。"技术参数"主要包括对于数字资源长期保持和存取利用有重要价值的技术数据，如压缩方案、扫描分辨率、扫描模式、输入格式、输出格式、颜色配置文件等。

综上所述，本书构建的图书书目本体共设置基础大类 8 项，二级类 19 项，三级类 31 项，四级类 6 项，五级类 5 项，共计类与子类总数 70 项，其具体构成如图 5 - 7 所示。

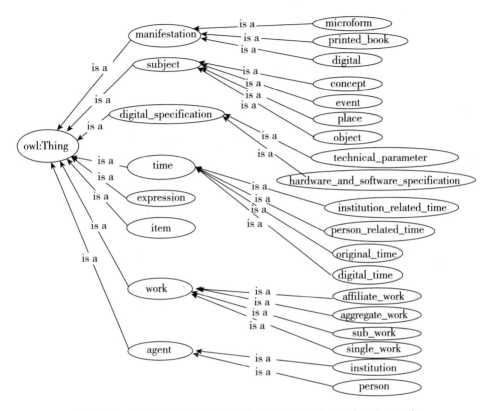

图 5 - 7　大型文献数字化项目图书书目本体的基本大类及主要子类

注：本图由笔者利用 protégé 图形软件制作。

5.4.2　类的属性的界定

类的属性分为两个部分，一是类的对象属性，它主要用于表示每个类目内部和类与类之间的关系，将在 5.4.3 小节中进行探讨和设置。第二部分则是数据属性，是用来描述每个实体自身的构成要素。在数据属性设置时应注意本体类属性的传递关系，即下位类的属性必须继承上位类的属性，除此之外下位类的特殊属性再进行单独标注。

上文中提到的书目著录的标准规范，如 AACR2、ISBD、中国文献著录国际标准、DCMI、FRBR 和 RDA，都提供了丰富的属性资源。以 RDA 为例，在美国国家科学数字图书馆（National Science Digital Library，NSDL）的注册系统 NSDL Registry 中可以查到的 RDA 的注册元素多达 1300 多条①。这些属性资源为图书书目本体类的属性的选择奠定了坚实的基础。在属性选择过程中，还需要针对大型文献数字化项目的特点进行筛选，对于上述标准中没有涉及的关于"数字化详细信息"的相关属性，还需参照其他专门的标准，如 NISO 发布的《数据词典：数字静态图像的技术元数据》（*Z39. 87 Data Dictionary—Technical Metadata for Digital Still Images*）②、科罗拉多数字化项目发布的数字音频最佳实践（Colorado Digitization Project Digital Audio Best Practice）③、数字资源保存管理手册（Preservation Management of Digital Materials：a Handbook）④ 和保存元数据实施战略（Preservation Metadata Implementation Strategies，PREMIS）⑤。

为了准确地从如此众多的属性中选择最具描述表达能力的数据属性，在作品、内容表达、载体表现和单件 4 个主类的属性选择上，本书还参考了 FRBR 从查找、识别、选择、获取 4 个维度对各类目属性的重要性所做的评价结果，如表 5 – 6 所示。

因为"载体表现"是图书书目本体的核心要素，其本身就是对资源外部特征的描述，同时又是资源内容特征实现的物质载体，而且数字化加工处理也主要是对图书载体形式的转换。所以"载体表现"类可以大致描述图书书目本体所包含的主要属性，同时展示各类之间的复杂关系。因此，在"属性定义"中，本书将以"载体表现"为案例进行论述。

① NSTL. RDA element［EB/OL］.［2018 – 04 – 13］. http：//metadataregistry. org/rdabrowse. htm.

② NISO. Data dictionary—technical metadata for digital still images［R/OL］.［2018 – 04 – 15］. http：//www. niso. org/kst/reports/standards？ step ＝ 2&gid ＝ &project _ key ＝ b897b0cf 3e2ee526252d9f830207b3cc9f3b6c2c.

③ CDP. Colorado digitization project digital audio best practice［R/OL］.［2018 – 04 – 22］. http：//www. mndigital. org/digitizing/standards/audio. pdf.

④ The British Library. Preservation management of digital materials：a handbook［R/OL］.［2018 – 04 – 18］. http：//www. imaginar. org/dppd/DPPD/139％20pp％20Handbook. pdf.

⑤ Library of Congress. Preservation metadata implementation strategies［R/OL］.［2018 – 04 – 25］. http：//www. loc. gov/standards/premis/v2/premis – 2 – 0. pdf.

表 5 – 6 类目属性重要性评价

属性		查找-作品	查找-内容表达	查找-载体表现	查找-单件	识别-作品	识别-内容表达	识别-载体表现	识别-单件	选择-作品	选择-内容表达	选择-载体表现	选择-单件	获取-作品	获取-内容表达	获取-载体表现	获取-单件
作品	题名	√				√				√							
	形式	√				√				√							
	计划终止	√				√				√							
	读者对象									√							
内容表现	题名		√				√				√						
	形式						√				√						
	日期						√				√						
	语言		√				√				√						
	区分特征		√				√				√						
	使用限制										√						
载体表达	题名	√	√	√		√	√	√		√	√					√	
	责任说明	√	√	√		√	√	√		√	√	√				√	
	版本表示						√	√		√	√					√	
	出版地															√	
	出版者						√	√					√			√	
	出版日期	√	√				√	√	√	√	√	√				√	
	丛编说明			√			√					√				√	
	载体形式			√			√					√				√	
	载体数量						√					√	√			√	
	物理媒介						√										
	载体尺寸												√			√	
	识别符		√					√	√							√	
	访问限制												√			√	
	开本											√				√	
	配页											√				√	

续表

属性 \\ 功能		查找				识别				选择				获取			
		作品	内容表达	载体表现	单件	作品	内容表达	载体表现	单件	作品	内容表达	载体表现	单件	作品	内容表达	载体表现	单件
载体表达	缩率							√				√				√	
	颜色							√				√					
	极性							√				√				√	
	代							√				√				√	
	呈现格式							√				√				√	
	系统要求							√				√				√	
	文件特征							√								√	
	访问方式											√				√	
	访问地址															√	
单件	识别符				√				√								√
	出处								√								
	单件状况												√				
	处理历史												√				
	处理日程												√				
	访问限制												√				√

注：本表根据 FRBR 对作品、内容表达、载体表现和单件四类实体的属性重要性评价整理绘制，本表只列举了重要性为"高、中值"的属性。

（1）通用属性的界定

根据 FRBR 的评价结果，本书总结了与"载体表现"相关的 24 个属性，图书书目本体在使用这些属性时，还应该进行分类及规范化处理。首先，应该参照图书书目本体的类与子类的概念体系，判定哪些属性是"载体表现"的通用属性，哪些属性是其子类的特有属性。图书书目本体将"载体表现"细分为印刷型、缩微型和数字型 3 种类型，根据对这 3 种类型特征的析出和判断，最后选择了 7 个属性作为"载体表现"的通用属性，如表 5 - 7 所示，其形式化表示如图 5 - 10。

表 5 - 7 "载体表现"类的通用属性

属性名	类型	取值	注释
题名 （title）	Datatype	String	命名载体表现的词语、短语或字符组
责任说明 （statement of responsibility）	Objecttype	String	对体现于载体表现的知识或艺术内容的创造或实现富有责任的个人或组织
载体形式 （form of carrier）	Datatype	String	载体表现的物理载体所属的特定资料类别
载体数量 （extent of carrier）	Datatype	String	组成载体的物理单位数量的量化
物理媒介 （Physical medium）	Datatype	String	生成载体所用材料的类型
载体表现标识符 （manifestation identifier）	Datatype	String	与载体表现相关联的具有唯一性的编号或代码，用来把该载体表现同其他载体表现区分
载体表现访问限制 （access restriction on the manifestation）	Objecttype	String	访问与使用载体表现所受的限制，通常以版权为基础

注：本表是笔者对"载体表现"的通用属性分析制作。

上述 7 个属性中有 5 个属性是数据属性，其属于"载体属性"，取值范围是 XMLShcema 的 string 类型，这些属性是"载体表现"的每一子类都应该继承的。用 OWL 语言描述如图 5 - 8 所示。

```
< owl：DatatypeProperty rdf：ID = " extent_of_carrier" >//数据属性：载体表现的载体数量
        < rdfs：domain rdf：resource = " #manifestation" / >
        < rdfs：range rdf：resource = " &xsd；string" / >
    </owl：DatatypeProperty >
< owl：DatatypeProperty rdf：ID = " form_of_carrier" >//数据属性：载体表现的载体形式
        < rdfs：domain rdf：resource = " #manifestation" / >
        < rdfs：range rdf：resource = " &xsd；string" / >
    </owl：DatatypeProperty >
< owl：DatatypeProperty rdf：ID = " manifestation_identifier" >//数据属性：载体表现标识符
        < rdfs：domain rdf：resource = " #manifestation" / >
        < rdfs：range rdf：resource = " &xsd；string" / >
    </owl：DatatypeProperty >
< owl：DatatypeProperty rdf：ID = " physical_medium" >//数据属性：载体表现的物理媒介
        < rdfs：domain rdf：resource = " #manifestation" / >
        < rdfs：range rdf：resource = " &xsd；string" / >
    </owl：DatatypeProperty >
< owl：DatatypeProperty rdf：ID = " title" >//数据属性：载体表现的题名
        < rdfs：domain rdf：resource = " #manifestation" / >
        < rdfs：range rdf：resource = " &xsd；string" / >
    </owl：DatatypeProperty >
```

图 5 - 8   "载体表现"类的数据属性的 OWL 语言描述

注：本图是笔者编写的大型文献数字化项目书目本体的 OWL 文档的源代码。

还有 2 个对象属性，表示类与类之间的关系，其中"载体表现的访问限制"是说明"载体表现"和"时间"类的子类"原始图书版权时间"之间的关系；"载体表现的责任说明"是展示"载体表现"和"代理"之间的关系；产生关联的两个类分别通过定义域（domain）和值域（range）表示。用 OWL 语言描述如图 5 - 9 所示。

```
< owl：ObjectProperty rdf：ID = " access_restriction_on__the_manifestation" >//对象属性：载体表
现的访问限制
        < rdfs：domain rdf：resource = " #manifestation" / >
        < rdfs：range rdf：resource = " #original_right_time" / >
    </owl：ObjectProperty >
< owl：ObjectProperty rdf：ID = " statement_of__responsibility" >//对象属性：载体表现的责任说明
        < rdfs：domain rdf：resource = " #manifestation" / >
        < rdfs：range rdf：resource = " #agent" / >
    </owl：ObjectProperty >
```

图 5 - 9   "载体表现"类的对象属性的 OWL 语言描述

注：本图是笔者编写的大型文献数字化项目书目本体的 OWL 文档的源代码。

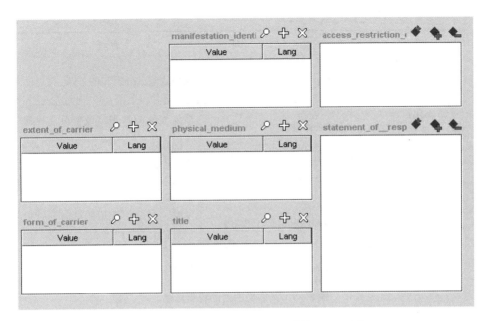

图5-10 "载体表现"的通用属性的protégé表示

注：本图由笔者利用protégé软件制作。

（2）特有属性的界定

除此之外，各子类还具有一些特有属性，如表5-8、表5-9、表5-10所示，其OWL语言描述与载体表现的通用属性相似，在此不再赘述。

表5-8 印刷型图书的特有属性

属性名	类型	取值	注释
字体 typeface	Datatype	String	用于印刷图书的排版文字样式
字号 type size	Datatype	String	印刷图书中字符的尺寸
版本/发行标识 edition/designation	Datatype	String	说明载体表现与另一相关载体表现之间在内容或形式上的差别
出版发行地 place of publication	Datatype	String	载体表现中与出版者/发行者名称相关的城市、城镇或其他地点
出版发行者 publisher	Objecttype	String	载体表现上指明名称、对载体表现的出版、发行、发布或颁布负责的个人、集团或组织

续表

属性名	类型	取值	注释
出版发行日期 publishing date	Objecttype	Datetime	载体表现公开发布的日期
载体尺寸 dimensions of the carrier	Datatype	String	载体表现的物理组成部分、容器大小
开本 foliation	Datatype	String	一个印张折叠成一个折帖的折叠次数
配页 collation	Datatype	String	反映一本书中折帖的顺序，由每一折帖上的帖码来表示

注：本表是笔者对"载体表现"中的"印刷型图书"分析制作。

表 5 – 9　缩微型图书的特有属性

属性名	类型	取值	注释
缩率 reduction ratio	Datatype	String	缩微品制作过程中文本或图像缩小程度
极性 polarity	Datatype	String	胶片上图像的颜色与色调同被摄对象的颜色与色调的关系
代 generation	Datatype	String	胶片上的图像从一个载体转移到另一个载体上的次数

注：本表是笔者对"载体表现"中的"缩微型图书"分析制作。

表 5 – 10　数字图书的特有属性

属性名	类型	取值	注释
编码方案 Encoding format	Datatype	String	文件编码标准和方案
文件大小 File size	Datatype	String	文件的容量
文件时长 Duration	Datatype	String	音频或视频资源的播放时间
颜色 Color	Datatype	String	图像的颜色、色调
传输速度 Transmission speed	Datatype	String	数字资源的传送效率

续表

属性名	类型	取值	注释
分辨率 Resolution	Objecttype	String	影像清晰度或浓度的度量标准
访问地址 access address（url）	Datatype	String	有助于远程访问某一电子资源的字母—数字代码
支持系统 required system	Objecttype	String	包括有关硬件、软件、外围设备
呈现格式 format	Objecttype	String	数字资源的读取格式

注：本表是笔者对"载体表现"中的"数字型图书"分析制作。

（3）属性取值规范

在属性定义过程中，涉及著录过程中的取值范围，需要在属性定义的过程中予以规范。"载体表现"类在取值方面需要根据大型文献数字化项目的特点有侧重的选择，如载体形式重点列举与数字化资源相关的各种物理载体所属的特定资料类别。本章构建的图书书目本体的"载体表现"类，对载体形式、编码方案、颜色 3 个属性进行了规范，如表 5 – 11、表 5 – 12、表 5 – 13 所示，具体取值参照 NSDL 中 RDA 的注册元素。

表 5 – 11　"载体形式"的取值规范

载体类别	载体形式
音频	声带卷、盒式录音磁带、卷式录音磁带、音频缸、音频光盘、盒式音频磁带
缩微	穿孔卡片、缩微胶卷、筒式缩微胶卷、单片缩微胶片、盒式缩微胶片、卷式缩微胶片
计算机载体	计算机晶片匣、计算机光盘、计算机卡片、计算机磁带匣、计算机卡式磁带、盘式计算机磁带、在线资源
图片载体	短条胶片、幻灯片、高射幻灯片、匣式胶片、盒式胶片、卷式胶片

注：本表元素来自 RDA 注册元素[1]。

---

[1]　NSTL. Carrier type［EB/OL］.［2018 – 04 – 17］. http://metadataregistry. org/vocabulary/show/id/46. html.

表 5 − 12　"编码方案"的取值规范

载体类别	编码方案
文本	SCII、HTML、MS Word、PDF、RTF、SGML、TeX、Word Perfect、XHTML、XML、Megadots
音频	CD audio、Daisy、DVD audio、MP3、Real audio、SACD、WAV
视频	Blu-Ray、DVD-R、DVD video、MPEG − 4、Quicktime、Real video、SVCD、VCD、Windows media、HD-DVD
数据	Access、Excel、Lotus、XML
图片	BMP、GIF、JPEG、JPEG2000、PNG、TIFF、Dvju
空间立体	Arc/info、BIL、BSQ、CAD、DEM、E00、MID/MIF

注：本表元素来自 RDA 注册元素[①]。

表 5 − 13　"颜色"的取值规范

载体类别	颜色
动态	黑白、深色调、彩色的、浅色调、有颜色的
静态	黑白、灰阶、彩色、单色、黑白及彩色混合、其他
三维	黑白

注：本表元素来自 RDA 注册元素[②]。

5.4.3　关系的确定

在模拟环境中，关系作为描述一个实体和其他实体之间链接的表达工具，从而成为帮助用户对书目数据库的检索方式之一。典型的做法是用户利用其正在检索的实体的一个或多个属性，形成一种查询检索，通过这些属性，用户得以找到所搜寻的实体。书目记录中反映的关系所提供的附加信息，可以帮助用户在所发现的实体和与之相关的其他实体间建立连接[③]。

---

① NSTL. Encoding format[EB/OL]. [2018 − 04 − 18]. http://metadataregistry. org/vocabulary/show/id/87. html.

② NSTL. Color vocabulary[EB/OL]. [2018 − 04 − 27]. http://metadataregistry. org/concept/list/vocabulary_id/95. html.

③ 甘利人,薛春香,刘磊,等. 数字信息组织[M]. 北京:科学出版社,2010:85.

图书书目本体中的关系可以分为以下几种类型：按照层次关系来划分，可以分为等级关系和非等级关系；按照关系对象来划分，可以分为类内关系和类间关系。在本体构建过程中，只有对这些关系进行清晰的表述，才能实现各类概念、属性间的语义关联，从而使本体成为真正意义的网络化信息组织工具。

（1）等级关系与非等级关系

等级关系以树状结构对某一大类内在的体系结构进行揭示，通常通过种属关系（subclass-of）和整体—部分关系（part-of）来表示。种属关系是逻辑学中基本概念，在逻辑学中将外延较大的概念称为属概念，外延较小的概念称为种概念。种属关系是指外延较小的种概念对于外延较大的属概念的关系（即真包含于关系）。而整体与部分的关系则可以解释为整体由部分组成，整体不等于各个部分的简单相加，优化的系统整体大于各部分之和。部分离不开整体，整体也不能离开部分，没有部分的整体和没有整体的部分均不可能存在①。以图书书目本体为例，其整体框架就是等级关系的最好体现，其包含代理、时间、内容表达、作品、载体表现、单件、数字化详细说明、主题8个方面的子类，这8个子类都是图书书目本体的组成部分，所以其与本体之间是部分—整体的关系。就某一具体子类而言，以"载体表现"为例，其又可以细分为"印刷型载体""缩微型载体""数字型载体"，这3种载体类型是"载体表现"的组成部分，而且真包含于"载体表现"中，与"载体表现"之间的关系属于种属关系。将这两种关系进行合理应用，就形成了树状等级结构图。

等级关系既可以出现在类内，也可以出现在类与类之间。如上文所述的图书书目本体的整体框架，就是类间等级关系的典型代表；而"载体表现"中所体现的种属关系则是类内等级关系的案例。在图书书目本体中，类内的整体—部分关系是一种比较重要的关系，如表5-14所示，本章图书书目本体构建中主要应用了"作品"和"载体表现"的类内关系来表示数字对象的构成。

---

① 何新.泛演化逻辑引论:思维逻辑学的本体论基础[M].北京:时事出版社,2005:78.

表 5 – 14　主要基本大类的类内等级关系

类别	关系类型	举例
作品间	从属组成部分	附属型作品
	独立组成部分	独立作品
	集成组成部分	子作品
内容表达间	从属组成部分	内容的目次
	独立组成部分	丛编中的单行出版物
载体表现间	组成部分	多种载体表现的图书
单件间	组成部分	复本的物理组成成分

注：本表所述的关系是笔者参考 FRBR，根据实体特点分析制作。

本体概念中的非等级关系反映了事物之间的固有的内在联系，即一个属性既是一个概念"具有的属性"，又是另一个概念"被具有的属性"，那么这个属性就能表达两个概念间的关系，两个概念形成用属性连接的一个判断。在本体的关系中，非等级关系占有很大的比重，广泛存在于同一类中或是类与类之间，如表 5 – 15 所示。

表 5 – 15　主要基本大类的类内非等级关系

类别	关系类型	举例
作品间	相关/独立的后续	续集、后续作品
	相关/独立的补编	索引、注释、补编、附录
	相关/独立的补充	续写结尾、姐妹篇
内容表达间	节略	缩写、修改
	修订	修订版、增订版
	翻译	翻译作品
	相关/独立的后续	续集、后续作品
	相关/独立的补编	索引、附录
	相关/独立的补充	歌剧剧本、配曲
载体表现间	复制	复制品、重印件
	转换	印刷版转换为数字版本
单件间	重新配置	合订、拆分、选自
	复制	复制品、摹真复印件

注：本表所述的关系是笔者参考 FRBR，根据实体特点分析制作。

图 5 – 11 即为"载体表现"间关系的形式化表示,"印刷型载体"可以通过数字化加工和缩微处理等转换方式生成数字型载体和缩微型载体,同时"缩微型载体"也可以作为"数字型载体"的数字化来源,它们之间也存在转换关系。"数字型载体"内部"数字图片"和"数字文档"之间存在识别转换关系,通过 OCR 识别,可将数字图片转换成数字文档。而复制关系则存在于每一个子类的内部,可生成复制品、重印件等载体形式,在图中用"○"表示。

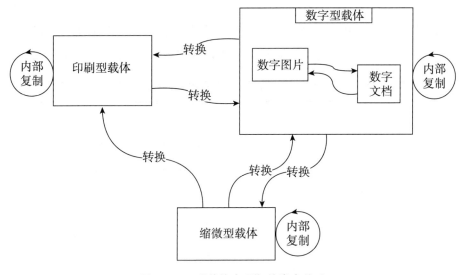

图 5 – 11　"载体表现"的类内关系

注:本图由笔者利用 protégé 软件制作。

(2) 类间关系与类内关系

类间关系是图书书目本体构建中最重要的一种关系类型,只有将各类之间的关系梳理清晰,才能实现各类、子类、属性和实例间的有效的链接,为通过本体实现语义检索奠定基础。

为了理清图书书目本体类间的复杂关系,本书采用综合方法,首先按照从上向下的顺序,构建各基本大类之间的关系,然后参照上节中定义的各类的属性,再添加概念属性之间的必要联系。在一个本体中存在着错综复杂的关系,而且这些关系会因为本体构建目的的不同而存在显著的差异,同时也会影响语义检索中的检索效率和检索结果。由于本章构建的图书书目本体属于应用本体的范畴，其主要目的就是广泛揭示数字资源的内容特征和外部特征，对其各种表现形式进行聚类，实现大型文献数字化项目建设过程中图书的动态管理并揭示数字对象的同一性，从而实现对复合数字对象的有效组织。所以，在类间关系选择和构建过程中，参考上述图书书目本体建设目标，笔者构建了以下类间关系。

1）基础大类之间的关系

从图书书目本体的整体概念框架来看，8 个基础大类和本体本身形成了等级关系。而具体到 8 个基础大类之间，它们又存在以下关系，如表 5 - 16 所示。举例来讲，代理是作品的创作者，所以"作品"和"代理"之间存在"被…创作"的关系。其形式化表示如图 5 - 12 所示。

表 5 - 16　大型文献数字化项目图书书目本体的基础大类之间的关系

关系	域	值域	注释
Is realized through	Work	Expression	通过……实现
Is expressed by	Expression	Manifestation	由……体现
Has a subject	Work	Subject	……的主题
Has the digitization specification	Manifestation	Digitization specification	……的数字化详细说明
Has the time of	Agent Manifestation	Time	……的时间
Has an example of	Manifestation	Item	被……代表
Is created by	Work	Agent	被……创作
Is performed by	Expression	Agent	被……表现
Is owned by	Item	Agent	被……拥有
Is produced by	Manifestation	Agent	被……生产

注：本表所描述的关系是笔者参考 FRBR，根据实体特点分析制作。

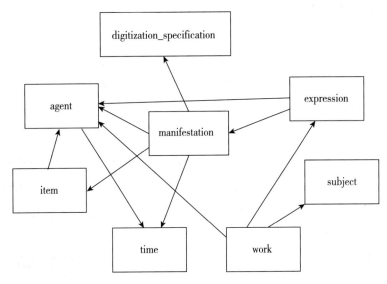

图 5 – 12 大型文献数字化项目的图书书目本体的基础大类之间的关系图

注：本图由笔者利用 protégé 软件制作。

2）具体类目之间的关系

每个基本大类的子类与其他大类的子类之间也存在复杂的关联，如同义关系、反义关系、转指关系、因果关系、果因关系、位置关系等。以"转指关系"为例，A＜X＞B，指概念 A 对概念 B 实施动作，这是本体中概念与概念之间经常发生的关系。图书书目本体构建过程中对关系的确定也主要是对"转指关系"进行判断。

"载体表现"是图书书目本体的核心概念，其本身就是对资源外部特征的描述，同时又是资源内容特征实现的物质载体，而且数字化加工处理也主要是对图书载体形式的转换；所以"载体表现"类可以大致描述图书书目本体所包含的主要属性，同时展示各类之间的复杂关系。因此，笔者选取"载体表现"为案例确定概念间的复杂关系。

"载体表现"的类间关系可以从以下几方面分析：首先"载体表现"作为一种物理实体，是"内容表达"的体现；其次，同一个"载体表现"可能存在很多复本（单件），所以"载体表现"被"单件"代表。

"时间"作为一个基本概念，其中和"载体表现"发生关联的子类有

"出版发行时间""版权时间""提交时间""数字加工时间"。其中，"出版发行时间"是指"印刷型载体"的出版时间，"数字型载体"的使用限制主要参考"版权时间"，如果图书的版权时间在受保护的范围内，且没有版权许可，则该图书的数字型载体不能提供公开使用。"提交时间"是"数字化载体"可用时间；而要确定"印刷型载体"和"缩微型载体"何时被数字化，则需要参考"数字化加工时间"。

"代理"是"载体表现"生产加工的主体，但由于肩负职能不同，所以产生关系的实体也存在差别。首先，"印刷型载体"的出版者是"原始文献出版机构"；其次"数字型载体"的生产者是"数字化资源加工机构"；最后，"数字型载体"的存储地是"数字资源保存机构"。

"数字型载体"在数字化加工过程中会产生很多的技术信息，而这些技术信息归属于"数字化详细说明"类，所以两者间存在复杂的关系。首先，"数字型载体"的压缩率和读取格式需要参考"数字化详细说明"中的"压缩方案"和"输出格式"；其次"数字型载体"的存储设备信息，需要参考"数字化详细说明"里的"存储用硬件说明"；再次，"数字型载体"在使用过程中的支撑系统等信息需要参考"硬件与软件详细说明"；最后，"数字型载体"的"数字图片"的分辨率来源于"数字化详细说明"里的"扫描分辨率"。

而"载体表现"内部各子类之间的关系，本书已经在类内关系中进行了解释，在此不再赘述。综上所述，"载体表现"的类间关系如表 5 – 17 所示，其图形化表现见图 5 – 13，其在 protégé 中的形式化表示见图 5 – 14。

表 5 – 17　"载体表现"类间关系

关系	域	值域
……的出版时间	印刷型载体	出版发行时间
……使用限制	数字型载体	版权时间
……可用时间	数字型载体	提交时间
……的数字化加工时间	印刷型载体 缩微性载体	数字化加工时间
……的分辨率	数字图片	扫描分辨率
……的支撑系统	数字型载体	硬件与软件详细说明

续表

关系	域	值域
……的存储设备	数字型载体	存储用硬件说明
……的读取格式	数字型载体	输出格式
……的压缩率	数字型载体	压缩方案
……的出版者	印刷型载体	原始文献出版机构
……的数字资源生产者	数字型载体	数字化资源加工机构
……的数字资源存储地	数字型载体	数字化资源保存机构
被……代表	载体表现	单件
是……的体现	载体表现	内容表达
缩微处理	印刷型载体	缩微型载体
数字化加工	印刷型载体 缩微型载体	数字型载体
识别处理	数字图片	数字文档

注：本表是笔者对大型文献数字化项目"载体表现"特征分析制作。

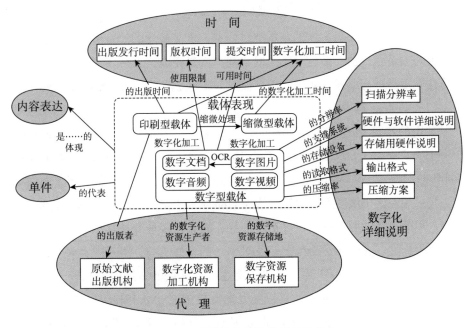

图 5－13　"载体表现"类间关系分布

注：本图由笔者根据大型文献数字化项目"载体表现"间的关系分析绘制。

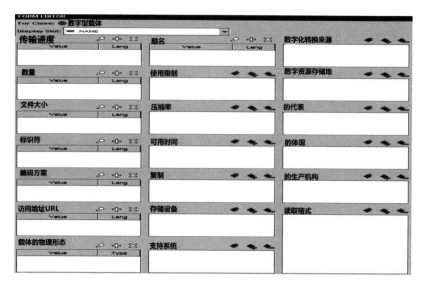

图 5 – 14　用 protégé 形式化表示的"数字型载体"

注：本图由笔者利用 protégé 软件制作。

5.4.4　Protégé 构建和添加实例

在建立了图书书目本体的基本类目框架、定义概念的属性和取值、确定类内和类间关系后，图书书目本体的框架基本搭建完成，下一步需要做的是利用本体建立工具进行形式化实现，并且根据本体建立的目的和需要添加实例。

（1）Protégé 构建

常用的本体构建工具有 Apollo、LinkFactory、OILEd、OntoEdit Free and Professional version、Ontolingua、OntoSaurus、OpenKoME、Protégé、WebODE、WebOnto。杜文华从本体构建工具体系结构、本体构建工具互操作性、本体构建工具可用性 3 个维度进行比较，认为 Protégé 是开放资源、目前拥有最多注册用户、不断有新的版本推出、可扩展性好、能够以多种方式存储本体、具有很好的互操作性、界面非常简单友好及对中文的良好支持，等等①。本书在本体构建中选用的是 Protégé 3.4 版，除了上述所述优点外，还因为相较于 Protégé 的其他版本，Protégé 3.4 版本可以更好地支持中文输入和检索，如图 5 – 15。在构建过程中，使用的插件有 JambalayaTab、Queries Tab、OWL VizTab。

---

①　杜文华. 本体的构建及其在数字图书馆中应用研究[D]. 武汉：武汉大学，2005：60.

图 5-15 大型文献数字化项目图书书目本体的编辑界面

注：本图由笔者利用 protégé 软件制作。

（2）添加实例

实例可以自动集成类的属性设置，实例添加具体步骤如下：首先在
"OWL class"中选中一个类，然后在"Instance Brower"面板中点击"Create
Instance"按钮来创建实例；在"Individual Editor"面板中可以添加实例的名
称，并添加从上位类继承来的属性；为类添加完实例后，在"OWL class"的
相应类的名称后面就会显示创建的实例的个数，如图 5-16 所示。

图 5-16 大型文献数字化项目图书书目本体实例的编辑界面

注：本图由笔者利用 protégé 软件制作。

5.5　基于图书书目本体的语义查询

利用 protégé 的 SPARQL 查询工具及可视化工具，对大型文献数字化项目的具体实例数据进行重新组织，通过语义关系查询、分面查询和复杂查询，一定程度上解决信息组织的问题与局限，并检验大型文献数字化项目图书书目本体的有效性和可行性。

（1）动态分面检索

分面检索是指以一个或多个属性特征作为信息分组依据的检索方法，主要目的是在大量检索结果的组织中，参照属性或特征，将大量检索结果分为较小的结果单元，以提高用户的信息吸收水平①。通常大型文献数字化项目在信息组织中对数字资源按照"主题""地点"或"年代"等进行的分面分类多属于静态的分面分类，这就要求数字资源的属性特征必须预先确定，并建立倒排档索引；对于动态数据特征和关系的描述和提取无能为力，这就导致信息检索结果无法根据数字资源特征的不断变化而进行聚类，无法保证分面分类的效果。

大型文献数字化项目的图书书目本体通过对各实体的类、属性或关系的抽取，将其作为分面依据，通过类与类之间的关系，得到属性之间的关系；在检索的任意阶段可以任意提取，从而实现动态分面；此外根据实体之间的关系以及属性之间的关系，确定特定类型、值域的属性或关系，对数据集进行划分和分组。

通过 SPARQL 语句，可以轻松提取该本体所有的对象属性和数据属性，查询语句如下：

SELECT ? n

WHERE ｛? n rdf：type owl：ObjectProperty｝

SELECT ? n

WHERE ｛? n rdf：type owl：DatatypeProperty｝

其检索结果如图 5 - 17 所示。

---

① 白海燕,乔晓东.基于本体和关联数据的书目组织语义化研究[J].现代图书情报技术,
2010(9):18 - 27.

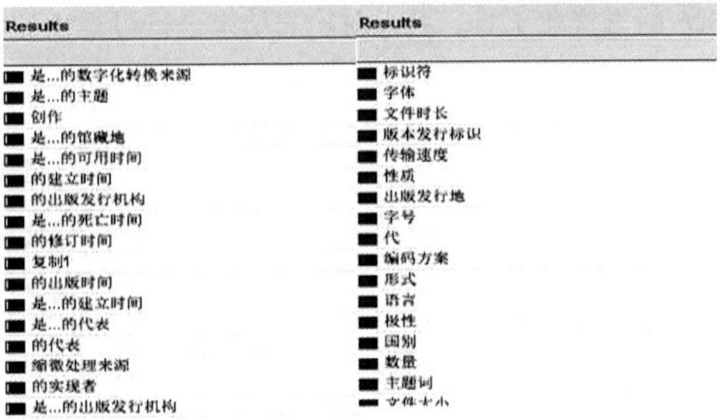

图 5 - 17 大型文献数字化项目的图书书目本体的对象属性与数据属性

注：本图由笔者利用 protégé 软件生成。

（2）语义关系检索

图书书目本体将数字对象之间的关系，以形式化的方式明确而规范地表达出来，可以基于这种关系进行检索查询和浏览展示。

例如实现基于特定关系的查询，通过 SPARQL 语句，以"具有分册"作为查询条件，查询丛书及其包含的具体分册，从而保证数字资源的归一性。查询命令如下所示：

SELECT ? title ? subtitle

WHERE { ? subject <http：//www. owl-ontologies. com/Ontology1295144582. owl#title > ? title.

? subject < http：//www. owl-ontologies. com/Ontology 1295144582. owl # haspart >？subject2.

? subject2 <http：//www. owl-ontologies. com/Ontology 1295144582. owl#title > ? subtitle

}

其检索结果如图 5 - 18 所示：

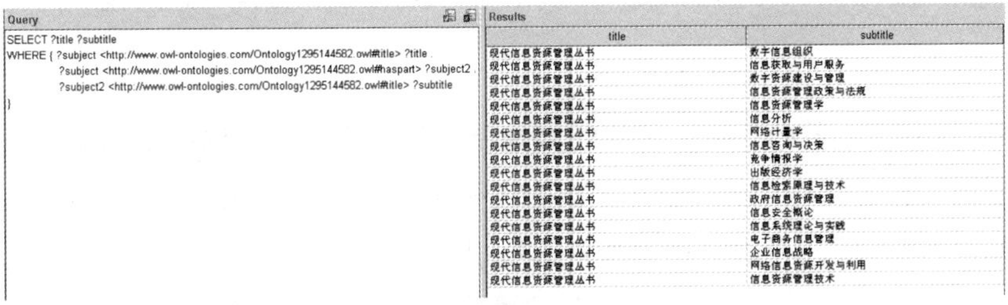

图 5 - 18 《现代信息资源管理丛书》及其子集

注：本图由笔者利用 protégé 软件生成。

177

利用 protégé 的可视化工具，可以对检索结果进行可视化处理，展示实例之间的关系，如图 5 – 19。

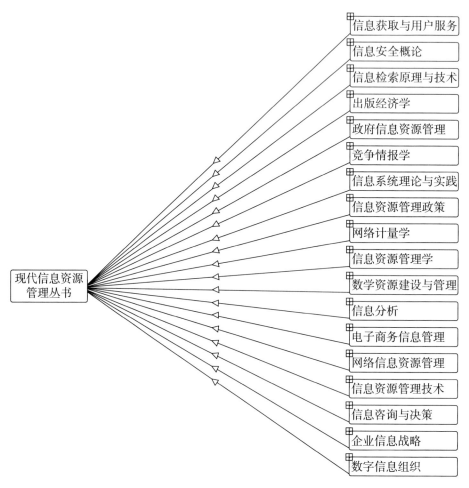

图 5 – 19　《现代信息资源管理丛书》及其子集的检索结果可视化

注：本图由笔者利用 protégé 软件生成。

通过基于关系的查询，可以较好地展现资源之间的结构关系和演变情况，尤其是针对大型文献数字化项目的文献资源载体不断变化的情况，为了方便管理和用户查找，利用语义关系查询可以有效揭示文献资源的动态发展。例如《数字信息组织》一书通过大型文献数字化项目进行数字化加工，分别产生了印刷版、缩微版、数字图片版和数字文档版，其间的转换关系为：印刷版通过缩微化处理生成缩微版，缩微版通过数字化加工生成数字图片版，数字图片版经过 OCR 文字识别生成数字文档版，其查询语句如下所示：

SELECT ？ ys ？ ystime ？ sw ？ swtime ？ st ？ stime ？ swb ？ swbtime

WHERE

{？ ys ＜ http：//www. owl-ontologies. com/Ontology 1295144582. owl#trans-formed_time ＞ ？ ystime.

？ ys ＜ http：//www. owl-ontologies. com/Ontology1295144582. owl#is_transformed_to ＞ ？ sw.

？ sw ＜ http：//www. owl-ontologies. com/Ontology1295144582. owl#trans-formed_time ＞ ？ swtime.

？ sw ＜ http：//www. owl-ontologies. com/Ontology1295144582. owl#is_transformed_to ＞ ？ st.

？ st ＜ http：//www. owl-ontologies. com/Ontology1295144582. owl#trans-formed_time ＞ ？ stime.

？ swb ＜ http：//www. owl-ontologies. com/Ontology1295144582. owl#trance-form_from ＞ ？ st.

？ swb ＜ http：//www. owl-ontologies. com/Ontology1295144582. owl#trans-formed_time ＞ ？ swbtime

}

　　检索结果如图 5 - 20 所示：

图 5 - 20　《数字信息组织》加工演变过程

注：本图由笔者利用 protégé 软件生成。

结果可视化如图 5 - 21 所示：

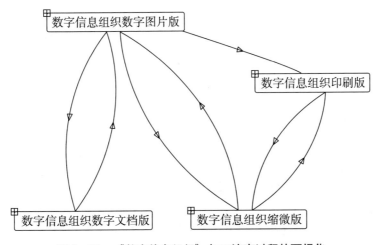

图 5 - 21　《数字信息组织》加工演变过程的可视化

注：本图由笔者利用 protégé 软件生成。

（3）复杂查询

利用数字对象之间的关系和属性之间的关系，以及 SPARQL 的查询特性，可以实现以往基于线性组织和关系数据库不可能实现的复杂查询。假如"2010 年 11 月由书同文公司加工的一批管理学和医学方面的图书，由于其采用的佳能 LiDE 扫描仪生成的 DJVU 格式的数字资源不符合项目质量标准，需要筛选出来重新加工"。面对这种复杂关系，可以基于图书书目本体通过以下查询命令实现：

SELECT ？ sub ？ format？ time ？ subject ？ scanner ？ conins
WHERE ｛？ sub

        < http：//www. owl-ontologies. com/Ontology 1295402582. owl#format >

？ format.

？ sub

        < http：//www. owl-ontologies. com/Ontology 1295402582. owl#submit_time >

？ time.

？ sub < http：//www. owl-ontologies. com/Ontology 1295402582. owl#has_a_subject >

？ subject.

？ sub

        < http：//www. owl-ontologies. com/Ontology 1295402582. owl#is_scaned_by >

？ scanner.

？ sub

        < http：//www. owl-ontologies. com/Ontology 1295402582. owl#contributing_institution >

？ conins

｝

查询结果如图 5 - 22：

sub	format	time	subject	scanner	conins
◆ 管理学最论图片族	◆ DUJV	◆ _2010.11	◆ management_science	◆ 佳能LiDE_110	◆ 书同文公司加工
◆ 项目管理实验实训教程	◆ DUJV	◆ _2010.11	◆ management_science	◆ 佳能LiDE_110	◆ 书同文公司加工
◆ 医学化学实验	◆ DUJV	◆ _2010.11	◆ medical_science	◆ 佳能LiDE_110	◆ 书同文公司加工
◆ 生物医学信息技术	◆ DUJV	◆ _2010.11	◆ medical_science	◆ 佳能LiDE_110	◆ 书同文公司加工

图 5 - 22　涵盖多主题、格式、加工者、扫描设备的复杂智能查询结果

注：本图由笔者利用 protégé 软件生成。

6 大型文献数字化项目的信息资源整合

我国信息资源整合的实践起步于20世纪80年代关于异构数据库整合的探索。20世纪90年代中后期，人工智能研究者介入信息资源整合这一研究领域，信息资源整合的范围从数据库扩大到互联网资源；20世纪90年代末，我国图书馆开始了信息资源整合的实践；进入21世纪，随着电子商务和电子政务的快速发展，信息资源整合也逐渐被引入企业和政府领域①。

研究人员从不同角度界定了信息资源整合的概念：苏新宁等认为信息资源整合是指将某一范围内的，原本离散的、多元的、异构的、分布的信息资源通过逻辑的或物理的方式组织为一个整体，使之有利于管理、利用和服务；或是指在网络环境下，采用数字化信息处理和集成整合技术，对多种来源的数字化信息资源有目的地进行重新组合的过程，同时为用户提供统一的检索界面，实现高效传播信息的一种服务方式②。马文峰认为数字资源整合是依据一定的需要，对分散无序、相对独立的数字对象进行类聚、融合和重组，重新组织为一个新的有机整体，形成一个效能更好、效率更高的新的数字资源体系。数字资源整合是一种组织、管理数字资源的理念，是一种优化、重构数字资源的过程，也是一种有效利用数字资源的环境③。黄晓斌等从整合的平台和手段的角度出发，认为信息资源整合是在各种数字资源自主性、分布性、异构性的基础上，运用各种集成技术和手段将各类数字资源集成在统一的利用环境下，实现"一步到位"的检索，让用户极其方便地利用各种数

① 张晓娟,张洁丽.我国信息资源整合研究现状分析[J].情报科学,2009(1):26-31,56.

② 苏新宁,章成志,卫平.论信息资源整合[J].现代图书情报技术,2005(9):54-61.

③ 马文峰.数字资源整合研究[J].中国图书馆学报,2002(4):64-67.

字资源，节省宝贵的时间和精力①。

结合大型文献数字化项目信息资源的特点，笔者认为大型文献数字化项目信息资源整合应根据用户的需要，将已经组织好的，实现有序化的数字对象和数字对象集合进行类聚、融合和重组，并与外部网络资源实现有效链接，从而形成新的数字资源体系。与数字对象集合的建立相比，信息资源整合是对具有自主性、分布性、异构性的有序化数字对象集合的再组织，而数字对象集合的建立则侧重于将单一数字对象进行组织，使其系统化、简明化、有序化。

6.1 大型文献数字化项目信息资源整合的必要性与可行性

6.1.1 大型文献数字化项目信息资源整合的必要性

（1）大型文献数字化项目生产的数字资源数量剧增

由于文化遗产保护受到社会各界的广泛关注，以文化遗产长期保护为己任的大型文献数字化项目也获得了新的发展时机，项目的数量及其所生产的数字资源的数量都在增加，而且文献资源的来源、类型、格式等都得到极大丰富。纽约大都市图书馆联盟 2004 年开展的调查表明，其 270 所成员馆中有 51% 的馆在 2002—2004 年开展过数字化工作，45% 的馆计划在 2005—2006 年开展数字化工作②。广东省立中山图书馆通过缩微数字化的方式生产的数字资源的数量也十分可观，年生产量达 6 万—7 万拍，目前通过数字化加工已拥有 200 多万拍的数字资源。要有效利用这些迅速增加的数字资源，需要在对其进行合理组织的基础上实现有效的信息资源整合。

① 黄晓斌,夏明春.数字资源整合研究的现状及发展方向[J].情报理论与实践,2005(1)：75 – 77.

② Metropolitan New York Library Council and OCLC. 2004 METRO digitization survey：final report[R]. Metropolitan New York Library Council and OCLC,New York,NY,2005.

（2）用户需求不断变化

数字化环境下，用户对信息资源获取与利用的需求发生了新的变化，一是在需求方式上，用户希望不需遍历所有资源，在一个入口就能一次性获得分散在多个异构信息资源平台中的资源；二是在需求深度上，用户希望能在大量信息中获取其中蕴含的知识内容和之间的逻辑关系，帮助自己理解、应用和创造知识①。所以，用户总是希望用最小的努力获取他们认为最有价值的信息资源。大型文献数字化项目的数字资源只是用户待利用的信息资源的一部分，要想满足用户的需求，提高其利用效率，就需要通过信息资源整合来实现。

（3）信息资源整合的外部环境发生变革

大型文献数字化项目的发展处在由数据网、信息网向语义网演变的新信息环境中，语义网的发展为大型文献数字化项目信息资源整合提供了新的思维方式、新的理念和新的技术。"技术和信息体系结构前景逐渐显露出来的发展趋势表明，我们正朝着技术变革时期迈进"②，整合技术的创新促进了大型文献数字化项目信息资源整合的发展，无论是基于程序层面的链接，还是基于数据层面的细粒度整合，都推动大型文献数字化项目信息资源整合向更深、更高层面发展，开展大型文献数字化项目信息资源整合势在必行。

6.1.2　大型文献数字化项目信息资源整合的可行性

首先，大型文献数字化项目的建设方和数字资源的提供方有着共同的目标，通过数字化加工获得原始文献的数字拷贝以实现对原始文献的保护，并且增加信息资源的利用。无论是文化遗产保护机构还是 IT 公司都希望通过提供数字信息服务来吸引更多的用户，发挥数字资源的最大价值。也正是因为存在共同的目标，各方才能达成一致，打破机构壁垒、性质差异，实现大型

---

① 马文峰,杜小勇.数字资源整合:理论、方法与应用［M］.北京:北京图书馆出版社,
2007:4.

② OCLC. The 2003 OCLC environmental scan: pattern recognition［R/OL］.［2010 - 09 -
21］. http://www.oclc.org/reports/2003escan.htm.

文献数字化项目的信息资源整合。

其次，信息资源整合的新技术和标准的研发为大型文献数字化项目的信息资源整合提供了技术保障。大型文献数字化项目所处的技术环境的变化，不仅是促使其开展信息资源整合的动因，也是实现全面、深层整合的技术基础。中间件技术、信息链接技术、跨库检索技术、Mashup 技术和关联数据等信息资源整合技术的不断创新，促使信息资源整合范围不断扩展，信息资源整合粒度不断细化。

最后，大型文献数字化项目信息资源整合的对象——数字信息资源已具有一定的规模，并且实现了一定范围内的整合。大型文献数字化项目的数字资源是原始文献的数字替代品，两者之间存在密切联系，因此两类资源间的整合是大型文献数字化项目信息资源整合的起点和基础，目前已在很多项目中实现。这就为大型文献数字化项目的信息资源整合奠定了基础，也为参建机构间的整合和与网络资源的整合提供了资源保障，可以显著降低信息资源整合的难度。

6.1.3 大型文献数字化项目信息资源整合的原则

大型文献数字化项目信息资源整合过程中应坚持以下原则：

（1）以用户为中心

以用户为中心是指在进行信息资源整合时应该从用户的理解、兴趣、期望和评价等方面出发，主要考虑以下问题。首先应站在用户的角度考虑问题，必须明确用户是信息资源整合的最终服务对象；其次在开展信息资源整合过程中应为用户带来良好的体验；再次应该保证整合后形成的信息资源体系能够满足用户在查询、学习、娱乐等多方面的需求。这就需要加强对用户信息需求的调查、总结其利用信息资源的规律，丰富数字资源整合和提供服务的方式，并加强对用户信息空间的管理与评估。

（2）内外兼顾

既要通过信息资源描述揭示的深入化和语义关联化实现大型文献数字化项目的数字资源与馆藏资源进行有效的整合，巩固信息资源建设的基础，提升大型文献数字化项目的资源的利用率；也不能忽视外部环境中存在的相关数字资源，通过大型文献数字化项目的参建机构间资源的共建共享，以及与网络资源的链接，实现信息资源的增值，扩大大型文献数字化项目的影响力。

（3）加强资源的复用

大型文献数字化项目信息资源整合并非要求一定要重新建立信息资源的整合平台，而是希望在链接和互操作的基础上，实现大型文献数字化项目资源价值的最大化。加强资源的复用，首先是对元数据的复用，通过元数据的补充与互操作，为信息资源整合奠定基础。其次是对有价值的网络资源的复用，选择高质量的网络资源来提高整合效率，达到事半功倍的效果。最后是对已有信息组织成果的复用，通过嵌入搜索引擎、嵌入移动网络平台、嵌入社会性网站等方式实现信息组织成果利用的社会化，提升大型文献数字化项目资源的使用率。

（4）注重社会化网络技术的应用

大型文献数字化项目的信息资源整合过程中，在有效利用传统信息组织方法的基础上，以开放链接的技术理念，重视社会网络技术的应用，从面向网页的页面分析技术，到基于程序层面的混搭技术，再到基于数据层面的开放数据技术，资源整合的粒度越来越小，联系越来越丰富，最终构建语义数据网络。而大型文献数字化项目的资源作为其中的重要节点，被发现和利用的概率也会大大提高。

6.1.4 大型文献数字化项目信息资源整合的主体与对象

（1）大型文献数字化项目信息资源整合的主体

如第2章所述，大型文献数字化项目的信息组织主体总体上可以分为政府机构、图书馆、档案馆、博物馆等文化遗产保护机构、IT公司、行业协会和非营利组织等。作为项目的建设者和资源的拥有者，自然也拥有和承担信息资源整合的权利与责任。总体而言，大型文献数字化项目的参建方也是信息资源的整合方，但由于项目建设环境不同，大型文献数字化项目信息资源整合的主体的职责存在不同。

（2）大型文献数字化项目信息资源整合的对象

大型文献数字化项目所生产的数字对象及其组织而成的数字对象集合统称为数字资源，它们是大型文献数字化项目信息资源整合的核心，除此之外，还应该围绕这些信息资源，将与其相关的内容如其相对应的原始文献、参建

方拥有的其他资源与服务，以及网络环境中存在关联的资源也进行聚合与
链接。

6.1.5 大型文献数字化项目信息资源整合的目标

大型文献数字化项目信息资源整合应充分调查与捕捉用户信息行为与需
求，构建开放式的集成信息服务环境，建立集成各种载体、各种类型的信息
资源整合体系；并对信息资源进行深层挖掘与揭示，实现各类信息资源间的
无缝关联和透明访问；并优化信息资源配置，实现信息资源广泛存取与高度
共享，提高信息资源的可用性，从而实现用户与信息资源的交互以及资源与
服务的高度集成。

开展大型文献数字化项目信息资源整合应从用户和资源两个方面着手。
从用户角度来讲，应该强化对用户需求、兴趣、爱好的收集、分析，建立用
户行为分析模型，加强用户交互界面的设计；从资源角度来讲，应该实现信
息资源的跨系统、跨层次、跨地域的无缝链接，进行开放性整合。

用户行为分析模型的构建首先应通过网络调查、挖掘用户访问日志、利
用书签以及智能代理（agent）等途径获取用户在使用信息资源中产生的各种
信息。其次对收集到的信息进行深入分析，通过描述、推理、归纳等方式，
总结用户兴趣与信息需求的稳定特征，同时还可以借助对访问时间和频度的
计算，通过检索词来计算用户的兴趣度。利用上述方式获取的定性和定量的
资源，对用户行为、需求偏好进行结构化描述，以确定用户所需要的信息资
源和信息服务类型，并且通过对用户基本特征、设备/信道特征、用户的情绪
性、视觉注意、工作记忆、加工速度/控制进行赋值加权计算，从而构建一个
面向算法的、具有特定数据结构的、形式化的用户描述，最终形成面向普遍
用户的用户行为分析模型。这也是大型文献数字化项目信息资源整合的重要
参考[1]。

大型文献数字化项目信息资源整合的基本内容是对信息资源本身的整合，
没有一定规模有序的信息资源作为基础，满足用户需求就成为"空中楼阁"。
因此，本章在研究写作过程中，以面向资源的大型文献数字化项目信息资源

---

① 王翠萍.面向个性化服务的信息资源组织与集成研究[M].北京:科学出版社,2010:98.

整合为核心，力图实现大型文献数字化项目的跨系统、跨层次、跨地域的无缝链接。首先要实现与大型文献数字化项目相关的信息资源的集合，这不仅需要将大型文献数字化项目所生产的数字对象实现内部关联，组织成为数字对象集合，而且要保证这些数字资源与其原始文献资源的链接，并且与项目参建机构所拥有的其他资源和服务的链接。另外，大型文献数字化项目大多由多个机构联合建立，所以机构间的信息资源整合也是应实现的目标之一。再者，网络环境中还存在很多可利用的资源，如图书 API、关联数据和社会性网站中用户生成的资源等，如何实现与这部分资源的整合是大型文献数字化项目信息资源整合的难点。

6.2 大型文献数字化项目信息资源整合现状调查

6.2.1 调查对象

为了掌握已有大型文献数字化项目信息资源整合的范围与采用的技术，并为本章所提出的大型文献数字化项目的信息资源整合方式奠定实践基础，结合大型文献数字化项目参建主体的国别、性质与类型，本书选择了 CADAL、中国国家图书馆数字图书馆工程、美国记忆、Google Book Search、Europeana、Open Library、HaithTrust、CDL 共 8 个知名的大型文献数字化项目作为调查对象，其范围涵盖国家主导建设的大型文献数字化项目、商业机构主导的大型文献数字化项目、大学图书馆主导的大型文献数字化项目和非营利性机构主导的大型文献数字化项目，地域涵盖中国、美国和欧洲。

6.2.2 调查内容

本调查的内容分为两个方面：一是调查大型文献数字化项目的信息资源整合范围，以此来判断所需的信息资源整合方式；二是调查大型文献数字化项目的信息资源整合技术，根据信息资源整合的目的选择合适的整合技术，可以有效提升整合效果。通过对不同类型的大型文献数字化项目针对不同的需要所采取的信息资源整合技术的调查，可以方便其他大型文献数字化项目开展信息资源整合时，根据自身的发展水平做出合理的判断。

6.2.3 调查结果

（1）大型文献数字化项目信息资源整合的范围

信息资源整合的范围决定了信息资源整合的方式和信息资源整合技术。如果信息资源的整合范围局限于机构内部，即是对本地信息资源及服务的整合，则不存在分布存储、信息资源异构等障碍，所以也不需要建立跨平台操作机制或是分布式信息资源传递标准等，只需要采用相对简单的信息资源整合工具，在得到相关部门批准的前提下，或是由主管机构统一协调组织，建立各类资源和服务之间的链接即可实现。如果信息资源整合的范围扩展到机构外部，则需采用相对复杂的信息资源整合方式与技术。首先需要得到资源所有方的许可，特别是整合对象为商业数据库时，获取数据库商的许可非常困难。而如果整合对象为开放获取资源，则需要配置专人从事相关信息资源的搜集与整理。

笔者通过调查发现，大型文献数字化项目目前主要处于数字化加工阶段，信息组织活动刚刚起步，对信息资源的整合力度不够。目前，知名的大型文献数字化项目信息资源整合的范围主要是针对机构内部，如"美国记忆"将其生产的数字资源与 LC 拥有的原始文献进行整合。这主要是因为原始文献在数字化加工之前，已经进行规范化处理，其信息资源描述成果如 MARC 记录等可以通过简单修改直接用于数字资源的描述，这就为信息资源整合奠定了基础。另外，原始资源与数字资源虽然类型不同，但是性质是一样的，所以整合时的障碍相对较少。此外参建机构通常拥有原始文献的信息组织成果的所有权，相较于与其他机构拥有的资源链接时还需要经过协商而言，过程更为简单。

另外，少量大型文献数字化项目的整合范围扩展到其合作机构，这主要是由大型文献数字化项目参加机构多元化的特征决定的，尤其是那些联合已建成的数字化项目而建立联盟性质的大型文献数字化项目，为了保证各类分布、异构性资源的可用、易用，必须采取必要的信息资源整合方式与技术。以 HaithTrust 为代表的联盟型大型文献数字化项目，利用元数据采集、网络检索协议、跨平台传输协议等标准实现了信息资源整合。

由于网络资源的内容描述标准及表现形式不一致、动态性强、质量难以保证，还需要配置专门的工作人员进行采集和整理，整合的难度较高，所以，外部网络资源尚未成为现有大型文献数字化项目的信息资源的整合范围；随着信息资源整合方式的丰富和整合技术的进步，针对网络资源的整合会进一步加强。

（2）大型文献数字化项目信息资源整合的技术

参照上文对信息资源整合范围的分析，大型文献数字化项目分别采取了不同的信息资源整合技术，如元数据互操作、Mashup、OPAC2.0、信息检察协议、关联技术等。

应用最多的信息资源整合技术为元数据互操作技术和OPAC2.0，所有被调查的大型文献数字化项目均采用了这两种技术。就元数据操作技术而言，其又可以细分为两种类型：一是通过元数据补充的方式，这主要是通过对个别字段的修改，实现原始文献的书目数据的复用。二是利用元数据互操作技术，将原始文献的书目数据如MARC与大型文献数字化项目自建的元数据标准进行映射，通过转换获取数字资源描述成果。这两种方式共用相同的信息资源描述成果，可以轻松地实现原始文献与数字资源的链接。就OPAC2.0技术而言，目前在大型文献数字化项目中，所获取的有助于信息组织的资源主要还是书目信息，而且很多数字对象的书目信息和原始文献的书目信息存在交叉性，所以通过OPAC2.0技术可以将数字资源的相关书目信息纳入书目数据库中，提供统一检索。如加州数字图书馆将通过大型文献数字化项目获取的数字资源整合到多个书目数据库中如Melvyl和Worldcat中，如果该图书拥有数字版本，在其书目记录中就会显示，并提供相关页面的预览。

书内检索、门户构建技术和元数据采集技术也是大型文献数字化项目常用的信息资源整合技术，87.5%的受访的大型文献数字化项目采用了以上技术。其中，书内检索主要是通过增加检索功能实现信息资源整合。大型文献数字化项目对原始文献进行数字化加工后，会获得相应的数字版本，如果再重新进行文字录入或是OCR文字识别，就可以获取相应的可检索的数字文档，而将这些文档作为原始文献的信息检索对象，即实现了两种类型信息资源的链接。这种"书内检索"的功能有的出现在具体的检索结果里，有的则会在数据库中统一设置。门户构建技术主要是为了方便信息资源的一站式获取。有的大型文献数字化项目会建立专门的网站或是提供统一的信息检索入口如 CADAL；有的项目则会将这些数字资源作为其馆藏的重要部分，通过建立专门数据库提供给用户使用；而有的项目则会结合数字资源的内容特征和用户需求，将数字资源与参建机构拥有的其他资源进行重新配置，形成学科信息门户或是知识库等。"美国记忆"根据数字资源的内容特征，将 900多万件数字资源分成 18 个主题门类，如"文学""科技"等。元数据采集技术是大型文献数字化项目在实现数字资源共享过程主要采用的技术之一，其中最常用的就是基于 OAI－PMH 协议的元数据采集，如 HaithTrust；有的项目如 CADAL 则通过 IP 网络传递的方式采集元数据，整理后提供资源共享。

另外，Mashup 技术和网络检索协议等技术的应用率也超过半数。62.5%的被调查的大型文献数字化项目应用 Mashup 技术，提供 API 供其他用户获取，并且通过调用其他机构的 API 来整合所需要的信息资源。如 Google 为了提高信息资源描述的质量，获取了超过 100 家书目信息供应方的书目记录，其中很多就是通过调用相关机构的 API 实现的，如通过调用 Worldcat 的 API，Google 可以获取 Worldcat 中几乎全部的书目信息。网络检索协议也是大型文献数字化项目经常采用的资源共享技术之一，通过设置资源获取端口，基于 Z39.50、SRW/SRU 等协议都可以达到资源获取的效果。此外，也有很多项目通过信息链接技术来实现参建机构之间资源的共享，如加州数字图书馆生产的数字资源就通过 SFX 与 HaithTrust 进行链接，同时与项目的其他合作方进行共享。

除此之外，个别大型文献数字化项目还应用了目录添加技术、特色服务链接技术、关联数据技术等，虽然由于其普及率不高，但作为新兴的信息资源整合技术，随着技术的进步和内外环境的完善，其应用范围也会相应扩大。

通过这些调查，可以帮助本研究掌握大型文献数字化信息资源整合领域常用的方法和技术，为下文的研究奠定基础。

6.3　大型文献数字化项目的信息资源整合技术

经过近30年的发展，信息资源整合技术和标准规范已有了全面的发展与创新，这些信息整合的标准规范和新技术同样也适用于大型文献数字化项目信息资源整合，而且已与大型文献数字化项目的信息资源整合实践紧密结合。

彭洁等根据我国信息资源整合的发展态势，利用"技术成熟度曲线（Hype Cycle）"[①]，如图6-1所示，将信息资源整合技术的成熟度以及未来的发展轨迹进行分析。

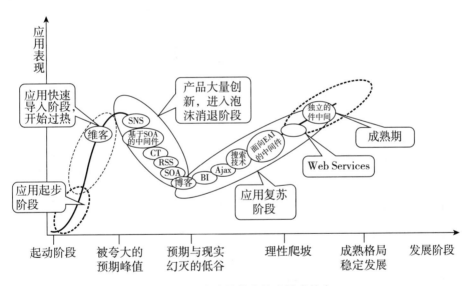

图6-1　信息资源整合技术的成熟度

注：本图来源于《信息资源整合技术》[②]。

---

① Gartner. Hype cycle[EB/OL].[2010-11-18]. http://www.gartner.com/technology/research/methodologies/hype-cycle.jsp.

② 彭洁,赵辉,齐娜.信息资源整合技术[M].北京:科学技术文献出版社,2008.

表6-1 国内外8个大型文献数字化项目信息资源整合的调查结果

项目名称＼技术	元数据操作	添加目录	书内检索	OPAC	特色服务链接	建立特色门户	标准化协作	元数据采集	信息检索协议	信息链接	Mashup	关联数据
CADAL①	√	√	√	√		√	√	√	√	√		
中国国家图书馆数字图书馆工程②	√	√	√	√	√	√	√	√	√	√		
美国记忆	√	√	√	√	√	√	√	√				
Google book search	√		√	√		√		√			√	
Europeana	√			√		√		√	√	√	√	√
Open Library	√	√	√	√		√					√	
HaithTrust	√	√	√	√		√		√	√	√	√	
CDL	√		√	√			√	√	√		√	
百分比	100.0%	50.0%	87.5%	100.0%	37.5%	87.5%	50.0%	87.5%	62.5%	50.0%	62.5%	12.5%

注：本表是笔者根据调查分析制作，所占比例＝应用该技术的大型文献数字化项目数量/被调查的大型文献数字化项目的总数量。

① CADAL. CADAL 元数据规范草案（Version 2.0）[R/OL].[2010-11-18]. http://www.cadal.cn/cnc/cn/jsgf/CADAL_metadata_2004.pdf.

② 北京大学图书馆.国家图书馆核心元数据标准[R/OL].[2010-12-18].www.nlc.gov.cn/sztsg/2qgc/sjym/files/2.pdf.

通过对 Hype 曲线各阶段的特征进行分析，目前我国信息资源整合技术发展态势如下：社会化网络技术处在应用快速导入阶段，应用大量涌现出来，技术在成熟的过程中，面临被夸大的峰值的风险。社会化网络软件（Social Networking Service，SNS）、丰富站点摘要（Rich Site Summary，RSS）、Blog、协同技术（Collaborative Technology，CT）、面向服务的体系结构（Service - oriented Architecture，SOA），以及基于 SOA 架构的中间件技术处在泡沫消退阶段。在这个阶段，一方面技术大量创新，用户认知趋于理性，市场呈现暂时萎缩状态。另一方面，根据 Hype 曲线描述的规律，处在峰值附近的技术距离成熟期将有 5—10 年时间，处在低谷接近处的技术距离成熟期将有 1—5 年的时间。如 SOA 技术、CT 技术、Blog 技术、RSS 技术已经接近于泡沫消退期晚期，将很快进入良性发展的阶段。从总体上看，目前我国信息资源整合技术除少数处于成熟阶段外，大多数都在发展中，其发展过程的两条主线，一是围绕互联网信息资源的共享和利用而发展起来的，如搜索技术、RSS 技术、博客技术、维客技术、SNS 技术等。另一条是围绕解决机构内部信息资源整合而发展起来的，如中间件技术、SOA、数据交换技术、数据仓库、数据挖掘、CT 协同技术以及 Web Services 技术等。近年来，基于互联网的技术逐渐被整合利用，并以 Web2.0 网站的形式为大众提供服务。而机构内部的信息资源整合正在融合 SOA、Web Services 技术，通过 EAI、资源共享平台被整合利用①。

具体到大型文献数字化项目信息资源整合领域，适用的信息资源整合技术包括中间件技术、语义网技术和 Web Service 技术、Mashup、关联数据等，它们可以有效解决信息孤岛问题，实现跨网络、跨平台、跨应用、异构数据和其他信息的整合。

6.3.1 中间件技术

中间件是一种独立的系统软件或服务程序，在操作系统、网络和数据库之上，支持应用软件开发和运行的系统软件。中间件为分布式应用提供了一个标准的平台，使得应用软件开发和运行能够独立于特定的计算机硬件和操

---

① 彭洁,赵辉,齐娜.信息资源整合技术[M].北京:科学技术文献出版社,2008:36 - 37.

作系统平台，实现机构应用系统的集成。中间件的位置和作用如图6－2所示。

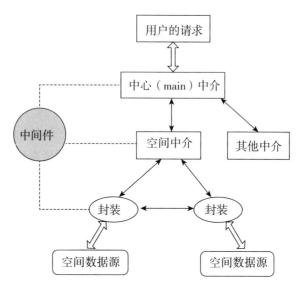

图6－2　中间件的位置与作用

注：本图来自于《数字信息资源整合策略与服务共享模式研究》①。

中间件是基于分布式处理的软件，支持分布式计算、支持标准的协议、支持标准的接口；能够保障应用信息的稳定和完整传递，使不同业务构件在异构网络中互连互通，实现分布式应用的顺利部署，从而实现异构系统的信息整合。

中间件技术在信息资源整合过程中的主要作用为封装和转换：一是在信息资源整合初始阶段，需要对分布式数据库进行分析、抽取，建立统一的全局数据模式。通过封装器以统一的格式抽取分布异构数据源的数据，并将抽取的结果提交给模式转换器，再根据预先定义对应转换规则，将异构数据模式映射为统一数据模式。二是翻译与转换，翻译是指将用户的请求从中间件的"语言"翻译成数据源的"语言"；转换是指将数据源提供的结果转换为

---

① 沈涌.数字信息资源整合策略与服务共享模式研究[D].长春:吉林大学,2009:107.

中间件能够识别的格式①。

目前，大型文献数字化项目基于中间件技术开展信息资源整合主要体现在：采用"通用对象请求代理结构"技术和 XML 技术实现不同数字化项目生产的异构数据资源的集成与整合；利用射频识别技术（Radio Frequency Identification，RFID）作为中间件，通过规范和统一分布式的中间件接口实现信息资源整合；利用 SOA、Web Service、网格中间件等框架，开展面向服务的整合。

6.3.2 跨库检索技术

由于大型文献数字化项目建设的初期成果大多以特色专题数据库的形式呈现，而要实现大范围的整合利用，必然需要采用跨库检索技术将各个现有的数据库进行互联。

跨库检索就是将孤立的、松散的服务和系统进行集成，建立一个具有"统一检索界面、统一结果整合输出界面的、多个远程异构数据源联合的、安全权限的、开放通用的、集成管理的"跨库检索系统②，从而方便用户的使用，提高信息资源的获取效率。跨库检索异构数据库的方法是建立一个新的应用，把多个检索请求整合到统一检索平台内，将用户的检索请求转化为不同数据库的检索表达式并发地检索多个分布式异构数据库，并对检索结果进行整合、去重和排序后呈现给用户。

跨库检索技术需要从以下 4 个方面实现：首先是检索界面整合。由于许多数字资源检索界面存在一定的相似性，可在统一用户查询界面中共享多个网络资源的索引技术和检索技术。检索界面整合仅仅是建立一个代理检索界面来接受用户的检索查询请求，并将这些查询请求转换成相应数字资源系统的检索方法和查询语言，并可以将各个资源系统返回的检索结果进行排序和整合，并没有实现底层数据库的整合。其次需要确保底层元数据的互通共用，最有效的方式是建立一套各个异构数据库通用的核心元数

① 毕强,陈晓美.数字资源建设与管理[M].北京:科学出版社,2010:84.
② 薛亮.网络环境下跨库检索的研究与实现[D].西安:西安交通大学,2003:5.

据标准，通常采用重要的元数据标准之间映射的方式。再次需要实现异构数据库互连，通过安装透明网关服务、配置透明网关实例的初始化参数、配置异构 SQL Server 数据库的监听、配置网络服务名等程序，实现对不同网络环境下不同操作系统支持的数据库管理系统进行透明的数据集成，达到异构数据库之间的数据共享①。如果信息资源整合的数据库是基于网络的，就不能仅仅进行数据库内部配置的调整，而应该建立一个联合检索平台，用以集中处理在若干个数据库检索系统中的用户请求，其核心环节是确保用户的检索请求能够被检索平台清楚地理解并且在各个分布式信息资源数据库中准确的执行。

6.3.3 信息链接技术

信息链接即指采用一定的技术手段（如超文本链接技术），将信息实体间及信息实体基本属性间的内在关系组成一个有机统一体的资源整合方式②。*Library Journal* 统计表明全球 500 多家图书馆采用整合系统；3000 多家图书馆采用开放链接系统，8000 多家图书馆采用集成管理系统。大型文献数字化项目信息资源整合中采用信息链接技术，基于资源实体间的关系，将数字资源与其原始资源进行对接；基于资源属性间的内在关系，实现大型数字化项目建设的信息资源与机构拥有的其他资源和服务进行关联，从而形成统一的资源集合。其中揭示的主要关系有引证关系、级次关系、载体关系、版本关系等。

张晓林将信息链接细化为三种具体的形态：封闭式静态链接、开放式静态链接和开放式动态链接③。马文峰④、黄晓斌⑤、姜爱蓉⑥等学者在此基础

---

① 郭东恩,沈燕.ORACLE 透明网关技术实现异构数据库互连[J].电脑开发与应用,2008(9):58-59,63.

② 马文峰,杜小勇.信息资源整合:理论、方法及应用[M].北京:北京图书馆出版社,2007:135.

③ 张晓林.开放数字环境下的参考文献链接[J].现代图书情报技术,2002(1):9-13.

④ 马文峰,杜小勇.数字资源整合的发展趋势[J].图书情报工作,2007(7):66-70.

⑤ 黄晓斌,夏明春.数字资源整合方式的比较与选择[J].情报科学,2005(5):690-695.

⑥ 姜爱蓉,黄美君,窦天芳.数字资源整合与信息门户建设——清华大学图书馆的探索与实践[J].现代图书情报技术,2006(11):2-6.

上对其链接机理、基本特征及主要应用发展进行了探讨。总体而言，信息链接技术主要是采用超文本链接技术，根据参考文献间相关关系，构建链接源和链接宿之间的关系链条，将不同类型、不同级次、不同载体的信息有机地编织成信息网络，实现关联资源的"一站式"获取。

封闭式静态链接主要针对本地存储和控制的信息链接点，链接源和链接宿之间是一一对应的关系。这种链接技术可以保证链接的准确率，但是也会导致链接数据源有限，链接范围不广等问题。该技术适用于自建或自行出版或控制的数据库中的信息资源整合，如大型文献数字化项目所建立的数据库内部，可以通过资源之间的参考、引用等引证关系进行链接。另外可以借助"文献、机构、人名"等主要链接点，实现对大型文献数字化项目的各类型文献资源如图书、学位论文、图片、报纸之间的链接。

开放式静态链接将链接的范围扩展到本地范围之外的信息源，但链接源和链接宿之间仍然是一一对应的关系。开放式静态链接可以通过不同资源集合间互相提供链接对象的 URL 或唯一标识符，借助一致的数据描述和传输标准，进行资源链接。开放式静态链接作为与外部资源整合的一种方式，更多倾向与结构化数据资源集合的互联。在大型文献数字化项目中，可用以实现项目生成的数字资源数据库与馆藏目录数据库、事实性文献数据库、原始文献数据库的链接，是实现参加机构内部信息资源整合的有效途径。

开放式动态链接如基于 OpenURL 开放式统一协议链接系统，是一种附带有元数据信息和资源地址信息的"可运行"的 URL。由服务提供方维护的链接解析器依照规则动态生成开放链接的 URL，实现资源之间一对一，一对多的"恰当"链接，对文献之间错综复杂的关系进行有序的动态管理和链接，如图 6 - 3 所示，在原有的封闭式链接方式基础上，增加了 OpenURL，利用 OpenURL 服务器进行资源间的动态管理和链接。OpenURL 的基本原理是：在 OpenURL 框架中定义一种称为"上下文对象（Context Object）"的信息结构，该信息结构包含了 6 类信息实体：被参考资源（Referent）、参考者（Referent Entity）、请求者（Requester）、服务类型（Service Type）、链接服务器（Resolver）、上下文对象产生者（Referrer）。通过对这 6 类信息实体的描述，对链接的上下文环境进行描述。OpenURL 规定链接源不直接指向链接对象，而是由第三方链接服务器（Link Server）作为用户与所需求资源之间的中介。链接服务器接受链接源传送来的 OpenURL，通过唯一标识符解析其内容，建立对上下文对象的描述，动态选择合适的链接目标，从而使链接源和链接对象处在一个开放式互联框架内。不同资源系统中各类资源，只要符合 OpenURL 框架，均可很方便地实现多种资源的链接①。据国内粗略统计，近 200 家图书馆采用整合系统；近 100 家图书馆采用开放链接系统；超过 6000 家图书馆采用集成管理系统②。大型文献数字化项目利用开放式动态链接 OpenURL，可以整合非结构化数据源，扩大整合的范围，但同时也应保证链接解析器的更新维护，以及链接层次的一致性。

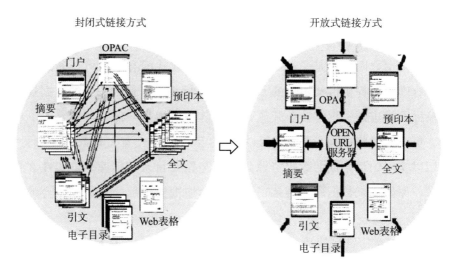

图 6 - 3　封闭式链接方式与开放式链接方式的对比

注：本图是笔者根据《资源整合与门户建设》③整理而成。

① 马文峰,杜小勇.信息资源整合:理论、方法及应用[M].北京:北京图书馆出版社,2007.

②③ 姜爱荣.资源整合与门户建设[R/OL].[2018 - 04 - 18].http://webapp.lib.tsinghua.edu.cn:8090/meeting/ppt/jiangairong.pdf.

6.3.4 Mashup 技术

Mashup 技术是一种网络聚合应用（Web Application Hybrid），是指把来自两个或多个外部资源的数据或功能整合起来创建一项新服务的网页或 Web应用程序①。Mashup 主要包含 3 层架构，分别是内容提供者、Mashup 服务器和客户端浏览器。其中内容提供者负责提供 Mashup 集成的信息内容，通常以API 的形式进行调用。Mashup 服务器对所获得的或者是自有的资源和服务进行封装，形成标准组件并进行管理，同时响应来自 Mashup 应用方的应用程序对于资源、服务的开放调用。Mashup 应用者选择、调用相关资源，并将其融合到自己的门户或其他应用系统中，并通过客户端浏览器呈现出 Mashup 应用结果。

在 Mashup 三元模型的基础之上，创建一个 Mashup 应用的基本流程是：首先，Mashup 服务器提供各种服务的列表。因为资源及服务提供者所提供服务的差异性，需要由 Mashup 组件创建者选择相关的服务并封装成标准的组件接口，这就需要 Mashup 资源获取技术和 Mashup 表示层组件技术的支持。其次，Mashup 服务器建立 Mashup 组件库，并发布和管理这些组件。Mashup 服务器负责 Mashup 组件的注册、发布、服务代理以及支持第三方组件调用，这都需要 Mashup 服务器技术的支持。最后，Mashup 应用者从 Mashup 服务器中选择相关的标准组件，在服务器端和浏览器端进行融合，涉及客户端脚本和服务端程序语言的编程，应用者可以选择某一种 Mashup 工具创建出一个Mashup 应用，这需要 Mashup 融汇组织技术的支持②，如图 6 - 4 所示。参考目前 Mashup 技术的研究与实践，Mashup 组件创建者将其相关的服务与资源封装成标准的组件结构，主要是应用程序接口（Application Programming Inter-face，API）的形式，而 Mashup 应用者在使用过程中也是通过调用封装好的API 进行新资源与服务的创建。

---

① Mashup[EB/OL].[2018 - 04 - 09]. http://en. wikipedia. org/wiki/Mashup_(web_application_hybrid).

② 李锋,李春旺. Mashup 关键技术研究[J]. 现代图书情报技术,2009(1):444 - 449.

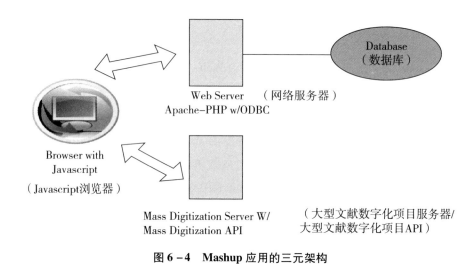

图 6 - 4　Mashup 应用的三元架构

注：本图是笔者根据 Mashup 应用流程绘制而成。

与前文所提到的传统数据集成技术相比，Mashup 技术具有很多新的特点：首先，对平台与系统的要求不高。传统的系统集成需要对网关服务、内置参数设置、服务器监听等方面进行配置，而且不同环境和不同操作系统的具体要求又有很大区别，需要进行统一化处理，整合过程非常复杂；而 Mashup 技术则只需要通过封装、调用、解析等步骤就可以实现对服务和数据的集成，并支持 Mashup 应用者因情境变化而产生的新的需求。其次，在对新特性和新功能的支持与扩展方面，传统的数据集成通常需要在表示层、业务逻辑层、数据存储层，通过编程的方式进行扩展，由于体系结构明确且逻辑性强，可扩展性差。相较而言，Mashup 技术直接使用基于松散耦合的 REST Web Service 创建新的特性与功能。Web Service 利用 XML 解决数据结构、程序结构、操作系统、硬件平台的统一与集成；其供应商还提供免费工具箱，方便开发者快速创建和部署，并通过 Web Service 进行发布；而服务请求者查找并且使用服务描述中的绑定细节来定位、联系并调用服务，增加开放性和兼容性。再次，对于集成技术而言，传统的数据集成多采用多层企业应用基础技术，强调对业务过程、应用和数据不同层次的集成，而且在显示方面，需要加载整个页面；Mashup 技术则采用 SOA 技术，以 Web Service 形式包装统一格式的机构，形成模块化的松散耦合；在用户请求的表现过程中采用

Ajax 技术调用应用程序，不需要重新加载整个页面，动态性强。最后，相较于信息链接的整合技术，Mashup 技术可以实现内容聚合。信息链接技术是将信息实体间的内在关系进行整合，主要还是基于 HTML 页面，由服务器端进行数据传递，通常多应用于文本资源，且难以表达多类型信息源之间的复杂关系，难以从内容层面进行深度整合。而 Mashup 技术利用客户端浏览器上的内容聚合，构建了丰富的数据模型和数据界面，数据能够缓存在客户端上，从而缩短了交互的响应时间，而且可以实现个性化的信息资源整合。

6.3.5 关联数据

关联数据用来在语义网中使用 URI 和 RDF 发布、分享、连接各类数据、信息和知识①。通俗来讲，关联数据是一组最佳实践的集合，它采用 RDF 数据模型，利用统一资源标识符（URI）命名数据实体，来发布和部署实例数据和类数据，从而可以通过 HTTP 协议揭示并获取这些数据，同时强调数据的相互关联、相互联系以及有益于人机理解的语境信息②。

关联数据在大型文献数字化项目信息资源整合中的应用主要关注如何采用 RDF 数据模型进行描述，如何利用 URI 进行数据实体命名并进行 Web 发布，如何对关联数据进行检索获取，如何实现关联数据的整合应用。

大型文献数字化项目利用关联数据开展信息组织，主要着力于信息资源描述揭示和信息资源整合。大型文献数字化项目是对原始文献的数字拷贝，相当于赋予了非数字资源第二次生命。通过数字化方式所获取的数字资源以 RDF 描述，通过 URI 命名并实现链接，进一步细化信息资源描述与揭示的粒度。信息资源揭示粒度的细化也为数据层面的信息资源整合奠定了基础。本书在之前探讨的诸如中间件方式、信息链方式等都是基于文档和程序的链接，尚未深入到数据内容的层次。通过关联数据开展信息资源整合是未来发展的方向。

---

① Linked data definition[EB/OL].[2018 – 04 – 22].http://en.wikipedia.org/wiki/Linked_Data.

② Linked data FAQ[EB/OL].[2018 – 04 – 19].http://structureddynamics.com/.

6.4　大型文献数字化项目信息资源整合的实现方式

基于对大型文献数字化项目信息资源整合的主体与对象的特点的系统分析，大型文献数字化项目信息资源整合应该从 3 个层面着手：一是实现参建机构内部的信息资源整合，二是实现参建机构之间的信息资源整合，三是与外部网络资源进行整合。

6.4.1　面向参建机构内部的信息资源整合

面向参加机构内部的信息资源整合是要将大型文献数字化项目参建机构拥有的，所有与数字化项目相关的信息资源实现集成，如提供给数字化项目作为母本的印刷型文献、原始资源的信息组织成果如 MARC 数据、数字化加工过程中所涉及的技术信息和管理信息等。经过分析与归纳，要实现面向参建机构内部的信息资源整合，首先要与原始文献进行链接，其次要与参建机构内部其他资源与服务实现集成。

（1）与原始文献进行整合

大型文献数字化项目所生产的数字资源要与其原始资源进行链接整合，需要借助于已有的信息组织成果。其中主要的依赖于原始文献的书目记录，通过对元数据的补充、互操作等方式实现。另外通过增加数字资源书目数据的功能，如添加内容目录（Table of Content，ToC）、书内检索等，实现数字资源与原始资源的链接。

1）元数据的补充

元数据是信息资源组织的主要成果，无论对原始文献还是数字资源都具有重要的意义，是描述、揭示、组织和整合信息资源的重要方式。对于大型文献数字化项目而言，数字化加工的过程需要先进数字化技术的支持以及人力、财力的投入，这就使得很多文献资源保存机构无法独立开展大型文献数字化项目。同样，对于生成的数字资源进行重新描述揭示也是一项极其艰巨的任务，文化遗产保护机构即便拥有一定的信息组织能力，也面临人力、物力和财力的多重压力。所以很多大型文献数字化项目的参建机构通常利用数字对象相对应的原始文献的书目记录作为数字资源的元数据，以节省花费，同时也实现了原始资源与数字资源的链接。加拿大国家图书馆档案馆（Library and Archives Canada，LAC）早在 20 世纪 90 年代就开展了数字化项目，曾对地图等个别馆藏项目进行数字化。2007 年开始 LAC 承担了将其馆藏进行海量数字化的项目，这些项目中的很大一部分要与其他机构合作完成，如加拿大公报（加拿大官方政府出版物机构）、国会议事录（国会事务的文字记录）、加拿大年鉴（由加拿大统计机构出版）和许多关键的人口普查项目。数字化面临很多挑战，包括资金、管理、如何挑选进行数字化的资料、与数字化专业人员的协作、对版权的尊重、设计一个有效的实际操作方法等。LAC 数字化项目的主要要求是：将有效的元数据与所有的数字化书目联系起来，以便用户能够找到他们想要的东西。

因为数字化的文献大多数情况下是从 LAC 的馆藏中挑选出来用于复制。所以这些馆藏都相应存在一条优质的书目记录。LAC 的大型文献数字化项目的数字出版物的资源描述政策建议数字化了的版本简单地加入到已经存在的原始文献的记录中。虽然这种单一的记录方法与标准著录规则所要求的"每种格式要求一个单独的记录"并不一致，与国家书目通常的要求也不一致。但是，LAC 看到一种性价比高的方法，它通过创造简化了的书目记录和最新的"一站式"搜索体验为终端用户带来了显而易见的便利①。

另外，有的大型文献数字化项目也会通过在 MARC 相应字段中进行补充的方式，实现数字资源与原始文献的链接，常被用到的字段是 MARC 的 856 字段、215 字段、505 字段等。其中 856 字段用以标注数字资源的地址，通常在此添加数字资源的具体位置（以 URL 的形式表示），就可将两种资源实现链接。另外，215 字段表示资源的载体形态，在此字段添加附件说明，如"该书有电子版"，也可以表示数字资源的存在，同时可以套用原始文献的 MARC 记录。美国国会图书馆将其数字化的图书目录页面直接添加至 MARC 的 505 字段，这样用户在信息检索的过程中，查看 MARC 数据就可以直接显示该资源目录的数字图片，从而将数字化成果有效地应用于原始资源的描述

---

① MCKEEN L. Canadiana：the national bibliography for Canada in the digital age［R/OL］. ［2018－04－22］. http：//archive. ifla. org/IV/ifla74/papers/162－McKeen－en. pdf.

和检索过程中。对使用 DC 元数据著录的原始文献资源，在数字化过程中同样可以利用已著录的 DC 元数据，只需要对某些具体元素进行重新著录，如相关馆藏/项目、贡献者、日期等。

2）底层元数据的互操作

MARC 记录作为一种长期使用的信息资源描述方式，对文化遗产保护机构的影响力非常深远。DC 等元数据出现之后，信息资源描述方式开始出现多元化局面，但是仍有很大一部分资源，尤其是一些历史悠久、具有珍贵史料价值的文献仍采用 MARC 进行资源描述。而在数字环境中，采用 DC 等元数据进行信息资源描述与组织更符合环境和自身发展的需要。所以，很多大型文献数字化项目在进行信息资源描述与组织的过程中通常采用 DC 元数据。要实现利用 DC 元数据描述的数字资源与利用 MARC 描述的原始资源之间的链接，并对已有的信息组织成果进行合理地利用，就必须建立底层元数据的互操作机制，通过元数据的映射实现两种资源的整合。在底层元数据的互操作方面，大型文献数字化项目首要关注的是该项目采用的元数据标准与几种主要的元数据标准之间的映射。如欧洲数字图书馆所采用的元数据标准为 TEL，与 MARC、UNMARC 之间建立了映射，如表 6-2；Open Library 的元数据 Infogami 与 DC Metadata 之间建立了映射，如表 6-3。

表 6-2　欧洲数字图书馆元数据标准 TEL 与 MARC 之间的映射

TEL	MARC21
title	245
alternative	130，210，222，240，242，246，730，740
creator	
contributor	100，110，111，700，710，711，720
publisher	260 \$a \$b \$c
subject	600，610，611，630，650 2^{nd}indicator 1，3，4，5，6，7 653
subject（LCSH） subject（MeSH）	600，610，611，630，650 2^{nd}indicator 0 600，610，611，630，650 2^{nd}indicator 2
format	856 \$q

续表

TEL	MARC21
extent	300，533 $e
medium	340 $a
recordSchema	
identifier（ISBN） identifier（ISSN） identifier（SICI） identifier（CODEN） identifier（URI）	020 022 024 1ind. 4 030 856 $u
source	786 $o $t $w
language（ISO639－2）	008/35－37 041 546
relation	770，772，787
isPartOf isPartOf（URI）	760 $n $t，773 $n $t，777 $n $t 440，490，800，810，811，830 760 $o，773 $o
hasPart hasPart（URI）	774 $n $t，762 $n $t 774 $o，762 $o
＊＊isVersionOf ＊＊isVersionOf（URI）	765 $n $t，767 $n $t，775 $n $t 765 $o，767 $o，775 $o
＊＊isFormatOf ＊＊isFormatOf（URI）	530 $a，776 $n $t 530 $u，776 $o
hasFormat hasFormat（URI）	530 $a 530 $u
＊＊isReplacedBy ＊＊isReplacedBy（URI）	785 $n $t 785 $o
＊＊Replaces ＊＊Replaces（URI）	780 $n，$t 780 $o
＊＊requires	538

续表

TEL	MARC21
＊＊isReferencedBy	510 581
spatial	043 $c 255 522 650 $z，651 752
temporal	033 $a，513 $b
rights	506，540
audience	008/22 521
location	852
recordId	001

注：本表由笔者根据欧洲数字图书馆元数据标准[①]整理制作。

表6－3 Open Library 的元数据标准 infogami 与 DC 元数据标准之间的映射

Infogami	DC 元素	DC－URI
author	dcterms：creator	http：//purl. org/dc/terms/creator
contributions	dcterms：contributor	http：//purl. org/dc/terms/contributor
title	dcterms：title	http：//purl. org/dc/terms/title
subtitle	dcterms：title	http：//purl. org/dc/terms/title
by_statement		
physical_format	dcterms：format	http：//purl. org/dc/terms/format
other_titles	dcterms：alternative	http：//purl. org/dc/terms/alternative
work_title	dcterms：alternative	http：//purl. org/dc/terms/alternative
edition		

---

① EDL. European library metadata［EB/OL］.［2018－04－29］. http：//www. theeuropeanli-
brary. org/portal/organisation/handbook/display_en. html.

续表

Infogami	DC 元素	DC – URI
publisher	dcterms：publisher	http：//purl. org/dc/terms/publisher
publish_place	dcterms：publisher	http：//purl. org/dc/terms/publisher
pagination	dcterms：extent	http：//purl. org/dc/terms/extent
number_of_pages	dcterms：extent	http：//purl. org/dc/terms/extent
dewey_decimal_class	dcterms：subject	http：//purl. org/dc/terms/subject
subject	dcterms：subject	http：//purl. org/dc/terms/subject
subject_place	dcterms：coverage	http：//purl. org/dc/terms/coverage
subject_time	dcterms：coverage	http：//purl. org/dc/terms/coverage
genre	dcterms：type	http：//purl. org/dc/terms/type
series		
description	dcterms：description	http：//purl. org/dc/terms/description
table_of_contents	dcterms：tableOfContents	http：//purl. org/dc/terms/tableOfContents
notes	dcterms：description	Http：//purl. org/dc/terms/description
LC_classification	dcterms：subject	http：//purl. org/dc/terms/subject
ISBN	dcterms：identifier	http：//purl. org/dc/terms/identifier
LCCN	dcterms：identifier	http：//purl. org/dc/terms/identifier
URL		
source_record_loc		
source_record_id		
publish_date	dcterms：date	http：//purl. org/dc/terms/date
publish_country		
language	dcterms：language	http：//purl. org/dc/terms/language

注：本表是笔者根据 Open Library 元数据标准[①]整理制作的。

---

① Open Library. Open library metadata［EB/OL］.［2018 – 04 – 27］. http：//openlibrary. org/a-bout/infogami – dc.

3）添加 ToC

随着信息技术的发展，用户的信息需求也相应提高，他们愈发期望对图书和其他文献资源简单和全文的检索，并且期望获得关于图书的更多相关信息①。而大型文献数字化项目通过对印刷型资源的数字化处理，实现了非数字化资源的方便利用，从而满足用户全文检索的要求。如何有效揭示全文数字资源成为文献提供机构面临的问题之一。其中，通过丰富原始文献书目描述是一种有效的途径。美国明尼苏达州圣保罗和明尼阿波利斯大学图书馆联盟（Cooperating Libraries in Consortium，CLIC）的 8 家成员馆采用在书目数据中添加 ToC，通过增加目录、总结、摘要等方式，为图书等文献资源提供更多的检索点。目录、总结和摘要的获取主要通过数字化的方式，将扫描后的目录页面进行 OCR 文字识别再添加至相应的位置。通过这种方式将原始资源与数字资源进行链接，虽然需要一定的花费，大约每条目录需要 1.05 美元，但是通过调查发现，利用数字化丰富原始文献的书目数据从而增强其检索功能，可以有效提高图书的流通率、为用户提供更多相关信息从而节约时间，并且提供了更多的检索途径方便文献资源的获取②。此外，Google 对数字化图书提供主要页面的浏览，读秀对每本数字图书提供一定数量的试读页等，都是将数字资源与原始文献资源链接的有效方式，也是提高资源使用率的有效途径。

4）书内检索

书内检索（Search Inside）是实现原始文献与数字资源链接的另一有效手段。对原始文献进行数字化后形成的数字资源有两个主要作用，即方便对珍贵资源的长期保存，方便对资源的检索利用。如果数字化后的资源仅以图片的形式进行保存或是附着于原始资源中，会大大降低数字资源在检索利用方面的作用。要充分发挥数字资源的作用可以对数字化后的资源进行 OCR 文字

① University of California libraries bibliographic services task force. Rethinking how we provide bibliographic services for the university of California, final report［R/OL］.［2018 - 04 - 23］. http://libraries. universityofcalifornia. edu/sopag/BSTF/Final. pdf.

② FAIKS A, RADERMACHER A, SHEEHAN A. What about the book? Googleizing the catalog with tables of contents［J］. Library Philosophy and Practice, 2007, 9（3）,1 - 12.

识别，使其成为可被全文检索的数字文本，从而丰富资源的数量和检索入口，保证书内检索功能的实现。这样用户在查找、借阅和购买图书时，除了通过浏览书目记录中的 Table of Content，还可以通过"书内检索"的功能，统计关键词的出现频率从而判断该书与用户需求的相关性。Amazon、Google、读秀等都提供了书内检索的功能，其前提是原始文献经过数字化和 OCR 识别，成为可检索的文本书档，不仅可以实现图书页面内容的检索还可以阅读某些相关的页面，通过书内检索的方式将两种资源捆绑成一个整体。

（2）与机构内其他资源与服务整合

实现大型文献数字化项目参建机构内部信息资源的整合，不仅要实现数字资源与原始文献资源的链接，更重要的是保证大型文献数字化项目所生产的资源不是一个孤立的资源，而要与参建机构内部其他的资源和服务进行融合，这样才能扩大数字资源的使用范围，实现大型文献数字化项目建设的初衷。与参建机构内部其他的资源与服务进行整合可以通过 OPAC2.0、与机构其他特色服务的链接以及建立学科信息门户、知识库等方式实现。

1）通过 OPAC2.0 的整合

通过 OPAC2.0 进行信息资源整合，主要是将大型数字化项目生产的数字资源与文化遗产保护机构的其他资源，通过 OPAC 进行链接，并与其他发现工具实现集成。美国国会图书馆认为改革图书馆目录的根本出路是实现 OPAC 与其他发现工具的集成。以图书馆为例，将馆藏资源如数字图书数据库、期刊、报纸、商业数据库等，利用中间件技术在目录中实现整合。澳大利亚国家图书馆通过 OPAC 将澳大利亚国家书目数据库 1900 万条、澳大利亚图片 160 万张、澳大利亚研究在线 30 万件、澳大利亚报纸（1803—1954 年）报纸文章全文、Pandora 澳大利亚重要网站存档复制品、NLA 手稿检索工具等资源进行了整合①。同样，通过对元数据的补充和复用，OPAC 也可以实现数字资源与原始文献的链接，其具体实现在此不再赘述。

2）与机构其他特色服务进行链接

数字化工作只是大型文献数字化项目参建机构工作内容的一部分，其长

---

① 编目精灵.澳大利亚国家图书馆的一站式发现服务［EB/OL］.［2018 – 04 – 24］. http://catwiz-ard. blogbus. com/logs/40247493. html.

久的生命力还存在于与机构其他服务功能的兼容整合。大型文献数字化项目本身就兼具长期保存和检索利用双重任务，而且其参与机构众多，参与目的各不相同。如图书馆、档案馆等文化遗产保护机构，其数字化的目的是在保护文献资源的基础上更好地提供利用。以图书馆为例，丰富的文献资源，无论是印刷型文献还是数字资源，都是图书馆服务的基础，图书馆的存在价值更多地体现在如何充分利用这些资源来开展深入细致的信息服务。大型文献数字化项目生产的数字资源可用于图书馆的参考咨询服务、全文传递、信息门户和个性化服务等。而 IT 机构在很大程度上是以此方式获取更多的资源，从而方便其其他业务的开展，如 Google 借助于 Google Book Search 项目成功地获取了大量珍贵的历史文献资源，并以此为契机开展了电子书业务。Google 在有效利用大型文献数字化项目生产的数字资源，并与机构其他服务整合方面堪称典范，如图 6 - 5 所示。

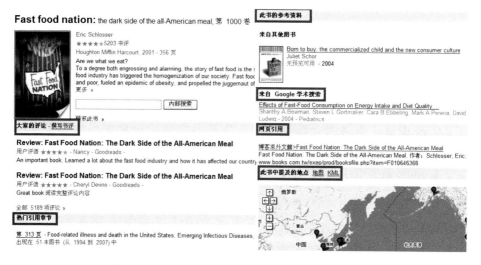

图 6 - 5 Google Book Search 中的资源与服务链接

注: 本表是笔者利用 Google Book Search 检索结果绘制。

通过 Google Book Search，可以获得来自 Google 网页的书评，以及来自 Google Scholar 和 Google Book 中该书的热门被引用章节、施引文献，将书中提到的地点通过 Google Map 显示，通过 Google Earth 了解其具体情况。在这个简单的整合过程中，将 Google 网页检索、Google Scholar（学术搜索），Google

Book Search（图书搜索）、Google Map（地图搜索）、Google Earth（地球搜索）等特殊服务实现链接。以书中出现的某个地点为例，该地点可以在Google 地图中显示，以及怎样到达这个地方，还可以保存到个人地图中。另外可以通过 Google 的语言工具实现语言转换，通过 Google 的统计分析工具和个性化工具，根据对过去数据的分析来显示路况，预报路况的拥堵日期和时间，实现个性化定制。同时还可以利用基于 Gmail 的 Google Buzz 与社会化网站链接，与社会化工具集成，如通过 YouTube、维基百科、网络摄像头等查看该地点更多的照片与视频。此外还可通过 Google Earth 查看该地的地形、3D 地图和卫星图片，并与 Google 生活进行整合，了解房屋出租或出售等房地产方面的信息，便于旅游和寻访。通过上述案例可以发现，大型文献数字化项目还具有很大的潜在价值，只有与相关的资源及服务结合，才能实现充分挖掘。

3）通过学科信息门户、知识库等方式实现整合

大型文献数字化项目还可以以学科或专题为主题，将文献、图像、研究文献、知识元等内容进行整合。文献数据库是将扫描生成的原始文献资源的数字版本录入数据库，从而建立全文数据库。图像数据库将相关的各种重要版本的扫描图像网络其中，便于专家学者比对，考镜源流。研究文献数据库是将所有类型的相关研究文献整合到数据库中，实现一站式检索，方便读者利用。知识元数据库是利用数据挖掘技术，从相关数据源中抽取各种实词，如人名、地名、书名等，理清此间关系，使用 XML 进行置标，建立语义词典，从而实现整个知识库检索系统中的后控检索和语义检索。利用上述方式开展的信息资源整合，兼顾了资源和服务两个领域。在对已获取的资源进行分类、加工、析取的基础上，形成针对特定领域的知识集合，这相较于不同类型文献资源之间的链接更进一步。而这些经过进一步整理的信息资源再借助于知识门户提供的特殊功能，实现分类目录浏览功能，简单、高级、智能等检索功能，检索策略管理、检索历史管理、收藏夹、信息定制及推送等个性化服务，以及 RSS 推送、学科论坛、用户推荐、用户反馈、资源更新、学科最新动态和用户评论等增值服务。在学科信息门户这一综合性整合方式中，需要借助于本章第二节所提到的信息资源整合技术，如中间件技术用于学科信息门户集成检索平台的构建，而信息链接技术则可用于不同类型信息资源

的链接和集成等，其最终目的是实现数字资源、原始文献与机构特色服务的无缝链接。

科罗拉多数字化项目是由科罗拉多州的图书馆、档案馆、博物馆和历史文化机构合作建立的，其信息资源整合过程首先是建立该项目的信息资源数据库，其次通过各种检索协议提供信息资源共享。在建立信息资源数据库过程中，主要通过 FTP 协议，将图书馆原有的 MARC 记录、本地检索数据库和博物馆等其他参建机构数据库的底层元数据转换为 DC 元数据，对于新开发的资源则直接采用 DC 元数据描述，从而构成了科罗拉多数字化项目基本的信息资源数据库。然后实现 SQL 向 SGML 的转换，利用 FTP 批量升级，再利用 SiteSearch 软件进行批量导入科罗拉多数字化项目的门户。对于门户中提供的资源，主要采用 Z39.50 协议进行检索，方便对各机构数字化生产的数字资源整合利用，见图 6 – 6。

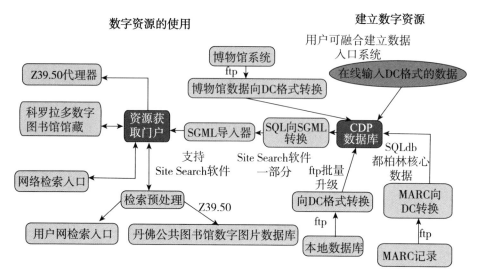

图 6 – 6　科罗拉多数字化项目文化遗产门户的构建与应用

注：本图是笔者根据 *The Colorado Digitization Program：a Collaboration Success Story*① 一文整理绘制。

①　HAINER B B，URBAN R. The colorado digitization program：a collaboration success story［J］. Library Hi Tech，2004，3（22）：254 – 262.

6.4.2   面向参建机构间的信息资源整合

大型文献数字化项目在很多情况下是由多个机构合作完成的，实现信息资源的共建共享本身也是大型文献数字化项目建设的目的之一。由于大型文献数字化项目建设的阶段性，信息资源的共建共享也体现明显的时间特征。对于一些建设前就已进行合理规划的数字化项目，在项目建设过程中可通过协同和合作，实现信息资源的共建共享。而对于那些已建成的数字化项目所生产的数字资源，基于某种目的要与其他机构间实现合作共享，则可以通过联盟共享的方式实现信息资源的整合。

（1）项目建设过程中的协作

大型文献数字化项目建设过程中的信息资源共建共享需要具备以下条件：首先，数字化项目应刚刚启动或是处于建设过程中，如果处在项目收尾期或以后，建设过程中的协作也显得毫无意义。再者，大型文献数字化项目必须经过合理的规划，而且最好由某一权威机构负责管理协同，这样才能有效保证参建各机构之间权利与义务的平衡。最后，大型文献数字化项目在建设过程中通过协作实现信息资源共建共享，必须有相关标准规范的支持，最好建立统一的工作平台。

以立陶宛为例，2006 年立陶宛文化部和维尔纽斯大学通信系图书馆与情报科学研究所对该国文化遗产保护机构进行了一项调查，作为文化遗产数字化的研究基础。该调查报告《协调欧洲数字化》显示"大量的不同文化遗产保护机构（图书馆、博物馆、档案馆、研究教育机构和其他公共组织）都在进行着各式各样的文化遗产数字化工作。其中 58% 的文化遗产保护机构进行了数字化工作，55% 将数字化作为他们的优先策略"①。但综观这些活动，在立陶宛全国却显得零零碎碎。各个数字化项目除了实施者同是立陶宛国家图书馆和其合作伙伴外，并没有相互协调执行，且大多只关注眼前目标。甚至某个项目结束时，其数字文化遗产的保存和访问也没有得到保障。为了保证

① MANŽUCH Z, PERNARAVIČIŪTĖ J. Coordinating digitisation in Europe lithuania[R/OL]. [2010 - 12 - 18]. http://www. minervaeurope. org/publications/globalreport/globalrepdf06/ Lithuania. pdf.

大型文献数字化项目所生产的数字资源的长久可用性，立陶宛国家图书馆图书文献学中心和其他为国家收藏品提供官方书目描述的记忆性机构，如立陶宛艺术博物馆和立陶宛档案馆联合开展了"虚拟图书馆集成信息系统"项目，并提交了"立陶宛文化遗产数字化、数字内容保存及存取策略实施计划"和"2007—2013计划执行战略架构"，在项目建设过程中制定了一系列标准规范，从而有效协调和执行项目工作，保证全国范围内文化遗产馆藏信息的兼容性，并能将其整合到欧洲数字内容中去。

表6-4　立陶宛"集成虚拟系统"的标准规范

标准类型	标准名称	适用机构
受控词表	EUROVOC	档案馆
	LCSH（立陶宛版本）	图书馆
	UDC	图书馆
	ULAN	博物馆
数据内容标准	ISAAR（CPF），ISAD（G）DC	档案馆
	ISBDs	图书馆
	RIS based on CIDOC CRM	博物馆
数据结构标准	EAD	档案馆
	UNIMARC	图书馆
	DC	博物馆
数据存储标准	METS	图书馆、博物馆、档案馆
访问标准	Z39.50	图书馆、博物馆、档案馆
	SRU/W	

注：本表由笔者根据 *Coordinating digitisation in Europe*[1]制作。

立陶宛"虚拟集成系统"建立的标准涵盖受控词表、数据内容标准、数据结构标准、数据存储标准和访问标准等5个方面，如表6-4所示；方便了图书馆、档案馆、博物馆联合开展大型文献数字化项目建设，并且可以保证信息资源共建共享。在具体实施过程中，主要依赖于"虚拟图书馆"平台进

[1]　MANŽUCH Z，PERNARAVIČIŪTĖ J. Coordinating digitisation in Europe lithuania［R/OL］.［2018-04-18］. http://www. minervaeurope. org/publications/globalreport/globalrepdf06/Lithuania. pdf.

行协调。立陶宛国家图书馆图书文献学中心、立陶宛档案基金会和立陶宛艺术博物馆的收藏品通过扫描、OCR、图像处理等环节，分别生成上表所显示的各种格式。以数据结构标准即元数据为例，图书馆生成 UNIMARC、档案馆生成 EAD 元数据、博物馆生成 DC 元数据，这三种不同的格式在"虚拟图书馆"平台中（见图 6 - 7）参照数据内容标准进行映射和互操作，如表 6 - 5 所示。

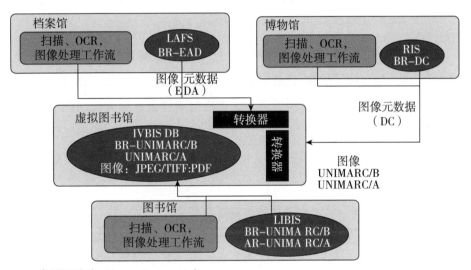

BR—书目记录（Bibliography records）

AR—规范记录（Authority records）

LAFS—立陶宛档案基金会收藏品（Lithuanian Archival Funds Collection, Lietuvos archyvųfondo sąvadas）

RIS—收藏品信息系统（Collection Information System, Rinkinių informacijos sistema）

IVBIS—文化遗产虚拟集成平台 Integrated Virtual Library Information System of the Cultural Heritage（Integralivirtuali bibliotekų informacijos sistema）

LIBIS—立陶宛集成图书馆信息系统（Lithuanian Integrated Library Information System, Lietuvos integrali bibliotekų informacijos sistema）

图 6 - 7 立陶宛"集成虚拟系统"的工作流程①

注：本表由笔者根据 *Coordinating digitisation in Europe* ②绘制。

---

① VARNIENE R, DAUGIALA G. Development of cultural heritage digitisation and access: lithuanian approach. [C]//CUNNINGHAM P, CUNNINGHAM M. Expanding the knowledge economy: issues, applications, case Studies. Amsterdam: IOS Press, 2007.

② MANŽUCH Z, PERNARAVIČIŪTĖ J. Coordinating digitisation in Europe lithuania [R/OL]. [2018 - 04 - 18]. http://www. minervaeurope. org/publications/globalreport/globalrepdf06/ Lithuania. pdf.

表6-5　立陶宛"集成虚拟系统"的数据内容标准与数据结构标准综合应用

ISAD（G）	ISBD	基于 CIDOC CRM 的 RIS
3.2.1. 创建者名称	1.5 责任者说明	行动者
EAD 格式	UNIMARC 格式	Dublin Core
<origination>	7—Responsibility block	<dc：creator>

注：本表由笔者根据 Coordinating digitisation in Europe[①] 制作。

通过这些标准规范和集成的协作平台，就可以保证信息资源的共建共享，为各个机构间信息资源的整合奠定基础，从而创建一个无缝文化遗产数字化系统并确保其正常运行。该项目开发并推广具有搜索、存储及访问功能的数字文化遗产虚拟集成系统，实现文化遗产数字化、保存和存取的工作流程的标准化，并将其相关信息提交给文化遗产门户"epaveldas. lt"，鼓励合理利用文化遗产资源。

（2）以联盟模式整合各参建机构的信息资源

以联盟模式整合各参建机构的信息资源主要针对那些已经建成的大型文献数字化项目而言，将各个参建机构独自拥有的数字资源，通过对分布式异构资源元数据的聚合、网络信息检索标准和互操作协议以及对 URL 和 Web 页面的分析和编程等方式进行整合。

1）对分布异构资源的元数据的聚合

这种方法主要依赖于大型文献数字化项目生产的数字资源的元数据，以元数据的互操作为桥梁，从而实现元数据所描述的信息资源的整合。主要是通过抽取、映射等手段对分布异构资源的元数据进行收集和聚合，并在本地系统中提供统一的检索和服务。

元数据聚合方式的优势在于数据经过收集转换后不仅格式统一，而且结构清晰，可以按照需求建立各种分类体系，或者按照更高级的知识本体对数

---

① MANŽUCH Z，PERNARAVIČIŪTĖ J. Coordinating digitisation in Europe lithuania［R/OL］. ［2018 - 04 - 18］. http：//www. minervaeurope. org/publications/globalreport/globalrepdf06/ Lithuania. pdf.

据进行再组织和管理，各类信息资源间的互操作成为可能，从而屏蔽了信息资源利用过程格式多样和结构复杂的困难。实现对分布异构资源的元数据聚合需要从以下途径入手。首先是采用 OAI 协议，支持对分布、异构资源在元数据层面的数据收集。为了方便元数据的采集，数据的提供方和数据的采集方都应该进行更规范化的操作。对于数据提供方而言，需要建立一个动态的元素集，提供更详尽的描述。除了遵守 OAI 标准提供简单的 DC 外，还应公开便于使用和管理的多种元数据格式，并尝试在一定的框架下使元数据尽量标准化。对元数据进行必要的清洗，使其不包含任何过时的和特殊的编码。对于数据采集方而言，应在元数据采集后建立一个子集，用以判断相关的集合，并进行抽取以方便索引和展示。另外数据提供方尽可能采用统一的编码方案，尽量采集规范化的元数据。数据提供方提除了供 DC 外，还需提供更丰富、精细的元数据格式，与其他服务提供方建立可共享的元数据算法、技术和战略。服务提供方提应尽可能朝着兼容多种编码方式的方向努力，如涵盖如何采集元数据，进行规范化处理，并形成规范的子集从而提供检索和服务①。

　　其次，应该建立元数据登记与注册机制，保证元数据的互操作。如 IMLS 对其资助的数字化项目的数字资源进行登记和集成检索，主要是包含界定注册表，分析注册表收集的目的，创建或通过元数据来描述数字架构和注册表数据库体系结构，建立内部和公共接口，填充注册表，测试其有效性和实用性等内容②。

　　但是，由于数字资源类型不同、分布广泛且更新频繁，很难做到及时、准确地将所涉及的元数据收集齐全，在建立完善互操作机制的可行性方面也存在着较大的困难。以 OAI 协议为例，其在元数据层面的数据收集作用重大，但是在具体实践过程中却存在很多限制。如很多商业性的数字化项目所

---

① TENNANT R. Bitter harvest：problems & suggested solutions for OAI-PMH data & service providers［EB/OL］.［2018 – 04 – 25］. http：//roytennant. com/bitter_harvest. html.

② SHREEVES S，COLE T. Developing a collection registry for IMLS NLG digital collections［EB/OL］.［2018 – 04 – 23］. http：//dcpapers. dublincore. org/ojs/pubs/article/viewFile/755/751.

生成的商业性学术资源，其资源提供商绝大多数不同意对其资源的元数据/对象数据进行二次收集和聚合，安装在另一个本地系统平台上；资源商更倾向于将资源和系统平台绑定在一起销售，以获取最大的商业利益。而广泛用于元数据采集的 OAI 协议，根据国内外的调研显示在实际应用过程中基本都是应用在开放存取资源或以联盟模式建设的资源，如美国博硕士学位论文数据库（Networked Digital Library of Theses and Dissertations，NDLTD）、CALIS 高校学位论文数据库（CALIS_ETD），商业性学术资源一般都不支持遵循 OAI 的数据收集。采用 OAI 技术收集元数据的前提是资源拥有者愿意开放 Data – Provider 接口。

2）通过网络信息检索标准和互操作协议实现信息资源整合

这种信息资源整合方式需要借助计算机强大的处理能力，利用 Z39. 50 协议、ZING（SRU/SRW）协议、XML Gateway 等，对分布异构资源进行实时检索；需要与数据提供商达成协议，尽可能地通过网络信息检索标准和互操作协议实现整合。网络信息检索标准和互操作协议都是比较成熟的信息资源共享机制，其优点是检索效率高且稳定性、即时性好，可以实现深层次整合。以 Z39. 50 协议为代表的信息检索标准被广泛应用于大型文献数字化项目的各参建机构间信息资源的整合中。

HathiTrust 是美国大型学术图书馆为创建大型数字资源库而建立的合作组织，由加州大学 11 个图书馆和机构协作委员会（CIC）的 13 个大学发起的。此项协作将成员馆丰富的数字资源整合建立一个共享资源库，包括数以百万计的图书，其中进入公共领域的资源可以在线阅读。资源库包括数字化图书、文章和特色馆藏，资源来源有 Google 数字图书馆、IA 数字图书馆和图书馆自行数字化的信息资源。另外，HathiTrust 项目不仅仅是 Google Book Search 的一个备份，它还储存了一些 Google Book Search 所没有的资源，如各个成员图书馆的珍贵馆藏的数字化资源库、大学的学术论文及研究成果数据库及其他自建的数字资源数据库等。此外 HathiTrust 提供了一些谷歌图书搜索所不具备的服务，如用户自定义搜索、学术研究工具、便捷的资源获取途径等①。

---

① 苏海明. HathiTrust 数字仓库项目概述［J］. 数字图书馆论坛,2009(9):60 – 65.

HathiTrust 在对各参建机构所拥有的信息资源整合方面，主要是采用开放档案信息系统（Open Archive Information System，OAIS）作为基本模型构建数字存储仓库，其中信息包是 OAIS 模型中的核心概念，也是各功能模块之间传递的基本对象，HathiTrust 在产生 SIP、AIP 及 DIP 时，遵照了基于 OAIS 模型的可信数字仓储审核与认证（Trustworthy Repositories Audit& Certification，TRAC）的标准，并且采取多种数据检校算法，确保信息传输完整一致。对于条形码数据，HathiTrust 采用的是 Luhn 检验数字算法，而对于 JPG、TIFF、UTF8 等格式的图像数据，采用的是 MD5 算法。由于 HathiTrust 数据库依照 OAIS 的数字存储标准进行建设，因此其数据可以被依照同样标准建设的其他数据库所共享。如图 6 - 8 所示，HathiTrust 项目的参与机构在提交数字资源时需要采用 HathiTrust 元数据，这样在数字资源检索利用过程中，各个成员机构就可以通过 Z39. 50 协议，在各成员之间传输交换书目数据①。

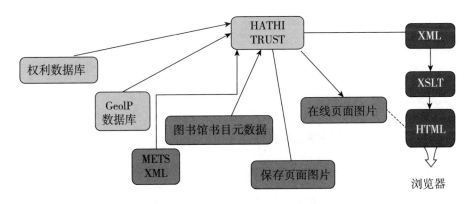

图 6 - 8　HathiTrust 信息存储与获取流程

注：本图是笔者根据《HathiTrust 数字仓库项目概述》②绘制。

　　互操作是实现信息资源整合的有效途径，其对于参建机构拥有的分布异构式信息资源的整合尤为重要。Lopatin 总结了实现互操作的几种方式：通过跨系统检索，即将元数据存储在多类、分布式数据中，使用检索设备实现各数据库间的联系；采用 Z39. 50 协议，通过 OPAC，OAI，实现传统联合目录的变异、元数据间的映射①。而要实现大型文献数字化项目的信息资源互操作，除了需要上述协议和标准的支持，还需要从组织和管理方面进行规范。对于国家层面，一是要保证对数据存储框架进行不断的维护，以确保其含有合适的要素。二是应建立一个互操作管理专家小组，用以制定规范、进行维护，劝说其他机构采取规范。三是广泛采集标准使用中的困难，以及内容标准、特殊领域的指南、权利元数据、保存元数据和互操作、映射和应用文档等方面的建议，提供权威的指示路径，积极推进上述建议的应用和实施。四是积极推进培训教育，主要关注元数据和互操作。五是建立并维护元数据注册库，展示哪些机构应用了哪些标准，采用的方式和目的。六是尽快使用RDA实现互操作。七是参加国际间关于互操作的标准和合作。八是和各种机构合作，推广制定的标准。对于机构层面，则应设置数据资源的高级管理人员，主要是熟悉相关文件、制定政策、开展调查、撰写审查报告、培训、分配任务等。其需要考虑的问题有：哪个层面的互操作存在问题，对用户需求的来说，资源的格式是否影响互操作，需要哪些封装软件来应用这些格式，是否需要通过标准方式表示权利元数据，其是否便于不同机构间的机器处理，再利用的封装、复杂数字对象的无缝整合、长期保存和数字化文件与源文件间关系是否阻碍互操作等。

6.4.3 面向外部网络的信息资源整合

2007 年 OCLC 发布的《网络世界的共享、隐私和信任》（*Sharing*，*Privacy and Trust in Our Networked World*）② 报告显示，用户认为图书馆应该努力把自己嵌入用户社区中，包括网络虚拟社区和真实世界。大型文献数字化项目中面向外部环境的信息资源整合过程中，面临的主要困难就是如何将其生产的资源进行广泛的推广和应用，尤其重要的是如何与网络资源进行整

---

① Laurie Lopatin. Library digitization projects, issues and guidelines: a survey of the literature[J]. Library Hi Tech, 2006, 24(2): 273 – 289.

② OCLC. Sharing, privacy and trust in our networked world[R/OL]. [2018 – 04 – 24]. http://www.oclc.org/reports/sharing/default.htm.

合。面向外部网络信息资源的整合主要是将网络环境中存在的相似或相关资源进行链接，建立起大型文献数字化项目生产的数字资源与相关网络资源的关联，从而打破机构的屏障，其最终目的是为了方便用户的利用，实现信息资源的一站式获取。在与外部网络资源的整合过程中，重点是强调通过各种信息资源整合技术，如相关数据复用技术、页面分析和编程技术、Mashup 技术和关联数据等实现数字信息资源更大范围的集成。

（1）相关数据的复用

在网络环境中存在大量的数据，这些数据并不是孤立存在的，其间存在着密切的关联。大型文献数字化项目所生产的数字资源，不仅与原始资源及其信息组织成果存在关系，与网络中的很多类型的资源也有着千丝万缕的联系。笼统来讲，网站资源、非合作关系的数字化项目、与信息资源生产、加工、销售、利用等环节相关的所有机构提供的资源都可以作为大型文献数字化项目的整合对象。在具体整合过程中，则需要根据特定的目的有选择地进行利用。以图书为例，从撰写、出版、销售、保存和提供利用各个环节都存在大量可利用的数据。具体到信息资源整合的主要对象——图书元数据，在图书供应链中元数据的利益相关人，如出版社、元数据供应商、批发商、书商、国家图书馆、本地图书馆与 Google 等，都拥有丰富的图书元数据，大型文献数字化项目通过聚合或复用 ONIX 数据等多类元数据，丰富信息组织的数据内容，帮助用户快速了解和选择资源，并有效地整合利益相关方的资源。

NISO 和 OCLC 发布了《简化图书元数据工作流程》（*Streamlining Book Metadata Workflow*）白皮书，绘制了图书元数据交换地图（如图 6－9 所示）。图书供应链中的利益相关方拥有的元数据分别为：大型出版社通常提供 XML 化的 ONIX 数据，中小型出版社通常以 Excel 表格的形式提供部分出版书目的元数据。以图书登记机构、编目服务机构和大型资源联盟组织为代表的元数据供应商，本身就以元数据加工和提供利用为核心任务，自然也拥有大量的图书元数据。2008 年，图书登记机构 Bowker 年增加 30 万条记录，50% 是 ONIX，45% 是 Excel 或其他电子格式，5% 仍来自提交的纸质信息。英国的

BDS 作为编目服务机构，外包了大英图书馆的 CIP 业务，每年向其提供 7.5 万条记录，并提供 ONIX 到 MARC21 的映射。而 OCLC 在美加两国有 70 个元数据专家与编目员，为特藏及出版社、书商创建记录①。另外，CrossRef 除提供期刊元数据外，还拥有 160 万图书 DOI，Serials Solution 也拥有 100 万电子图书记录。此外，图书的销售商包括批发商、分销商和图书销售网站等，也拥有大量的图书元数据，其中最大的图书批发商 Baker & Taylor 和 Ingram 数据库年增长 10% 以上。虽然年出版新书约 20 万种，但新记录估计达 70 万条，因为不同格式与版本要有独立的记录。图书馆作为图书的主要保存和流通机构，元数据是其组织与管理的基础，而且随着用户需求的提高和图书版本的更新，这些书目数据也需要不断更新。以国家图书馆为例，2008 年，美国国会图书馆的专业编目员创建或升级了其 35 万条书目记录中的 80%，大英图书馆则更新了 26 万条书目记录中的 55%。据估计，WorldCat 记录的 65% 是简编记录，因此 OCLC 计划开放"专家社区"，让更多编目专家帮助提升 WorldCat 的质量。而大型文献数字化项目的参建机构通过数字化加工自然也获取了大量的图书元数据，如 Google 数字化了上百万图书，并从 ONIX 与 MARC 中取质量高的记录。此外 Google 也与 OCLC 合作，雇佣图书馆员在 Google 从事图书编目，并开发了区分相关作品的算法。

图 6-9 显示，整个元数据工作流程的起点位于出版社，它向图书销售商、图书馆提供 ONIX 数据，并接受来自图书馆的 MARC 数据。图书馆与元数据提供方交换 MARC 数据，并接受来自图书批发商的 MARC 记录。大型文献数字化项目的元数据可以采用图书馆提供的元数据，也可以利用来自元数据提供方如 OCLC 的元数据，或是大型出版商提供的 ONIX 元数据。通过对上述外部环境元数据的复用，达到简化元数据工作流程，增强信息组织效果的目的，而其最终的受益者是图书的读者或购买者。

---

① LUTHER J. Streamlining book metadata workflow[R/OL].[2020 - 02 - 26]. https：//www. ni-so. org/sites/default/files/2017 - 08/StreamlineBookMetadataWorkflowWhitePaper. pdf.

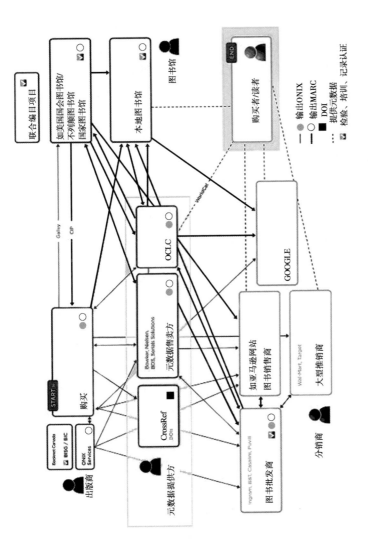

图 6 - 9 NISO 和 OCLC 制定的图书元数据工作流程

注:本表是笔者根据 *Streamlining Book Metadata Workflow*① 绘制。

---

① LUTHER J. Streamlining book metadata workflow [R/OL]. [2018 - 04 - 15]. http://www. niso. org/publications/white_papers/Streamline-BookMetadataWorkflowWhitePaper. pdf.

（2）对 URL 和 Web 页面的分析和编程

对 URL 和 Web 页面的分析和编程，即"页面分析（page - scraping）"技术，需要服务提供方根据服务的需要，选择合适的网络资源并获取该资源的 URL，再利用链接解析器进行分析、维护，通过 URL 保持资源和服务间稳定的关联。这种方式由服务提供方主导，避免了与资源提供商打交道。其具体的运行原理本书已在 6.2.3 信息链接技术中进行详细介绍，在此不再赘述。

通过页面分析和编程的方式进行信息资源整合是目前大型文献数字化项目可以利用的主要信息资源整合技术之一，而其中又以 OpenURL 技术为代表。

OpenURL 是一种附带有元数据信息和资源地址信息的"可运行"的 URL。由服务提供方（图书馆）维护的链接解析器依照规则动态生成开放链接的 URL，实现资源之间一对一、一对多的"恰当"链接，对文献之间错综复杂的关系进行了有序的动态管理和链接。由于 OpenURL 协议具有可定制、可移植、可扩展的开放特性，已成为数字图书馆应用领域的热门技术。

大型文献数字化项目可以通过对相关的网络资源的 URL 和 Web 页面进行分析，利用 OpenURL 协议进行通讯和链接。以图书馆参与开展的大型文献数字化项目为例，图书馆为了实现大型文献数字化项目生产的数字资源与外部网络资源的整合，就可以利用 OpenURL 技术，其主要的整合对象有以下几部分：①其他大型文献数字化项目所生产的数字资源。由于图书馆开展的大型文献数字化项目限于经费和资源的限制，不可能涵盖全部的文献资源，而且由于数字化加工技术的差异，数字资源的质量也存在一定程度的区别；再者，大型文献数字化项目如古登堡项目对于处于公共领域状态的文献资源一般是提供开放利用的，这也为信息资源整合奠定了基础。利用 OpenURL 技术链接其他数字化项目的数字资源不仅可以扩大图书馆数字资源的覆盖面，同时可以从中筛选更高质量的数字资源用于信息资源检索与利用。在具体实施过程中，可以通过添加相关网址链接，跳转资源指示地址等方式实现。②网络上广泛存在的开放存取资源，这些开放存取资源最大的优势就是存在较少的资源利用限制，只要符合图书馆的需求，就可以通过配置链接解析器建立两者之间的链接。在大型文献数字化项目中，机构库和学科库是主要的整合对象，如开放获取期刊目录（The Directory of Open Access Journals，DOAJ）

提供 571 438 篇文章，6457 种开放获取期刊，其中 2885 种期刊可以实现开放存取①。图书馆在查找到所需的开放存取资源后，通过分析整理、添加链接、分类导航等方式实现开放存取资源与大型文献数字化项目的数字资源的整合。③社会化网站中存在的相关网络资源。社会化网站是一种全民参与的信息交流方式，将对用户的限制降到最低，从而方便用户分享信息、发表评论等，这就大大拓宽了信息交流和获取的渠道。具体到大型文献数字化项目中，很多社会化网站都提供了用户从多个维度对文献资源的分享，如"美国记忆"在 Facebook 中注册，上传部分老照片，供用户点评和分享。用户利用社会化网站，有的详细介绍文献内容、有的提供文献的封面、有的分享阅读心得、有的发表书评，还有的上传了文献的电子文档并提供下载等。图书馆可以充分利用这类信息资源，比如将文献的封面、书评、内容介绍等与数字化后的数字资源建立链接，这样用户在查找大型文献数字化项目的数字资源时就可以查看到社会化网站中的相关信息。另外，图书馆还可以将专门用于社会化网站资源检索的搜索引擎嵌入到大型文献数字化项目资源检索页面中，如 Google 新推出的社交搜索功能 Google Social Search，并提供基于 Gmail 的社会化网站搜索引擎 Google Buzz，实现了与社会化网站链接，对社会化工具进行集成。微软搜索引擎 Bing 与 Facebook 合作，对其页面信息和用户"赞"过的内容编制索引，并在其搜索结果中进行呈现。美国国际数据公司（International Data Corporation，IDC）的分析师 Hadley Reynolds 认为此举将使 Bing 搜索引擎在社交搜索业务方面超过 Google，吸引用户在 Bing 检索结果页面停留更长的时间，为其带来更多的广告业务②。

但是，值得注意的是基于 URL 和 Web 的页面分析和编程技术是由服务提供方主导的，这就意味着服务提供方不占据资源发布的主动权，必须根据资源提供方对资源的变动进行实时的维护与修正，对所生成的链接进行及时更新，这必将增加服务提供方的工作负担，而且很难保证资源的动态可用性。基于上述问题，必须就如何生成和保持相关资源间的稳定链接进

---

① DOAJ[EB/OL].[2018 - 04 - 11]. http://www.doaj.org/.

② REYNOLDS H. Facebook,Bing team up over social search[J/OL].[2018 - 04 - 23]. http://www.eweekeurope.co.uk/news/facebook - bing - team - up - over - social - search - 10637.

行深入研究。

（3）利用 Mashup 技术和关联数据实现信息资源的整合

面对海量的网络信息，仅依赖页面分析和编程技术无法穷尽所有的网络资源，而且也无法深入到数据层面实现信息资源的整合。大型文献数字化项目数字资源要与相关网络资源进行深层次整合，首先需要尽量选用自动化的链接方法，将工作人员从频繁的更新和维护中解脱出来；其次要尽可能多地利用网络资源间存在的关系，由某一检索入口获取一系列相关的数据，且这些数据在之前并不为人们所知晓。要实现这两个目的，就需要充分发挥 Mashup 技术和关联数据的优势，本书将在6.6和6.7小节中进行深入研究和探讨。

6.5 大型文献数字化项目元数据互操作整合网络信息资源

大型文献数字化项目是指大型机构或是多个机构合作开展，以创建数字信息资源、提供数字信息服务为目的，通过扫描、拍照等转换技术，将传统的非数字型资源转换成计算机可以读取和识别的数字资源的工作。其信息组织的主体主要有政府机构、文化遗产保护机构、非营利性机构和 IT 公司；而信息组织对象的来源、类型、格式多样，主要包括图书、期刊、报纸、手稿、地图、书籍、乐谱、录音资料、电影、印刷制品、照片和建筑制图等珍贵文献。主客体的多样性必然导致大型文献数字化项目信息组织过程中多种元数据标准并存。这虽然满足了不同资源、不同领域、不同系统及其应用的需要，但却为分布式信息环境下的大型文献数字化项目的资源集成服务带来诸多问题和挑战：一方面不同类型的信息资源倾向于采用特定的元数据方案，另一方面用户又希望通过统一接口获取满足需求的各类信息资源。元数据的多样性和信息资源需求接口单一性，使得大型文献数字化项目的元数据互操作势在必行。

在异构、分布式网络环境下，元数据互操作是互操作的基础及保障。本书调查国内外知名大型文献数字化项目信息组织中元数据标准及其互操作的开展情况，以期全面掌握数字化项目互操作领域的发展概况，为该领域元数据仓库的建立、元数据检索和服务的集成，以及跨系统的整合检索奠定基础。

6.5.1 元数据互操作的调查内容

元数据互操作是指不同的元数据格式间的信息共享、转换和跨系统检索等相关问题，为用户提供一个统一的检索界面、确保系统对用户提供一致性的服务。本书参考元数据互操作框架和层次开展本次调查。张晓林将元数据互操作框架划分为数据内容、编码规则、元素语义、元素结构、标记格式、交换格式、通信协议 7 个层面①；DC 元数据互操作层次模型包括共享术语定义、形式语义互操作、语法描述级互操作、纲要描述级互操作 4 个级别②；毕强等将元数据互操作划分为语义互操作、语法互操作、协议互操作 3 个层面③。

曾蕾（Marcia Zeng）按照实现互操作性的水平把元数据互操作分别 3 个级别，即模式级、记录级、仓储级④；其中元数据模式级互操作指不同元数据标准之间的互操作，其实现方法包括元数据衍生、元数据应用纲要、元数据映射、通过中心元数据格式进行转换、元数据框架、元数据注册等。元数据记录级互操作主要解决信息系统元数据记录的集成和转换，实现方法主要有数据转换、数据重用及整合。元数据仓储级互操作主要解决从不同的数据源中采集元数据的问题，以便实现跨库检索服务，实现方法包括OAI 协议、主题规范档文件映射、值域共现映射、丰富记录等方法。参考上述框架，本书将其具化为 7 种主要方式，其在 8 个知名项目中的具体应用情况如表 6 - 6 所示。

---

① 张晓林.元数据研究与应用[M].北京:北京图书馆出版社,2002.

② 黄田青,刘炜.DC 元数据年度进展(2009)[J].数字图书馆论坛,2009(12):70 - 74.

③ 毕强,朱亚玲.元数据标准及其互操作研究[J].情报理论与实践,2007(5):666 - 670.

④ ZENG M L,QIN J. Metadata[M]. New York:Neal - Schuman Publisher Inc. ,2008

表 6 – 6　大型文献数字化项目元数据互操作方式调查结果

项目＼方式	模式级		记录级		仓储级		
	映射	注册	转换	集成	协议	API	关联数据
CADAL	√				√	√	
数图工程	√			√	√		
American Memory	√	√	√	√	√		
Google Book Search			√			√	
Europeana	√	√	√	√	√	√	√
Open Library	√				√	√	
HaithTrust	√			√	√	√	
CDL	√				√	√	

注：本表由根据调查结果制作。

6.5.2　常用的元数据互操作方式

（1）映射

元数据模式级互操作通常发生在数据记录被创造出来之前，是对现有元数据的派生与修改。相较于其他互操作方式，元数据映射在项目创建的初始阶段应用，可从根本上提高互操作的范围，因此被大型文献数字化项目广泛采用。元数据映射又称元数据对照，是指两个元数据标准之间元素的直接转换。它对存在于不同应用领域的元数据格式进行转换，通过一对一、一对多、多对一及多对多等多种映射方式，解决语义互换及统一检索问题。

通过调查发现，8 个知名大型文献数字化项目在数字对象描述方面均结合实际需求，自建了新的元数据标准；其中 7 个调查对象采用元数据映射，但由于各个项目的需求和发展目标不一致，不同项目所映射的对象也存在差异，如表 6 – 7 所示，并呈现以下特点：

表6-7 大型文献数字化项目自建元数据标准的映射对象

项目名称	描述方式	映射对象
CADAL	自建元数据标准	MARC
数图工程	自建元数据标准	DC CNMARC MARC21
Europeana	自建元数据标准	EAD MARC
Open Library	自建元数据标准	DC
HaithTrust	自建元数据标准	PREMIS
CDL	自建元数据标准	DC
American Memory	自建元数据标准	DC ONIX FGDC UNIMARC GILS

注：本表由根据调查结果制作。

MARC、DC 作为通用的元数据标准是最常用的映射目标，与 MARC 映射主要是为方便与原始文献建立关系，如 CADAL、数图工程、Europeana 等；与 DC 映射主要是为了满足数字资源采集、检索和使用的需求，如 CDL、Open Library 等，如表6-8所示。

特定功能需求。大型文献数字化项目肩负着促进资源利用、推动数字资源长期保持等多项使命，因此在元数据互操作中也应兼顾。HaithTrust 为了实现其对数字资源长期保存的功能，将其自建的元数据标准与保存元数据标准（Preservation Metadata Implementation Strategies，PREMIS）进行映射。

表6-8 Open Library 的元数据标准与 DC 元数据标准之间的映射

OL metadata	DC	OL metadata	DC
author	dcterms：creator	subject_place	dcterms：coverage
contributions	dcterms：contributor	subject_time	dcterms：coverage

续表

OL metadata	DC	OL metadata	DC
title	dcterms：title	genre	dcterms：type
subtitle	dcterms：title	language	dcterms：language
by_statement		description	dcterms：description
physical_format	dcterms：format	table_of_contents	dcterms：tableOfContents
other_titles	dcterms：alternative	notes	dcterms：description
work_title	dcterms：alternative	LC_classification	dcterms：subject
edition		ISBN	dcterms：identifier
publisher	dcterms：publisher	LCCN	dcterms：identifier
publish_place	dcterms：publisher	URL	
pagination	dcterms：extent	source_record_loc	
number_of_pages	dcterms：extent	source_record_id	
DDC	dcterms：subject	publish_date	dcterms：date
subject	dcterms：subject	publish_country	

注：本表根据调查结果制作。

（2）集成

集成是属于元数据记录级互操作，主要发生在元数据记录生成之后。很多大型文献数字化项目在建设前并没有发现相似资源的存在，或是没有考虑互操作问题，因此在项目建设过程中，元数据记录已经产生，映射等模式级互操作方式无法有效满足已赋值的元数据互操作需求；这就需要借助转换、重用、集成等方式，实现各个项目的元数据记录间的整合。

集成方式则将元数据标准作为一个可以分解并整合的框架，将来自不同项目的元数据记录参照其内容属性分别集中到该框架的不同模块中，如描述元数据、结构元数据和管理元数据；再将这些模块在统一的框架下进行整合，从而实现互操作。调查结果显示，87.5%的大型文献数字化项目采用了集成的方式，但是具体的实现途径各有不同，如表6-9所示。

表6-9　大型文献数字化项目元数据互操作之集成方式实现途径

方式＼项目	数图工程	American Memory	Google Book	Europeana	Open Library	HaithTrust	CDL
METS		√		√		√	√
RDF	√			√			
其他方式			√		√		

注：本表由根据调查结果制作。

1）METS

大型文献数字化项目在数字化加工的过程中，实现了文献载体和格式的转变。而以数字图像存在的数字资源其所需元数据元素和原始文献存在区别，因此很多机构就会重新建立新的标准，从而忽视了原始文献元数据的整合应用，这必然会造成资源的浪费。METS最大的优势在于，构建了由不同模块（描述、管理、结构等）组合而成的统一框架，该框架不受模式、词汇、应用程序等限制，利用XML语言对简单或复杂的数字对象的不同类型的元数据进行编码；可以根据属性将不同来源的多条记录整合到一个模块中，形成一条新的记录。

CDL将METS作为其建立数字资源仓储和提供服务的基础，其数字对象指南（CDL Guidelines for Digital Objects）认为METS可以共享数字对象的共同特征，如内容文件格式、元数据编码标准，并且还包括足够的细节，使METS的创造者和加工人员在创建和处理METS的编码数字对象时符合特定的配置文件。在对数字对象进行描述的过程中，为节约项目建设成本并重用已有资源，CDL会借鉴来自原始文献书目数据以及其合作方的描述元数据，从中选择最贴切的记录并采用XML描述整合到METS框架中，从而作为CDL最终的描述元数据记录。

2）RDF

大型文献数字化项目的建设目的之一就是促进资源的推广应用，尤其是IT公司，其主要目的就是将获取的数字资源整合到其现有的网络资源与服务中。在网络已是用户获取资源的主要途径的大环境下，遵循网络资源描述规则是增强数字化获取的资源在网络中的辨识度的首选方案。

资源描述框架（RDF）是W3C为网络资源"提供的一个机制，整合多个元数据方案"①。RDF 并没有定义描述资源所用的词汇表，而是定义了一些描述规则，在遵循统一规则的前提下，人们就可以使用自己的词汇表描述任何资源。该规则包括 3 个核心要素，分别是命名空间（nameplace）、XML 语言、RDF 声明。首先，命名空间是元数据标准构成的基础，元数据标准的创建方或维护机构为了定义每一个术语，保障其长期可用性并确定它所归属的元素集，都会通过一定的规则或是惯例约束等方式赋予其命名空间。而用 XML 描述的命名空间可能被定义，以允许来自不同框架的元素整合成单一的资源描述。而 RDF 声明则可以基于不同的时间和目的，链接多种资源描述，从而实现了元数据的互操作。

Europeana 的数据模型 Europeana Data Model（EDM）建立在各类成熟标准基础上，为收集、链接和丰富来自不同数据提供方的数据提供了一个框架，利用 RDF 对元数据进行语义描述，可以重用并集中不同词汇，而且还可以保护原始数据并开展互操作，具体如图 6 – 10 所示，其中深色的元数据是 EDM 创建的，而浅色的元数据则来源于其他成熟的元数据标准②。

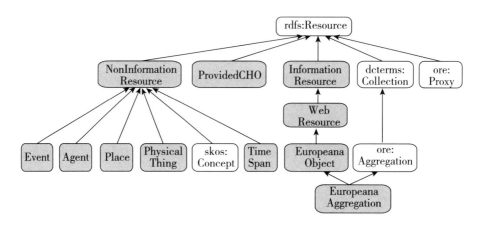

图 6 – 10　EDM 的 RDF 构成及来源

注：本表由根据 EDM 网站调查结果制作。

---

① 罗威. RDF（资源描述框架）——Web 数据集成的元数据解决方案［J］. 情报学报，2003（2）：178 – 184.

② Antoine Isaac. The Europeana data model［EB/OL］.［2018 – 04 – 07］. http://pro. europeana. eu/documents/866205/13001/EDM_v5. 2. 2. pdf.

此外，为了适应语义网的发展，Europeana 将其数字资源的相关数据都采用 OpenLink Virtuoso 或 4Store 等 RDF 存储方式，其目的是为了方便在语义环境中，Europeana 的元数据可以通过关联数据有效揭示，提高资源可用性①。

3）其他方式

有的项目并没有利用现有的框架或规则，而是根据项目建设的需要，采用其他方式集成元数据。以 Google Book 为例，其拥有超过 100 个书目数据的来源，包括图书馆、出版商、零售商，以及评论和书封的聚集者，收集了 8 亿条数据记录，包含超过 1 万亿个数据字段。Google Book 将这些获得的记录转化为简单的数据结构，但没有添加 URI，并通过几种不同的方式转化为 Google 可以利用的状态。初始的元数据结构储存在一个类似于 SQL 的数据库中，用于简单的检索。其大体流程为：首先利用解析算法进行处理，从中抽取特殊意义的信息如记录号、条形码等，再利用聚类算法、文本相似度匹配等技术进行综合，择优筛选并最终形成一条元数据记录②。

（3）协议

大型文献数字化项目通常由多个机构合作完成，数字化成果多为分布式存储，且存在由于规划导致的异构状态。当要实现上述分布式异构资源的集成检索时，项目参加方面临的一个重要问题是检索结果很少以一致的、系统的和可信赖的格式出现。究其原因还是因为各个检索结果来自采用不同元数据标准的数据库，或是采用一些特殊的描述规则。解决这种问题还需通过协议、聚合和值共现映射等开展仓储级的元数据互操作。在上述方案中，OAI（Open Archives Initiative）协议是大型文献数字化项目普遍采用的一种互操作解决方案，在本次调查中使用率达 75%。

美国记忆（American Memory，AM），利用 OAI 协议不仅实现了参建机构的元数据互操作及采集整合，并以此为途径将其资源开放给其他相关项目使用。首先，AM 将来源于 AM、全球门户（Global Gateway）、印刷品及图片部

①　HASLHOFER B,et al. Europeana RDF store report［EB/OL］.［2012 - 03 - 07］. http://www. europeanaconnect. eu/documents/europeana_ts_report. pdf.

②　MURRAY P. Mashups of bibliographic data：a report of the ALCTS midwinter forum［EB/ OL］.［2012 - 03 -07］. http://dltj. org/article/mashups - of - bib - data/.

在线目录、历史新闻数据库（Chronicling America）和其他参建机构的元数据进行采集整合；然后，针对不同类型文献的元数据分别进行聚类，大致归为图书、手册、地图、海报、影片、音频、期刊等 10 类；再根据各个类别的具体情况，分层次的提供基于 OAI 协议的开放采集，其中照片类的元数据集最多，共有 27 个数据库可供采集，而大多数类别中仅有 1 个数据库开放。同时，为了满足用户对于不同格式元数据的需求，AM 共提供了 DC，MARC XML 和 MODS 三种格式的元数据，并且还提供了一些遵守 OAI 协议的预先编制的元数据采集请求编码供有需要的机构参考，如图 6-11 所示。

```
< ? xml version = "1. 0" encoding = "UTF - 8" ? >
 - < OAI - PMHxmlns = "http://www. openarchives. org/OAI/2. 0/"
xmlns:xsi = "http://www. w3. org/2001/XMLSchema - instance"
xsi:schemaLo - cation = "http://www. openarchives. org/OAI/2. 0/
http://www. opena - rchives. org/OAI/2. 0/OAI - PMH. xsd" >
   < responseDate >2012 - 02 - 23T13:06:14Z </responseDate >
   < request       verb = "GetRecord"       identifier = "oai:lcoal. loc. gov:loc. gmd/g3791p. rr002300"
metadataPrefix = "oai_dc" >http://memory. loc. gov/cgi - bin/oai2_0 </request >
 - < GetRecord >
 - < record >
 - < header >
   < identifier >oai:lcoal. loc. gov:loc. gmd/g3791p. rr002300 </identifier >
   < datestamp >2005 - 11 - 21T17:08:59Z </datestamp >
   < setSpec >gmd </setSpec >
   </header >
 - < metadata >
 - < oai_dc:dc               xmlns:oai_dc = "http://www. openarchives. org/OAI/2. 0/oai_dc/"
xmlns:dc = "http://purl. org/dc/elements/1. 1/"       xmlns:xsi = "http://www. w3. org/2001/XMLSchema
 - instance" xsi:schemaLocation = "http://www. openarchives. org/OAI/2. 0/oai_dc/http://www. openarchives.
org/OAI/2. 0/oai_dc. xsd" >
   < dc:title >New railroad map of the state of Maryland,Delaware,and the District of Columbia. Compiled
and drawn by Frank Arnold Gray. </dc:title >
   < dc:creator >Gray,Frank Arnold. </dc:creator >
   < dc:subject >Railroads - - Middle Atlantic States - - Maps. </dc:subject >
   < dc:description >Description derived from published bibliography. </dc:description >
   < dc:publisher >Philadelphia </dc:publisher >
......
   </oai_dc:dc >
   </metadata >
   </record >
```

图 6-11 AM 提供的基于简单 DC 格式的 OAI 请求内容（节选）

利用 OAI 协议进行元数据互操作，除了遵循协议本身的要求外，数据提供方和数据采集方都应该进行更规范化的操作。首先，数据提供方需要建立一个动态的元素集，提供更详尽的描述。除了遵守 OAI 标准提供简单的 DC 外，还应公开便于使用和管理的多种元数据格式，并尝试在一定的框架下使元数据尽量标准化；对元数据进行必要的清洗，使其不包含任何过时的和特殊的编码；与其他服务提供方建立可共享的元数据算法、技术和战略，并为服务提供方提供一个框架图，尽可能朝着兼容多种编码方式的方向努力①。而对数据采集方而言，应在元数据采集后建立一个子集，用以判断相关的集合，并进行抽取以方便索引和展示。

（4）API

除了常规的元数据互操作方式外，直接面向资源与服务的"API 调用与处理"方式也被大型文献数字化项目广泛应用于信息资源整合，60% 的调查对象都提供了可供调用的 API。该方式是元数据互操作的高级实现形式，以封装好的包含元数据描述记录的 API 为基础，通过检索将需求信息与 API 内包含的元数据进行匹配，并将匹配的 API 进行调用、加载，从而形成针对特定需求的新资源与服务。当然，该方式实现的前提是其他项目提供了可供调用的 API。CDL 通过 API 调用整合了 2 个项目的资源——PubMed 和 NSDL 资助的地球科学门户。Google 为了提高信息资源描述的质量，获取了超过 100 家书目信息供应方的书目记录，其中很多就是通过调用相关机构的 API 实现的，如通过调用 Worldcat 的 API，Google 可以获取 Worldcat 中几乎全部的书目信息。

"API 调用与处理"实现过程主要包括检索匹配、调用、转换格式、加载等环节。以 Open Library 为例，首先要解决的是如何准确地获取信息，通过 GET 方式请求将用户的检索词与 API 中提供的元数据进行检索标识的匹配，如 ISBN、OCLC 标识符、LCCNs 号和 OLIDs（Open Library 内部的标识符）。如果 API 中保存相关信息，就将其进行调用。如果只是调用一个 API，那就可以将符合要求的数据进行分析整合，通过修改 Html DOM 的方式直接实现

---

① TENNANT R. Bitter harvest：problems & suggested solutions for OAI-PMH data & service providers［EB/OL］.［2012 – 03 – 07］. http://roytennant. com/bitter_harvest. html.

客户端浏览器页面的更改；如果同时调用多个数据库，则需要将返回的结果进行综合处理，通常采用将调用返回的多个 XML 数据混合到一个 XML 文档中，并且使用 XSLT 将这个文档转化为一段 XHTML 代码，然后把这段 XHT-ML 代码加载到相关网页中，从而实现了架构于元数据互操作基础上的资源与服务集成。

利用 API 开展元数据互操作的优势在于，资源提供方已经将资源分门别类地封装成不同类型的 API，API 内的具体元数据的值可能发生变化，但是所生成的 API 却不会有变动。而且服务提供方所调用的也不是具体的内容而是这些 API，就不再因为具体赋值的变化而影响整个元数据互操作的开展。这就意味着服务提供方不必再根据内容的变化而不停地维护资源链接，只要获取了相关资源的 API 进行解析和链接即可，大大降低了工作负担。

6.5.3 其他元数据互操作方式

除了上面总结的大型文献数字化项目常用的元数据互操作方式外，还存在其他的互操作方式，如注册、转换、关联数据等。在此次调查中，虽然这些方式的应用率不高，但其在元数据互操作方面的作用却不能忽视。

（1）注册

数据注册系统（Metadata Schema Registry，MR）是由 DCMI 提出，对元数据定义及其编码、转换、应用等规范进行发布、注册、管理和检索的系统，以支持开放环境中元数据的发现、识别、调用以及在此基础上的转换、挖掘和复用。它根据统一的标准模型（ISO/IEC 11197）进行语义、编码、标准解析和转换，按照领域或者主题建立元数据规范目录列表，并映射到各自所对应的物理信息资源，并以 Web 服务的形式在网络进行发布，通过元数据从语义层面的关联和协同可以有效地进行信息资源的整合，支持智能检索、定题服务、主题聚类、内容挖掘等知识服务，从而实现信息资源的开发和增值。

Europeana 的元数据注册系统 EuMDR（Europeana Metadata Registry）用来管理和发布该项目参建方所使用的元数据模型和具体元素，并实现不同数据模型之间的转换。除了实现上述功能外，EuMDR 还将作为系统的组成部分被整合到 Europeana 环境中，为其他服务提供支持，如 REPOX 可以利用 EuM-

DR 将原始元数据转换成 ESE 或 EDM 等不同的元数据框架，方便用户查询①。

（2）转换

转换主要是指信息资源的描述方式从一种元数据标准转为另一种元数据标准。在这个转换过程中，最重要的问题就是数据丢失或失真。如果转换过程中包含了数据值，尤其是目标格式比源格式更加细化，包含更多细节元素时，就必须将源元数据记录分解为更细小的单元，如从 DC 到 MARC 的转换，从而导致数据失真；而反之则会造成数据的丢失。此外，如果元数据的取值需要参考受控词汇，也会让转换变得更加复杂。正因为上述情况的存在，在开展元数据标准转换时应该制定相应的操作指南予以辅助。这也是保障该方式在大型文献数字化项目中有效应用的关键。AM 利用 LC 创建的转换工具 MODS，先实现 MODS 与 MARC、MODS 与 DC 的转换，继而实现 MARC、MODS、DC 三种标准之间的转换，如表 6 – 10 所示。

表 6 – 10　AM 中 MODS、DC、MARC 三种标准之间的转换

MARC	MODS	DC
130，210，241，242，245，246，730	＜titleInfo＞题名	Title
100，111，700，711，712，720	＜name＞名称	Creator，Contributor
06	＜typeOfResource＞数据类型	Type
08	＜genre＞题材	Type
008/07 – 10，15 – 17，033，044，250，260，07，310，321	＜originInfo＞来源资源	Publisher，Date
008/35 – 37，041	＜language＞语言	Language
006，007/11，13，008/23，29，256，300，856	＜physicalDescription＞物理特性描述	Format
520	摘要	Description
505	＜tableOfContents＞目录	Description
008/22，521	＜targetAudience＞适用对象	

① Europeana. D5.1.1 Europeana metadata registry［EB/OL］.［2018 – 04 – 07］. http://pro. europeana. eu/documents/12117/1000137/The + Europeana + Metadata + Registry.

续表

MARC	MODS	DC
245，5XX	< note >附注	Description
034，045，255，600，610，611，630，650，651，653，752	< subject >主题	Subject，Coverage
050，060，080，082，084，086	< classification >分类号	Coverage
534，440，490，700，710，711，730，740，760 – 787，800 – 830	< relatedItem >相关款目	Source，Relation
010，020，022，024，028，037，856	< identifier >识别号	Identifier
852	< location >位置	
506，504	< accessCondition >取得条件	Rights
	< part >	
	< extension >延伸信息	
001，003，005，008/00 – 05，940	< recordInfo >纪录信息	

（3）关联数据

关联数据作为社会网络环境中信息资源整合的新技术，虽然还处于研究阶段，但其超越了格式框架的限制，代表未来网络资源应用发展的方向，值得关注。

关联数据采用 RDF 数据模型，利用统一资源标识符（URI）命名数据实体，并发布和部署实例数据，从而可以通过 HTTP 协议揭示并获取这些数据，同时强调数据的相互关联以及有益于人机理解的语境信息①。

关联数据之所以可以用于元数据的互操作，是因为关联数据打破了传统元数据的存在形式，不再局限于某一模式或应用框架中，而是将元数据标准中的每一个元素都用 RDF 三元组的方式进行描述，然后发布在网络中并部署实例数据，利用元素之间的关联，通过 HTTP 协议进行整合。

在这种情况下，要进行信息资源整合或是集成检索，就不必再考虑不同元数据标准之间的差异，只需要将符合检索要求的 RDF 三元组进行集成就可

---

① Linked data FAQ［EB/OL］.［2012 – 03 – 07］. http://structureddynamics.com/.

获取想要的信息资源。假设图书 The Organization of Information 在 CDL 中有其书目信息，在 Google Book Search 中有用户对其评论。通过元数据采集或转换，很难采集到 Google 中的用户评价；但是如果采用了关联数据，关于该书的每条信息都可以用 RDF 进行表示，这样即使是不同的来源、即使其内容不是元数据标准规定的核心元素，只要它们有一个匹配点（如图 6-12 所示，ISBN 号匹配），便可以实现两个数据集的关联，从而实现元数据互操作的最终目的。

Europeana 在 data. europeana. eu 中已发布了关于文本、图片、视频、音频等类型的 240 万条开放数据，这些数据来自欧洲 15 个国家的 200 多个文化机构，其中很多数据就来自于其他机构提供的开放关联数据，如法国国家图书馆、瑞典国家图书馆等。Europeana 收集的数据范围广泛，不仅包括传统的书目记录，还有维基百科描述、用户标签与评论、社会网络活动及用户照片及视频等。经过整理后再以关联数据发布的数据，不仅内容得到丰富，而且可关联的范围也得到拓展。Europeana 开展关联数据项目的主要目的是帮助 Europeana 成为欧洲文化信息的权威来源，及欧洲文化遗产宣传推广的重要渠道①。

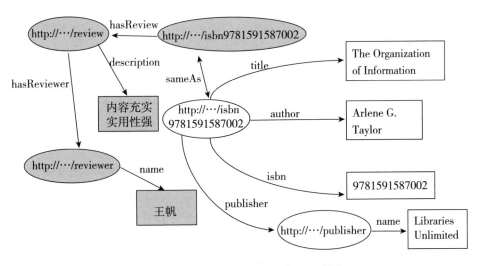

图 6-12 应用关联数据的元数据互操作

注：本图由笔者绘制。

① Europeana linked data［EB/OL］.［2012-03-07］. http://pro. europeana. eu/linked-open-data.

6.5.4 对我国大型文献数字化项目元数据互操作的启示与建议

（1）启示

通过上述调查，笔者认为目前大型文献数字化项目元数据互操作正朝着细粒度、去格式化的方向发展。

1）细粒度

所谓细粒度，是指随着元数据描述和揭示程度的不断加深，对数字对象具体特征的全面描述和各元素内在关系的深度揭示，传统的基于框架模式的转换将逐渐减少，而更倾向于面向具体元素的关联。这就意味着在今后元数据互操作实践中，不仅应该关注各项目采用的元数据标准和框架，更重要的是看其对具体元素的描述方式和开放程度，这才是提高其互操作性的基本保障。

2）去格式化

所谓去格式化，与细粒度相辅相成，在对数字对象描述深入细致的要求下，元数据互操作正在经历由形式到内容的转变，即将对格式一致、兼容、转换的关注逐渐转移到元数据元素描述的可读性与规范化。在统一的描述语言和规则中，即使其描述对象、描述深度、取值的受控词汇、来源框架差异显著，但由于其互操作对象由关于数字对象的一条完整格式记录转换为描述该数字对象某一具体特征的内容元素，互操作中就将格式障碍降到了最低。

（2）建议

为了迎合这种发展趋势，我国大型文献数字化项目元数据互操作应从以下方面着手改进。

1）应将元数据互操作纳入项目建设规划

元数据互操作是信息资源整合的基础。大型文献数字化项目通常由多个机构合作建设，而信息资源整合是项目发展中必须面临的问题。通过上述调查笔者发现，越是在项目建设初期，开展元数据互操作的方式越多样，工作量和工作难度相对越小。所以，在我国大型文献数字化项目建设发展的过程中，应在项目规划阶段就考虑元数据互操作问题。首先应调查了解相似项目和相关资源，选择或构建一种适合当前资源环境的元数据标准，既要保证该标准尽可能详尽描述项目的数字资源，又要与其他通用标准进行映射，还可以构建元数据注册系统，吸纳其他相关标准及元素，成为不同元数据框架转换的中介，从而避免了项目建成后的弥补与修正。

2）推进新技术在元数据互操作中的应用

调查显示，我国的大型文献数字化项目采用的元数据互操作方式较为单一，主要集中在元数据映射和集成采集协议等方面，这种情况会直接影响互操作的广度与深度，所以丰富元数据互操作方式是目前我国大型文献数字化项目互操作建设中面临的主要问题。因此，新技术的应用势在必行。如调查中显示的关联数据在 Europeana 的应用，可以细化信息资源描述的粒度，元数据标准中的每一个元素都可以以 RDF 的形式表示实例数据，这样就可以打破元数据模式和应用框架的局限，提高资源被发现的概率，同时还可以将存在于网络中各类相关资源进行链接，从而扩大可用资源的范围。

3）构建逻辑模型

元数据互操作的逻辑模型是指关注元数据内容而非元数据格式的互操作方式。这就要求打破目前元数据互操作的格式界限。就大型文献数字化项目而言，被调查的 8 个项目均自建了元数据标准，相应的就有 8 种不同格式，所以元数据的格式无法穷尽，实现不同格式之间的互操作工作量过大，而且范围过于宽泛。如果构建元数据互操作的逻辑模型，则互操作的关注点就从形式转移到内容，可以采用通用标识语言 XML 构建一种中介格式，如将MARC 数据记录转换为 MARC XML 格式，然后以此格式为中介，与其他文档格式、元数据格式和网络文档进行转换，将格式对元素内容的影响降到最低；或以此为基础建立统一描述规则如 RDF 描述每一个元素。由于 XML 是网络环境中普遍应用的结构化语言，在同一种语言下进行转换障碍较少，也便于搜索引擎的理解与反馈，从而可有效实现项目资源与网络资源的整合，以及实现与外部系统的跨系统、跨平台应用。

4）构建统一的元数据框架

大型文献数字化项目通常由多个机构合作开展，而且这些机构性质多样，不同性质机构采取的元数据标准存在很大差异。如商业公司以检索为目的，其元数据标准相对简洁；而文化遗产保护机构基于长期保持的目的，元数据著录翔实丰富。即使机构的性质相同，由于自身固有的一些特点，所采用的标准也不尽相同，图书馆通常采用 MARC，档案馆采用 EDA，而有的博物馆则采用 DC。在这种情况下，建立一个统一的元数据框架显得尤为重要，这也是大型文献数字化项目的元数据互操作面临的特有问题。

其次，大型文献数字化项目所涉及的文献种类和格式多种多样，要实现项目内部数字资源的有效识别、传递和应用，就必须构建统一的元数据框架。就目前我国大型文献数字化项目发展的现状来看，针对具体类型的文献，如古籍、拓片、甲骨、家谱、舆图等的元数据标准已经建立，但是统一的元数据框架尚未搭建完成，可以借助于元数据注册系统予以全面收集，也可以构建基于 FRBR 模型的 RDA 要素集。这样不仅可以对所有类型文献的描述元素进行全面呈现，而且可以借助于 FRBR 揭示的关系路线，有效地建立作品、形式、载体、单件等不同实体间的关系。

5）开展知识组织系统的互操作

本书所调研的元数据互操作是互操作层面的一个基本问题，也是目前大型文献数字化项目在互操作领域采取的主要措施。除此之外，还存在很多高级别的互操作问题，其中知识组织系统的互操作就是目前本领域面临的难题之一。曾蕾认为，"元数据的互操作看似简单，一旦一些元素已经赋值，而且其取值于受控词汇时，就会使情况变得十分复杂，难免会造成互操作过程中数据的失真或遗失"。目前基于术语表、叙词表、本体等的互操作研究已经广泛开展，也取得了很多成果，但多是针对某一具体领域，如农业、教育行业等。大型文献数字化项目的文献资源涉及学科广泛，年代跨度大且类型多样，需要用到多种受控词汇。可以借助本体、SKOS、NKOS 等数据模型，发现知识组织系统中内容概念及其相互关系，利用这些关系可以构建、复用知识组织系统，进而从根本上保障互操作的质量与效果，为信息资源的无缝链接与应用奠定基础。

6.6　大型文献数字化项目利用 Mashup 技术整合网络信息资源

Mashup 网站是一个 Web 页面或应用程序，从两个或以上的外部在线资源链接数据。外部资源极可能是其他的 Web 站点，并且站点上的数据被 Mashup 开发员使用不同的方法获得，这些方法包括但又不仅仅局限于 APIs，XML 数据源（XML Feeds）和屏幕抓取。互联网中存在大量成熟的 API，根据 Mashup 权威注册机构 ProgrammableWeb 的统计，截止到 2011 年 5 月 23

日，已经注册的 Mashup 站点已有 5826 个，已注册的 API 多达 3274 个，如图 6-13 所示。具体到图书领域，2011 年，已注册的关于图书方面的 API 有 86 个，其提供方既有 IT 公司，如 Google、微软、雅虎等，也有社会化网站，如 Facebook、Twitter，还有一些出版社和图书销售商，如 Alibris、Amazon。另外一些大型文献数字化项目也提供 API，如 Open Library，Europeanna 和 Google 图书搜索。而截止到 2016 年 10 月 2 日，已注册的 API 多达 15 838 个。

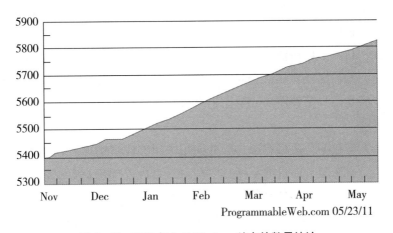

图 6-13 2011 年 5 月 Mashup 站点的数量统计

注：本图来自于 Programmable Web 网站①。

这些 API 为大型文献数字化项目提供丰富资源，成为大型文献数字化项目开发新服务的资源和工具。将其进行二次开发，可以快速研发，节约开发成本和系统维护成本。大型文献数字化项目作为 Mashup 应用方时，要实现信息资源的整合，需要完成的主要任务是尽可能获取相关的资源与服务的 API，然后对其进行调用、解析和融汇组织，从而创建一个 Mashup 应用。利用 Mashup 技术开展信息资源整合的优势在于，资源提供方已经将资源分门别类地封装成不同类型的 API，API 内的资源发生变化但是所生成的 API 不会有变动。而且服务提供方所调用的也不是具体的资源而是这些 API。这就意味着服务提供方不必再根据资源的变化而不停地维护资源链接，只要获取了相关资源的 API，进行解析和链接即可，这就大大降低了工作负担。

---

① Mashup sites statistic[EB/OL].[2011-06-25]. http://www.programmableweb.com/.

6.6.1 利用 Mashup 技术开展信息资源整合的目标与双重身份

（1）利用 Mashup 技术开展信息资源整合的目标

大型文献数字化项目利用 Mashup 技术开展信息资源整合，力图实现以下目标：

充分利用已有的资源与服务。这些资源和服务既可以来自于大型文献数字化项目所生产的资源和提供的服务，也可以来自于第三方机构，尤其是网络环境中存在的有用的资源与服务。

集成创新、提供增值服务。Mashup 技术的基本特征就是将来自两个或多个外部资源的数据或功能整合起来，创造新的信息对象和服务系统。这种创建是为了满足用户某种需求或是完善某种功能，在一定程度上会实现信息与服务的升值。

支持大型数字化项目资源与服务向用户所在环境的嵌入。大型文献数字化项目信息资源整合的目的不仅是实现对项目内外部信息资源的链接，方便用户的使用；更重要的是对信息资源整合的成果进行推广，提高用户的使用率。利用 Mashup 技术，可以将大型文献数字化项目的资源按照特定的功能和需求，进行组件封装与开放，方便 Mashup 应用者通过社会网络空间（如 Facebook、mySpace）、个人电脑桌面系统（如 Mac OS Dashboard、Google Desktop）对其进行调用，支持资源与服务的重组与复用。

利用 Mashup 技术，用户可以参与到网络构建中来。随着技术的进步，网络逐渐成为一个平台，用户从单一的信息消费者变为信息生产者和服务构建者，他们不仅可以共享资源与知识，而且可以利用已开放共享的资源创建符合自身需求的新服务，实现信息需求的自助满足，从而提升了自身的信息素养。

（2）Mashup 信息资源中大型文献数字化项目的双重身份

通过对上述目标的分析发现，在利用 Mashup 技术进行信息资源整合的过程中，大型文献数字化项目具有双重身份。

作为资源和服务的提供方，大型文献数字化项目需要将与其资源和服务相关的信息进行链接与集成，在这个过程中，大型文献数字化项目是作为 Mashup 应用方，需要通过一定技术来获取相关的数据源，通常表现为调用各类型已封装的 API，对相关函数、数据进行解析，从而形成新的资源与服务。

作为资源与服务的拥有方，为了提高资源的使用效率，扩大项目的影响力并实现其最终的价值，大型文献数字化项目也需要将其资源与服务按照特定的功能与需求进行开发，选择相关的服务并封装成标准的组件接口，建立 Mashup 组件库，然后再通过 Mashup 服务器对其进行注册、发布、服务代理以及支持第三方调用。在这个过程中，大型文献数字化项目就是 Mashup 的提供方。

6.6.2　大型文献数字化项目作为 Mashup 应用方

大型文献数字化项目作为 Mashup 应用方首先需要了解和掌握一定数量、可用的资源与服务，在此基础上就可以利用 Mashup 技术开展信息资源的整合。

（1）Mashup 应用的创建流程

Mashup 应用的创建流程分为 3 个主要步骤，如图 6－14 所示：首先利用资源获取技术，遵循一定的资源传递协议及标准，尽可能多的获取来自于大型数字化项目内外的资源与服务。其中项目外部的资源与服务是获取的主要对象，主要通过调用已有的 API 函数来实现。接下来需要对所获取的数据通过过滤、转换、结合、添加、聚类等方式进行分析、处理和集成。在这一环节中，需要通过编程实现。最后，将处理好的结果进行呈现，其表现方式多样，如融汇组件（Widget）、HTML、XML 等。其中所生成的融合组件 Widget 经过封装后可以形成具有特殊功能的 API，供其他 Mashup 应用方调用，从而形成了有效的循环，实现信息资源的复用与增值。

图 6－14　Mashup 应用的创建流程

注：本图来自于《从集成检索到集成融汇》①。

---

① 李春旺. 从集成检索到集成融汇［R/OL］.［2018－04－22］. http://159.226.100.150：8085/lis/netjournal/LIS…/从集成检索到集成融汇. pdf.

（2）基于 API 的大型文献数字化信息资源整合

基于 API 的大型文献数字化项目的信息资源整合主要通过调用已有资源 API 的方式，实现大型文献数字化项目对相关资源的链接。在获取、融汇和呈现过程中，根据用户的检索需求动态生产相关的资源获取请求，用户请求通过 Mashup 服务器的解析与处理后，通过 REST（Representational State Transfer）协议向相关数据库发出请求，并调用相关的 API；继而将返回的结果通过 Mashup 服务器或是客户端浏览器的组织和融汇，最终返回给用户。

以图书为例，数字图书作为大型文献数字化项目的主要数字化产品之一，在信息环境中存在很多相似的资源可供整合，如用户在社会化网站中发表的书评、图书馆 OPAC 中存在的其原始资源的书目信息，以及搜索引擎中的相关资源和其他数字化项目中提供的全文文本等。只要上述机构提供了开放的 API，就可以对其进行调用并整合。

在调用与融汇过程中，首先要解决的是如何准确地获取信息，即通常所指的检索匹配问题，常用的检索标识有 ISBN、作者、题名、分类号等。以 Open Library 为例，其提供的检索标识有 ISBN、OCLC 标识符、LCCNs 号（美国国会图书馆分类号）和 OLIDs（Open Library 内部的标识符）。再通过 GET 方式请求将用户的检索词与 API 中提供的内容进行检索标识的匹配，如果 API 中保存此书的信息，就将这部分内容进行调用。如果只是调用一个 API，那就可以将符合要求的数据进行分析整合，通过修改 Html DOM 的方式直接实现客户端浏览器页面的更改；如果同时调用多个数据库，则需要将返回的结果进行综合处理，通常采用将调用返回的多个 XML 数据混合到一个 XML 文档中，并且使用 XSLT 将这个文档转化为一段 XHTML 代码，然后把这段 XHTML 代码插入到此网页中。

在大型文献数字化项目网站中提供图书评价排行榜，就可以借用 Mashup 技术，分别获取用户所需要的某一类型的图书信息和与其相关的评价信息，整个过程以 Mashup 站点为中心协调完成，如图 6 – 15 所示。首先，根据用户的检索条件调用大型文献数字化项目的 API，获取相应的书目信息，通过 XML 处理后将其进行保存；接下来对这些书目信息中包含的 ISBN 号进行抽取，并将其作为与社会化网站相匹配的检索标识；如果社会化网站中包含了这个 ISBN 号，即意味着该网站中收录了这本图书，然后将有关这本图书的评价信息一同返回给 Mashup 站点。最后通过一定的计算方法，得出每本图书的综合分值，从而得到图书评价排行榜，并反馈给用户。

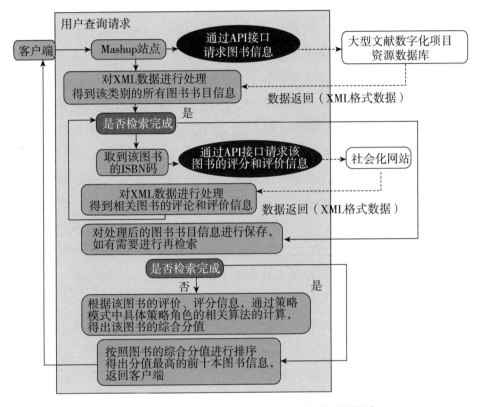

图 6 – 15 基于 API 的大型文献数字化图书资源整合

注：本图由笔者参照《基于 Mashup 的推荐书目服务的实现》①绘制。

6.6.3 大型文献数字化项目作为 Mashup 提供方

大型文献数字化项目通过数字化获取了大量数字资源，这些资源丰富了用户的使用。但是，目前网络中存在海量的数字资源，而用户的检索能力存

---

① 李凌,马蕾.基于 Mashup 的推荐书目服务的实现[J].现代图书情报技术,2009(2):107 – 111.

在差别，要想从中获取大型数字化项目所生产的信息资源并非易事。这就需要大型文献数字化项目不仅要引进来，更要走出去。

（1）API 的封装方式

API 最主要的封装方式就是通过 Mashup 表示层组件技术把不同的服务以标准的组件模型封装，方便应用者在表示层进行 Mashup 集成。目前常用的 Mashup 表示层对象组件主要有 Portlet 和 Widget 两类。Portlet 被打包成 War 文件格式部署到 Portlet 容器里。它基于 Java 技术，对于用户来说其开发与部署比较复杂。而 Widget 的技术结构主要是 XML 文件、CSS 文件和 JavaScript 脚本，是一段由 HTML/XML 编码的 Web 应用片段，定义组件在浏览器中的布局风格、外观属性，定义组件内容、显示方式，无须编译，可直接嵌入第三方页面中标准接口，支持 Widget 间通信。Widget 主要功能包括信息可视化呈现、操作响应机制、向页面中增加数据、从其他数据源装载数据和与其他 Widget 通信等。如 Netvibe 提供了一个基于 JavaScript 框架的 Widget 对象类及 API，封装了 Widget 属性、事件和方法，支持对 Widget 的使用和操作、数据请求和交换、参数调用及样式和元素的扩展等。由于 Netvibes 运行环境会自动建立 Widget 对象实例，开发人员利用 JavaScript 代码可以直接调用 Widget 事件、方法①。

（2）大型文献数字化项目 API 的生产原则

大型文献数字化项目作为 Mashup 提供方在生成 API 的过程中，要秉承以下几个原则：一是要包含数字化资源的基本信息，提供图书 API 首先要明确其包含基本的检索标识，如 ISBN、分类号、主题词和系统生成的唯一标识符。二是在提供基本信息的基础上还应该提供一些细节信息，方便应用方的使用，其内容可与常用的描述元数据类似。三是根据具体的服务功能和用户需求，提供不同类型的 API，如为了实现全文检索可以提供书内检索 API，为了实现主题检索可以提供主题检索 API，为了反映资源与服务的最新变化可以提供"最新变化"API。

---

① 刘芳,李春旺,王昉. Mashup 组件技术研究［J］. 现代图书情报技术,2009(12):7－11.

（3）大型文献数字化项目 API 的内容与结构

下文以 Open Library① 为例分析大型文献数字化项目提供的 API 的具体内容与实现。从 API 内容和结构来讲，其应该包括以下几个部分：

1）脚本标签

首先应该提供一个方便利用 Java 进行查询和调用的脚本标签，其核心部分就是一个 URL 格式，如 Open Library：

< scriptsrc = " http：//openlibrary. org/api/books? bibkeys = ISBN：0451526538&callback = mycallback" > </script >

2）请求格式

API 的请求格式主要用来定义和支持下列查询参数：检索入口（bibkeys）、格式、调用参数和 jscmd 变量等，如表 6 – 11 所示。

表 6 – 11 Open Library 的 API 请求格式

请求格式	内容
Bibkeys	ISBN、OCLC 号、LCCNs 号和 OLIDs
格式（format）	指定了返回格式，其可用参数为 json 和 JavaScript，其中 JavaScript 为默认值
调用参数（callback）	指定了调用的结果的 JavaScript 函数名，目前 Open Library 只支持 JavaScript 格式
jscmd 变量	其参数决定了每个匹配的检索标识（bibkey）中所提供的信息详略程度，可选属性有 viewapi 和 data，默认属性为viewapi

注：本表由笔者根据 Open Library 的 API 技术文档制作。

3）响应格式

针对每一个完成匹配的 bibkey，API 的响应都会包含一个 JSON 对象，其内容由 jscmd 参数决定。

4）数据格式

一个 JSON 对象的内容取决于 jscmd 的参数。jscmd 的参数包括 viewapi,

---

① Open Library API［EB/OL］.［2018 – 04 – 23］. http：//openlibrary. org/dev/docs/api/books.

data（details）。其中参数 data 和 details 所显现的内容基本类似，但 jscmd =
data 这种格式更为稳定。

当 jscmd 不专指或是当 jscmd = viewapi 时，每个 JSON 对象均包含以下
内容，见表 6 - 12。

表 6 - 12　Open Library 中 jscmd 不专指时 JSON 对象的内容

参数	备注
Bib_key	查询图书的检索标识
info_url	Open Library 中关于该书的页面网址
preview	图书预览状态
preview_url	当图书提供全文时，其具体预览的页面网址
thumbnail_url	图书封面的页面网址

注：本表由笔者根据 Open Library 的 API 技术文档制作。

当 jscmd = data 时，则提供实现匹配的所有图书的详细信息，包括以下内
容，见表 6 - 13。

表 6 - 13　Open Library 中 jscmd = data 时 JSON 对象的内容

参数	备注
url	该书的网址
title and subtitle	图书的主标题和副标题
authors	图书的作者列表
identifiers	图书的所有标识符，如 ISBN，LCCN，OCLC 等
classifications	图书的分类号，如美国国会图书馆分类号，杜威十进制分类号
subjects，subject_places，subject_people，subject_times	主题词，地点、人物、时代等主题词
publishers	出版者
publish_places	出版地
publish_date	出版日期
excerpts	图书摘录，包括评论、文摘等
links	链接列表
cover	图书封面网址，分为大、中、小 3 种类型

续表

参数	备注
ebooks	相应电子图书的网址
number_of_pages	图书的页码
weight	图书的体积和重量

注：本表由笔者根据 Open Library 的 API 技术文档制作。

（4）大型文献数字化项目特定功能 API 的构建

大型文献数字化项目在进行标准组件封装的过程中，需要根据系统的服务需求和特定功能进行组织和封装。下文借鉴 Open Library 提供的 API，探讨如何构建具备特定功能的 API。

1）书内检索功能的 API

书内检索 API 通常需要包含一个文本域"text"，即一句完整的话，其中包含了检索结果，匹配项以 {{{like}}} 标识。同时还会标识出具体的位置，如页码及由高、宽组成的坐标显示在某一页中的具体位置；另外，还有"boxes"字段，标注从相匹配字段中析出的特征信息；而连字符则意味着匹配项存在跨行、跨页的现象①。

比如，要在 http：//ia341335. us. archive. org 中实现书内检索，查找"library science"，根据其检索需求，经过匹配生成的 API 如图 6 - 16 所示：

```
reply({
        "ia":"designevaluation25clin",
        "q":"\"library science\"",
        "page_count":224,
        "body_length":475677,
        "leaf0_missing":true,
        "matches":[
            ...
        ]
})
```

图 6 - 16　Open Library 的"书内检索"API 编码

注：本图由笔者根据 Open Library 的 API 技术文档绘制。

---

① Open library API［EB/OL］．［2018 - 04 - 25］．http：//openlibrary. org/dev/docs/api/search_inside.

上述的 JSON 对象反映了检索反馈的基本信息,如具体的文档名"desig-nevaluation25clin",检索词"library science",页码为 224 页。而其中具体的匹配结果如图 6 – 17 所示:

```
{
    "text":"The first Clinic on Library Applications of Data Processing was held at the Illini Union on the Urbana – Champaign campus of the University of Illinois,April 28 – May 1,1963 under the sponsorship of the University of Illinois Graduate School of {{{Library}}}{{{Science}}}. Writing in the Foreword to the Clinic proceedings,Herbert Goldhor(1964)provides the rationale for sponsoring such a Clinic:",
    "par":[
        {
            "page":14,"page_width":2134,"page_height":3328,
            "b":1090,"t":700,"r":2024,"l":192,
            "boxes":[
                {"r":1560,"b":957,"t":899,"l":1378},
                {"r":1767,"b":957,"t":899,"l":1587}
            ]
        }
    ]
}
```

图 6 – 17   Open Library 的"书内检索"结果

注:本图由笔者根据 Open Library 的 API 技术文档绘制。

2)主题检索功能的 API

首先构造检索式,假设要检索爱情方面的图书,即 subject = love,而返回的结果为《傲慢与偏见》一书,则将检索结果进行封装,如图 6 – 18 所示[1]。

如果查询参数设置 details = ture, 则所有相关的主题、主要出版社、多产作家、出版历史等内容将同时被反馈, 如图 6 – 19 所示。

---

[1]   Open library API[EB/OL].[2018 – 04 – 24].http://openlibrary. org/dev/docs/api/subjects.

```
GET/subjects/love. json
{
    "key" :"/subjects/love" ,
    "name" :"love"
    "subject_type" :"subject" ,
    "work_count" :4918 ,
    "works" :[
            {
            "key" :"/works/OL66534W" ,
            "title" :"Pride and prejudice" ,
            "edition_count" :752 ,
            "authors" :[
                    {
                            "name" :"Jane Austen" ,
                            "key" :"/authors/OL21594A"
                    }
            ],
            }
}
```

图 6 - 18　Open Library 的"主题检索"的 API 编码

注:本图由笔者根据 Open Library 的 API 技术文档绘制。

```
    "authors" :[
            {
                    "count" :28 ,
                    "name" :"Plato" ,
                    "key" :"/authors/OL12823A"
            },
            {
                    "count" :21 ,
                    "name" :"Ruoquan Wu" ,
                    "key" :"/authors/OL5638565A"
            },
    ],
    "subjects" :[
            {
                    "count" :914 ,
                    "name" :"Religious aspects of Love" ,
                    "key" :"/subjects/religious_aspects_of_love"
            },
            {
                    "count" :887 ,
                    "name" :"Christianity" ,
                    "key" :"/subjects/christianity"
            },
    ]
```

图 6 - 19　Open Library 的"主题检索"的结果

注:本图由笔者根据 Open Library 的 API 技术文档绘制。

253

（5）大型文献数字化项目的 API 的推广

对于大型文献数字化项目生成的 API，首先要将封装好的组件进行登记、注册和发布。如租用主机、自行架设服务器等。目前而言，一个更好的选择是利用已有的应用开发和部署平台。如 Google App Engine 是运行开发人员在 Google 的基础设施创建 Web 应用，支持 Python 和 Java 两种编程语言，并提供数据存储、高速缓存、邮件和图像处理等服务。另外，大型文献数字化项目的 API 应支持图书馆服务向用户所在环境的嵌入，如嵌入用户浏览器、桌面工具、协作科研平台、教学管理系统、个人学习环境等，方便用户使用。纽约公共图书馆 Homework NYC Widgets 项目将其拥有的资源根据服务功能分别创建了支持 Web2.0 功能的书目服务 Widget、支持跨库检索 Widget、支持定题服务 Widget、支持个人网络书签 Widget、支持教师咨询服务 Widget 等；从而总结出用户最喜欢的书、电影、音乐和游戏，学生完成家庭作业最需要的资源，并实现这些资源在用户间共享①。

大型文献数字化项目还可以通过提供 OpenAPI，向开发者开放其数据库，以开放平台的模式运营。比如可以将通过大型数字化项目建立的机构库中的信息资源，根据作者进行检索封装，这样教师或是学生在撰写个人简历列举个人科研成果的时候，就可以通过自己的浏览器直接查询、调用并生成这部分资源；如果提供了学位论文数据库的 OpenAPI，还可以将教师所指导的学生论文信息也实现集成链接。

6.7 大型文献数字化项目利用关联数据整合网络信息资源

截至 2017 年 8 月，关联数据中已存在 9960 个相互关联的数据集，1494 亿个 RDF 三元组。2014 年关联数据统计报告显示，较为集中的几个数据集为政府类（Government）有 183 个数据集，地理类（Geographic）拥有 21 个数据集，媒体类

---

① New York Public Library. NYPL widgets：a decentralized approach to homework help［EB/OL］.［2018 – 02 – 28］. http：//labs. nypl. org/wp – content/uploads/2009/04/listbuilding_widget_rfp_two. pdf.

（Media）拥有 RDF 三元组 18 亿个，出版类（Publication）拥有 96 个数据集，跨领域（Cross – domain）拥有 41 个数据集，生命科学（Life science）拥有 83 个数据集，"用户生成内容"类（User – generated content）拥有 48 个数据集①。

与目前普遍采用的 API 相比，关联数据具有很多优点。利用 API 构建的应用，一般是在程序层面来实现的，而利用关联数据构建的应用则可以在数据层进行，为特定领域的应用开辟了新的可能性。关联数据为资源发现服务提供了良好的途径。关联数据创造了把资源和外部世界相互连接起来的机会，可以增强和扩展资源发现平台，以及支持资源在学术交流环境下作为创建者和出版者的作用。

6.7.1 大型文献数字化项目的关联数据发布

大型文献数字化项目利用关联数据实现信息资源整合，首先要解决的问题是将大型文献数字化项目生产的数字资源发布成为关联数据。其前提是对数字资源进行 RDF 描述，相关内容已在本书的第 4 章进行论证。

（1）关联数据的发布流程

在 RDF 描述的基础上将这些 RDF 描述作为关联数据在 Web 中进行发布，大致可分为以下 6 个步骤，每个步骤及基本内容详见表 6 – 14。

表 6 – 14 关联数据的发布流程

步骤	具体内容
第一步，需要了解关联数据的相关原则①	①使用 URI 作为 Web 上任何事物或资源的标识名称；②使用 HTTP URI 使得任何人都可以定位并查找对应资源；③当特定的 URI 被访问时，提供与该资源相关的有用信息，并且提供统一的标准；④尽可能地提供相关的 URI 以使人们发现更多的信息
第二步，了解所需要发布的数据	①应了解数据的核心内容，如其人物，地点、类型、体裁等；②应了解描述这些数据所需的词汇

---

① State of the LOD cloud 2014[EB/OL].[2018 – 04 – 21]. http://lod – cloud. net/state/state _2014/#toc1/.

② Linked data design issues[EB/OL].[2018 – 04 – 24]. http://www. w3. org/DesignIssues/ LinkedData. html.

续表

步骤	具体内容
第三步，为所要发布的数据选择合适的URIs	①利用 HTTP URIs；②避免与其他命名机制重复；③URI 应该尽量避免应用细节；④可以利用"#"和"/"
第四步，建立便于关联数据发布和应用的基础框架	①利用 PHP 快速执行数据库资源的动态网页；②利用 HTTP 的 GET 请求来进行 HTML 或 RDF 格式资源的请求；③通过内容协商实现请求响应和资源获取
第五步，与其他数据集进行链接	①采用一些常用的谓语；②通过基本的链接方式链接；③通过链接框架实现链接
第六步，描述和发布关联数据	①可以通过对数据提供使用许可或是放弃权利等方式增加使用；②通过将数据发送到专门站点、增加通用描述等方式实现

注：本表由笔者根据 *How to Publish Linked Data*[①]制作。

（2）大型文献数字化项目的关联数据发布方式

具体到大型文献数字化项目，其数字资源的关联数据在 Web 中发布主要是通过术语注册、SKOS 的关联数据化、书目数据的关联数据化和数字资源组织本体的关联数据化等方式实现[②]。

1）术语注册的简单实现

可以通过术语注册对资源描述的元数据进行注册，然后将注册好的元数据通过关联数据发布，增加资源被发现和链接的概率。

2）SKOS 作为关联数据

这主要是将知识组织工具通过 SKOS 实现关联数据化，搭建知识组织系统到关联数据之间的桥梁。信息资源整合要建立在信息组织的基础上，而信息组织的实现主要依赖于各类知识组织系统的合理应用。利用已经实现关联数据化的知识组织系统对信息资源进行组织，也就间接实现了信息资源的关

---

① HEATH T,HAUSENBLAS M,BIZER C,et al. How to publish linked data on the web［EB/OL］.［2018－04－24］. http://www4. wiwiss. fu－berlin. de/bizer/pub/LinkedDataTutorial.

② 刘炜. 关联数据的意义及实现［EB/OL］.［2018－04－24］. http://www. slideshare. net/keven/linked－data－what－for－and－how－to.

联数据化。

美国国会图书馆以 SKOS 格式相继将《美国国会图书馆主题词表》(*Library of Congress Subject Headings*, *LCSH*)、《地理资料叙词表》(*Thesaurus of Graphic Materials*) 等多种词表资源以关联数据的形式发布①，并且提供 LCSH 词表的下载，成为关联数据应用的成功范例，推动了关联数据走向实用。美国国会图书馆除了将权威文档 LCSH 发布为关联数据外，还要创建不同资源之间的关联，如 LCSH 与 LIBRIS 进行关联。

3）将书目数据作为关联数据

在过去几年里，书目数据已经增加了书目以外的信息，如目次、图书封面和评论的链接。但是，这种方法仍然局限于书目层次上的信息。记录并不提供基于主题的信息，或是关于地点和作者的更详细的信息。

关联数据允许文献提供机构关联到更广泛的信息资源，且并不局限于资源本身的信息，可以扩充地点、人员等。通过增加提供信息的范围，为扩展书目信息提供结构化的数据基础，为用户提供新的资源发现和访问服务，可以帮助用户判断是否是所需要的图书、DVD 或期刊，将自己的资源发布为开放关联数据，使用户再链接回图书馆。

书目数据作为关联数据是目前图书馆应用关联数据的成功案例。瑞典国家联合目录（LIBRIS）是全球第一个将书目数据发布成关联数据的联合目录，主要由瑞典皇家图书馆负责管理，开放其 200 多个成员馆的大约 650 万条书目记录、20 万条规范文档记录（人名、地名、主题标目），该馆已经开始创建从联合目录到 DBpedia 的链接，为图书馆界开展关联数据的发布及应用提供了可贵的经验和思路，见图 6 - 20。此外，还有美国国会图书馆、OCLC、德国国家经济图书馆等也都尝试书目数据的关联数据发布。另外，2010 年，德国国家图书馆启动将权威文档发布为关联数据的项目，欧洲核子研究中心图书馆也开展相关的关联数据发布项目。

4）各类实体的本体模型成为关联数据

关联数据集成了 FRBR 显示和整合多源数据的优势，建立起图书、作者、

---

① MALMSTEN M. Making a library catalogue part of the semantic web[EB/OL]. [2018 - 04 - 23]. http://dcpapers. dublincore. org/ojs/pubs/article/viewArticle/927.

馆藏信息和外部信息之间的连接网络。其中以图书资源为起点，可以通过元数据链接到作者、主题、用户评注和馆藏信息，而作者信息节点又可以扩展到权威文档、dbpedia 和 wikipedia 等社会性网站上有关该作者的信息；同时还能扩展到该作者的其他书籍信息。主题节点也可以通过 SKOS 和网络本体语言 OWL 关联到相关主题和外部资源，提供了丰富的数据扩展与利用空间。

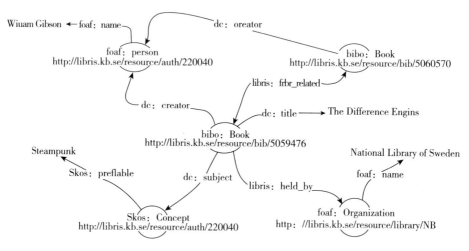

图 6 – 20　瑞典国家联合目录的关联数据示意图

注：本图来自 *LIBRIS—Linked Lirbrary Data*[①]

6.7.2　大型文献数字化项目中建立不同关联数据集的链接

上文已经论述了大型文献数字化项目核心的描述数据的关联数据发布，即大型文献数字化项目的初步关联数据化，接下来要解决的问题是作为关联数据的大型文献数字化项目的数字资源如何与其他关联数据集建立关联链接，如何实现不同关联数据集在某一具体领域的整合。

（1）常见的用于链接的谓语

首先应了解常见的用于链接的谓语，如"owl：sameAs""foaf：homepage""foaf：topic""foaf：based_near""foaf：maker/foaf：made""foaf：depiction"

---

① LIBRIS［EB/OL］.［2018 – 04 – 27］. http://www. slideshare. net/brocadedarkness/libris – linked – library – data.

"foaf：page" "foaf：primaryTopic" "rdfs：seeAlso" 等。

（2）基本的链接方式

基本的链接方式大致可分为字符串匹配，如利用相似度计算来比较标签的相似性；关键词匹配，如 ISBN 或是项目 ID；图形匹配，如判断两者之间是否拥有共同的标签、类型等。白海燕对关联数据的自动关联构建进行了系统研究①，关联构建方式分为三种，分别是基于实体的文本映射、图映射和基于规则的管理构建。其中基于实体的文本映射是实现自动关联的基本方法；图映射是对单个三元组比较的扩展，这两种方法都具有很强的通用性，但创建的关系类型却非常有限。而基于规则的关联构建能够创建较为丰富和复杂的关系，但依赖于特定的数据模型和相关规则。

（3）通过关联框架建立关联数据集链接

通过关联框架（Linking Frameworks）如 Silk 和 LinQL 来实现关联数据集的链接。这两个链接框架都是在网络关联数据会议（Linked Data on the Web, LDOW）的 2009 年年会中提出的，其目的就是实现不同关联数据集之间的链接。如实现 DBpedia 中的电影数据与相对应的 LinkedMDB 中导演数据的链接；实现 DBpedia 中城市数据与 GeoNames 中城市数据的链接；实现相似临床药物在 DrugBank 和 DBpedia 的关联等②。

以 Silk 为例，其目标是找到不同数据源之间的关联，从而帮助数据发布者利用 Silk 来建立自己的数据与外部数据源的链接。Silk 具有声明性语言，用于指定哪些类型的 RDF 链接应该在数据源之间建立，以及为保证链接实体必须履行的条件。具体的链接情况还应根据不同的相似度计算，并且基于路径的选择语言考虑实体周围的图形情况。而且 Silk 基于 SPARQL 协议获取数据避免了本地复制数据集。

Silk 最核心的技术就是链接规范语言（Link Specification Language），它用于探索两个实体之间是否存在语义关系；同时也用于制定数据源的访问参

---

① 白海燕，朱礼军. 关联数据的自动关联构建研究[J]. 现代图书情报技术,2010(2):44-49.

② VOLZ J,BIZER C,GAEDKE M,et al. Silk—a link discovery framework for the web of data [J/OL]. [2018-04-27]. http://events. linkeddata. org/ldow2009/papers/ldow2009_pa-per13. pdf.

数，并用于配置缓存、索引和预选函数。该语言可以使用不同聚合函数来整合相似度值，聚合函数、相似度值和转换函数都是从链接探索中抽取的，用来建立关联数据源云中不同数据集之间的链接。除此之外，其构建的核心环节还包括数据获取、链接状态判断、链接语言的选择、预匹配。其中数据获取环节主要是配置访问源和目标数据源的访问参数，其次还可以设置查询延迟时间、结果显示限制机制等。链接状态判断环节是技术的核心，主要用来规范和定义如何计算相似度，以及如何实现一对实体间相似度的比较，利用"内建相似度测量"机制，通过测量字符串、数值、数据、URI、数据集、类目匹配在同一个概念框架中语义距离来实现。其计算结果在0—1之间，值越大表明相似度越高。预匹配主要是为了减少检索负载，节约检索时间。在使用过程中，先要对所有目标资源根据其属性值进行索引，利用 BM25 加权机制对结果进行排名并提供错别字修正机制，只有那些排名靠前的资源才能被选中用于下一步详细的比对，从而作为目标关联对象。

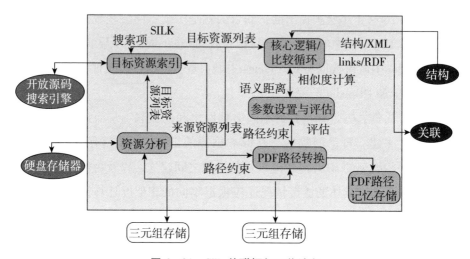

图 6 - 21 Silk 关联框架工作流程

注：本图由笔者根据 *Silk—A Link Discovery Framework for the Web of Data*① 绘制。

① VOLZ J，BIZER C，GAEDKE M，et al. Silk—a link discovery framework for the web of data [J/OL].［2018 - 04 - 27］. http：//events. linkeddata. org/ldow2009/papers/ldow2009_paper13. pdf.

Silk 的应用流程如图 6 - 21 所示，主要步骤如下：在进行相似度比对之前，Silk 首先要对数据源和目标源清单进行通检，其中对与数据源目录相应的 SPARQL 节点进行查询，并将有用的数据缓存在硬盘中以备后用。而目标资源则首先进行索引，然后通过特定的属性或是 RDF 路径评估进行检索。在比对过程中，还应该考量每一个数据源和目标数据被命中的次数，以此为依据进行预匹配筛选，从而大大减少运行时间和网络负载。在接下来的每一对资源详细配对比较过程中，需要根据用户的特定需求进行相似度计算、聚合及评估。将 RDF 路径值传递的功能函数与相似度值经 RDF 路径转换器转换成 SPARQL 查询，并发送到具体的 SPARQL 节点；而查询的结果也会存储在 Silk 的缓存中。如果一对资源的相似度聚合值超过了设定的阈值，则予以保留。完成一一比对后，还要参考系统设置的最大外向链接值进行筛选，只有那些排名靠前且属于最大数量限制内的资源才会被保留，并且将被输出到不同格式文件中，从而建立了不同数据集之间的关联。

6.7.3　针对具体领域的关联数据整合

大型文献数字化项目经过关联数据化后，涵盖众多的资源领域和类型，如书目数据、信息组织工具，具体体现为数字资源描述数据的各子类，如题目、作者、文摘、出版信息等。而用户在检索大型文献数字化项目的资源时通常只选择几个常用的检索入口，所以根据用户的检索习惯，围绕常用检索入口进行关联数据整合是实现信息资源整合利用的最佳途径之一。本书参照奥地利格拉茨工业大学利用关联数据对数字期刊的整合研究①，选择"作者"这一常用的信息资源检索入口来探讨大型文献数字化项目中计算机学科的文献资源如何与其他关联数据集中的相关数据进行整合。之所以选择"作者"信息作为信息资源整合的切入点，首先是因为"作者"是用户进行信息资源检索的最常用的检索入口之一，另外对于现当代学术研究而言，对作者信息的充分挖掘可有效推动科研，如读者可以通过了解更多作者的相关信息来寻

①　LATIF A,AFZAL M T,HELIC D. Discovery and construction of authors' profile from linked data—a case study for open digital journal[J/OL]. [2018 - 04 - 27]. http://events. linked-data. org/ldow2010/papers/ldow2010_paper18. pdf.

求科研学习中的指导，研究者可以此来寻找科研合作伙伴，科研管理机构可以此来全面评价和衡量该作者的科研成绩等。

作者的信息大致可分为个人信息、工作信息、科研履历、研究成果等方面的内容。要实现作者信息的关联数据整合，首先需要找到包含上述信息的关联数据集，然后要通过各种检索途径从相关关联数据集中找出具体的关联数据及其 URI，并将其导入关联数据存储库中，再进行深入的剖析与概念映射，最终通过可视化界面进行显示，如图 6 – 22 所示。

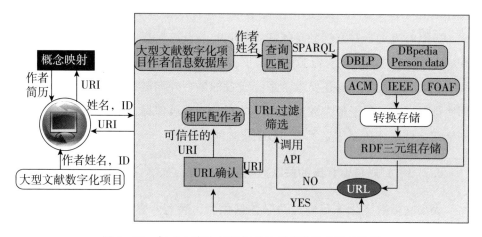

图 6 – 22　与"作者"信息相关的关联数据集整合流程

注：本图由笔者根据 *Discovery and Construction of Authors' Profile from Linked Data*①绘制。

（1）选择合适的关联数据集

在已有的关联数据集中，包含个人信息的主要有 DBpedia、FOAF（The Friend of a Friend）、IEEE、ACM（Association for Computing Machinery）等，而 DBpedia 中与我们关联主题相关的数据集主要是 Persondata 和 Links to DBLP②。其中 Persondata 是利用 FOAF 词汇，从英文和德文版的维基百科中抽取形成的；而 Links to DBLP 则是将 DBpedia 中的计算机科学家与 DBLP 数

① LATIF A，AFZAL M T，HELIC D. Discovery and construction of authors' profile from linked data—a case study for open digital journal［J/OL］.［2018 – 04 – 27］. http：//events. linked-data. org/ldow2010/papers/ldow2010_paper18. pdf.

② DBpedia［EB/OL］.［2018 – 04 – 23］. http：//wiki. dbpedia. org/Downloads34.

据中的相关科研成果通过添加 same：as 关系建立链接，从而形成的一个完整的数据集。另外，大型文献数字化项目的计算机科学方面的数字资源的作者信息，可以通过大型文献数字化项目的书目本体检索获得。但是总体而言，外部关联数据集的中文资源相对较少，限制了关联数据作用的发挥。

在充分掌握相关的关联数据集后，就需要对相关的关联数据进行下载并存储到专门用于保存 RDF 三元组的本地存储数据库中。这主要是为了提高关联数据检索的速度，并保持关联数据的稳定性，当然也会造成关联数据更新不及时的问题。因此，我们可以将 DBpedia 中 Persondata 和 Links to DBLP、FOAF、IEEE、ACM 等发布的关联数据进行下载存储。

（2）URI 的获取与确认

接下来，需要通过配置唯一的 URI 建立大型文献数字化项目中的作者信息与其他作者信息关联数据集的链接。一是需要对大型文献数字化项目中的作者信息进行数据预处理，如规范名称的顺序、注意错别字等，从而尽量减少检索匹配中的错误。二是，将规范处理后的作者名称与那些经过下载后存储到本地数据库中的关联数据进行匹配。为了扩大信息资源整合的范围，还可以通过关联数据搜索引擎如 Sindice、Falcon、Swoogle 等获取更多的关联数据。以 Sindice 为例，由于其索引面积大、更新及时并可提供 API，可被用来获取更多的关联数据。在具体使用过程中，首先应通过编程调用 Sindice 的 API，然后将那些与本地数据库未匹配成功的作者导入 Sindice 中重新检索，Sindice 将提供一系列一致的 URI，然后再参照 DBpedia 的构建规则进行过滤从而获取与作者全名相关的 URI。

经过匹配和检索获得关联数据集中相关作者 URI，通常会存在同名非同人或是人与 URI 提供的信息不相符等问题，所以还需要对这些 URI 进行辨别和消歧处理。一是通过查看其源资源的相关字段如文摘、评价、分类、关键词等，如果其中出现计算机科学、计算机科学家、教授、研究者等，则其与检索目的的相关性则高。通过消歧筛选后的 URI 则可以作为最终确定关联数据的标识，用于概念映射和可视化。

（3）概念映射与可视化

在概念映射和可视化环节中，利用上文获得的最终的作者信息 URI 来检索获取其相关属性，然后再将这些属性映射到概念集成框架中。

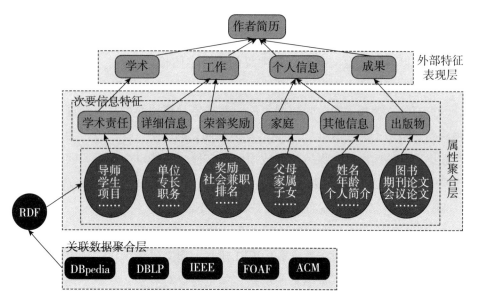

图 6 – 23　概念映射框架

注：本图由笔者根据 *Concept Aggregation Framework for Structuring Informational Aspects of Linked Open Data*[①]绘制。

概念框架共分为 3 个层次，分别为关联数据聚合层、属性聚合层和外部特征表现层，如图 6 – 23 所示。其中关联数据聚合层就是用于三元组存储的本地数据库，这些关联数据通过匹配和检索后以唯一的 URI 进行标识。属性聚合层是将每个 URI 所包含的属性进行分门别类的整理，以作者信息为例可体现为表示学术职责的属性，如导师、学生、项目等；工作职责的属性如专长、职业等；成就的属性如奖励、职位等；家庭的属性如父母、子女等；个人信息的属性如名称、年龄等；以及科研成果的属性如专著、期刊论文等。而这些属性在提供给终端用户查看时则应再次聚类，形成学术信息、工作信息、个人信息和成果信息 4 个类型，从而实现了不同关联数据集的整合检索和可视化显示。

①　LATIF A,AFZAL M T,SAEED A U,et al. CAF-SIAL：concept aggregation framework for structuring informational aspects of linked open data[J/OL].[2018 – 04 – 27]. http：//know – center. tugraz. at/download_extern/papers/caf – sial. pdf.

　　通过上述信息资源整合的方式，可以将大型文献数字化项目的信息资源有层次的进行整合，最终还要根据大型文献数字化项目信息资源的特点和项目自身的技术水平，选择合适的信息整合技术，如利用 OPAC 对参建机构内部拥有的资源进行整合，利用互操作标准实现参建机构之间信息资源的整合，利用开放链接等技术实现其与网络资源的链接，最后将这三部分内容整合到统一的信息资源使用平台，为用户提供一站式的信息检索与服务，如图6 – 25所示。

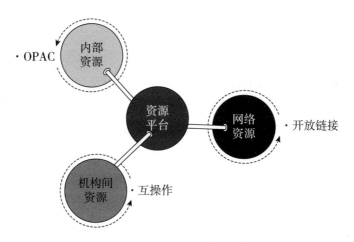

图 6 – 24　各种信息资源整合方式协同工作

注：本图由笔者根据前文研究成果绘制。

7 大型文献数字化项目信息组织的案例分析——以"美国记忆"为例

通过前六章的写作，本书对大型文献数字化项目信息组织的核心内容如信息资源选择、数字对象描述、数字对象集合的建立、信息资源整合等进行了系统深入的研究，制定了适用于大型文献数字化项目的信息资源描述框架、信息组织工具，并从不同维度探讨了信息资源整合方式。上述研究成果的价值和创新性需要通过实践得到检验，因此本书选择大型文献数字化项目建设颇具代表性的"美国记忆"（American Memory，AM）为案例分析对象，首先通过对 AM 在信息组织各方面取得的成果进行调查和总结，以此来检验本书研究基础的可靠性；其次对 AM 在信息组织方面存在的问题进行剖析，既探讨本研究的创新性，为其他大型文献数字化项目在信息组织方面的发展提供借鉴。

7.1 案例分析对象选择的原因

之所以选择 AM 作为案例分析的对象，基于以下几个原因：

7.1.1 历史悠久

AM 起源于 1990 年的探索性课题"美国记忆试验计划（1990—1994）"（American Memory Pilot Project（1990—1994）），1994 年美国国会图书馆借互联网兴起的契机宣布开展"美国国家数字图书馆计划（1995—2000）"（National Digital Library Program（1995—2000），简称 NDLP），同时将"美国记

忆"作为其先导项目正式启动，针对 LC 及其他文献机构最具价值的历史文化资源实施数字化加工组织，以期实现最佳保存及利用，并借此探索历史资源数字化的管理机制、技术规范及知识产权等问题。在 LC 的 2001 年预算中提到了第三期项目"数字未来倡议（2001—2004）"（Digital Future Initiative，2001—2004），其最终目标是建立美国数字图书馆。

7.1.2　信息资源丰富

2000 年 4 月 AM 已经数字化了 340 万件馆藏，到 2011 年 5 月，AM 储存了超过 900 万条有关美国历史和文化信息的数字化资源记录[①]。其原始资源主要来自于 LC 的地理和地图部、印刷品和照片部两个部门，类型涵盖文本、手稿、照片、地图、乐谱、音频及视频文件；数字化加工后的数字资源类型包括各种格式的数字图片、可全文检索的数字文档等。如此数量巨大、类型多样、载体和格式丰富的数字资源，对其进行组织就必须进行统一规划、全局考量，必须照顾到每一个细节才能保证信息资源的有序组织，方便用户的检索利用。

7.1.3　信息组织经验成熟

AM 由 LC 负责建立，而 LC 是信息组织标准的制定、信息组织工具的研发和信息组织实践改革的中心，如 MARC 标准的制定和推行、RDA 的实验以及 OAI 的推广等。LC 一直都是信息组织领域的领军机构，是其他机构学习的典范。作为 LC 数字图书馆建设的先导项目，AM 在信息组织进行了很多有益的尝试，对其进行总结和梳理对于推动大型文献数字化项目信息组织的发展具有重要指导意义。

7.1.4　参建机构及内容多元化

多元化是大型文献数字化项目的一个显著特征，主要体现为参建机构的多元化，信息资源来源多元化，类型、格式等信息资源特征多元化，信息组

---

① American Memory. About the collections[EB/OL]. [2018 – 04 – 25]. http://memory. loc. gov/ammem/about/about. html.

织的标准、工具等的多元化。AM 同样具有多元化特征，这主要是因为 AM 由多个机构联合建立。在 AM 开展伊始，LC 是 AM 的唯一承建方，原始资源也全部来自于 LC。而后鉴于单一主体建设的局限性，AM 开始探索主体多元化与统一标准、分工协作的建设模式，并在 1996 年与美国科技公司合作资助了"数字图书馆竞赛"（The Library of Congress/Ameritech National Digital Library Competition）计划（1996—1999），有 20 个机构参加了此次竞赛，以大学图书馆为主，共建立 23 个特色馆藏，建立了一系列技术标准，帮助美国各地图书馆、博物馆、档案馆及历史学会等文化机构遵照统一标准将其特色资源整合入 AM 资源库并提供统一访问平台，从而形成覆盖全美的历史文化资源收集加工网络，最大限度实现不同主体间的优势互补和资源共享。AM 的数字资源共建共享的经验，尤其是信息组织相关技术标准，对于其他大型文献数字化项目的建设非常有指导意义。

7.2 "美国记忆"数字对象描述的调查

信息资源描述是信息组织的基础和保障，尤其在大型文献数字化项目中原始文献经过数字化加工处理发生了变化，如何选取精确的描述项对数字对象的各类特征进行全面的揭示，对信息资源建设是一个考验。笔者调查发现，AM 的数字对象描述具有以下特点。

7.2.1 充分利用已有信息资源描述成果

AM 所有专集的书目数据都采用 MARC 格式，这主要是因为在项目建设初期，AM 所有的原始文献都来自于 LC，而 LC 馆藏书目数据都是采用 MARC 格式；书目数据格式上保持一致，可以有效减轻 AM 信息资源描述的压力。后来随着网络环境的发展，数字对象描述框架也几经变革如 DC、MODS 等，AM 也顺应环境发展的需要，相继推出了其他元数据标准，但是就其书目数据而言，仍然是以原始资源的书目数据为主要来源，只是在具体字段中进行简单的修改，其中主要是对 856 字段的进一步标识，用 856 字段的 f 子字段来指向一件数字馆藏。一组"件"称为"聚件"（aggregates），用来组织更为复杂的数字馆藏，通常用856字段的d子字段来表示。

如通过AM检索《美国图书馆权利法案》（*Library Bill of Rights*），其数字对象的描述结果的主要内容都来源于原始文献的描述，如创建者、发行时间、主题、载体项、索书号等，只在"注释"中描述了该数字对象的获取方式，并在"数字对象ID"中提供了其具体的获取地址，如图7－1所示。

LibraryBill of Rights.

Adopted by Council of American library association at Atlantic City on June 18,1948.

Americanlibrary association.

CREATED/PUBLISHED

Atlantic City,1938.

NOTES

On verso,Copy 1 and Copy 2：Gift Verner W. Clapp,July 18,1951.

2 duplicate copies

Printed Ephemera Collection；Portfolio 100，Folder 66d.

Copy scanned：1

SUBJECTS

Broadsides – New Jersey – Atlantic City

United States – New Jersey – Atlantic City.

MEDIUM

1 p. ；36 x 21 cm.

CALL NUMBER

Portfolio 100，Folder 66d

PART OF

Broadsides，leaflets，and pamphlets from America and Europe

DIGITAL ID

rbpe 1000660d http：//hdl. loc. gov/loc. rbc/rbpe. 1000660d

图7－1 "美国记忆"中《美国图书馆权利法案》的书目记录

注：本图由笔者根据检索结果绘制。

7.2.2 不断修订数字对象描述机制

随着外在环境的变化和用户需求的提升,数字对象的描述工具和描述标准都需要进行不断的改进,AM在数字对象描述机制方面进行了很多有益的尝试。

（1）建立了原始文献选择和转换标准

数字对象描述的前提是对原始文献的遴选和数字化加工,这与数字对象内容特征和技术信息的著录关系重大。AM在项目启动伊始便意识到LC数百万历史文化馆藏给数字化带来的巨大压力,通过科学的资源遴选原则,有效解决了海量资源与有限数字化能力之间的矛盾。AM 原始文献的甄选原则为:该文献必须是具有珍贵的史料价值,且对于科研人员、学生、教育工作者或终身学习者具有独特价值;此外还应对备选文献在历史、文化、教育价值、预期读者需求、与当前技术能力结合度等方面进行综合评估;同时还强调此原则同样适用于合作机构提交的原始文献的审核评价,以保证收录资源价值标准的一致性①。

在数字化加工和转换的系列标准中,与数字对象描述密切相关的是数字对象的格式标准。因为用户通过检索获取到某种格式的数字对象,其相关的使用支持信息应该在数字对象的描述信息中一并提供。另外,针对具体格式的技术信息也有助于后台管理和信息资源的长期保存。AM 制定的相关格式标准如表 7 - 1 所示,针对不同类型数字对象也规定不同的格式,如表 7 - 2。其中《文化遗产数字化技术指南》是由数字化指南创始联合协会（Federal Agencies Digitization Guidelines Initiative，FADGI）于 2010 年颁布的，现在作为 AM 的数字化技术指南。

表 7 - 1　"美国记忆"的数字对象相关格式标准

名称	内容
《内容复制品的数字格式》	针对绘画资源、文本资源生成用于检索的文本或图片、文本资源数字化成为图片格式、地图、声音记录、移动图像资源、计算机文档标题等内容进行研究
《LC 文本和图像资源数字转换技术标准》	关于扫描和其他转换操作中必须遵循的转换标准和操作规范以减少风险并在实施过程中不断修订这些标准和操作规范用以对图书馆的数字化项目起到指导和规范作用, 对 TIFF Version 6, Bitonal with Group IV compression 和 Grayscale and Color with no compression 三种格式进行详细介绍
《针对 TIFF 格式的图片的基本标准》	TIFF 格式的图片的质量控制的相关标准

---

① AM. American memory standard［EB/OL］.［2018 - 04 - 15］. http://memory. loc. gov/ammem/help/faq. html.

续表

名称	内容
《文化遗产数字化技术指南》	围绕稳定性、元数据、再现、复杂性、广泛性、持续性、安全性、可压缩性、互操作性、独立性、易转换性、显著特征、封装性等特征对 TIFF、JPEG2000、JFIF/JPEG、PDF、PNG、GIF 等格式进行了详细阐释
《数字视听文档保存原型计划》	对录制的声音文档和移动影像藏品的数字化标准格式重新加以界定
《扫描业务承包商的转换要求》	对于承接数字化转换工程的公司，提出了原始纸质文献、缩微胶片和图片插画资料的扫描及文本转换中应当遵循的各种规范，确保扫描质量符合国会图书馆的要求

注：本表由笔者根据调研成果制作。

表7-2 "美国记忆"针对不同类型的数字对象采用的格式

资源类型	应用格式
音频	RealAudio（.ra，.ram）
	MP3（MPEG 2，Layer 3，.mp3）
	WAV（WaveForm，.wav）
文档	TIFF（Tagged Image File Format，.tif，.tiff）
	PCX（.pcx）
	PDF（Portable Document Format，.pdf）
	MrSID（Multi-resolution Seamless Image Database，.sid）
	SGML（Standard Generalized Markup Language，.sgm）
地图	MrSID（.sid）
	JPEG2000（.jp2）
印刷版和照片	TIFF（Tagged Image File Format，.tif，.tiff）
视频	MPEG（Motion Picture Experts Group，.mpg，.mpeg）
	QuickTime（.mov）
	RealMedia（.rm，.ram）

注：本表由笔者根据调研成果制作。

（2）元数据标准的建立与修订

AM 在建设初期并没有统一的数字对象描述标准，数字对象描述主要来自原始文献的书目数据，且多种数字对象描述格式的转换存在　定障碍，限制了资源共享。鉴于此，1996 年国会图书馆要求参与 "全国数字图书馆竞赛" 的机构在数字加工时统一采用由它规定的标准。AM 作为 NDLP 项目的一部分，采用由其制定的元数据标准，其主要元素如表 7 - 3 所示。2001 年初，LC 开始对 AM 资源格式进行全面转换，主要目标对象为 XML schema 中的 MARC 格式和 DC 元数据核心元素集。后来又采用了 MODS 专门用于描述数字对象，并建立了多种数字对象描述框架之间的映射，如表 7 - 4 所示。另外还制定了一系列数字对象描述指导规范，如《电子资源著录指南草案》（*Draft Interim Guidelines for Cataloging Electronic Resources*），《856 字段使用指南》（*Guidelines for the Use of Field 856*），《DC，MARC 和 GILS 映射》（*Dublin Core/MARC/GILS Crosswalk*），《MARC DTD 规范》（*MARC DTDs*）和《EAD 标准》（*EAD Standard*）。

表 7 - 3　"美国记忆" 元数据标准的元素

元素名称	元素名称
获取限制—分类 access - category	外部—记录—类型 external - record - type
获取限制—展示—讯息 access - display - message	外部—复制—识别码 external - reproduction - ID
获取限制—期限—日期 access - expiration - date	视觉—画面数 frames/sec. video - frame - rate
获取限制—补充信息 access - information	特征—标签 feature - label
获取限制—智财权 access - right	数字存档—类型 file - extension
存档—建立日期—时间 archive - date - time	保存识别 handle

元素名称	元素名称
存档—历史 archive – history	影像—位—深度 image – bit – depth
存档—位置识别码 archive – ID	影像—颜色—距离 image – color – space
存档—增加—时间—日期 archive – next – date – time	影像—方位 image – orientation
存档—管理简介 archiving – profile	影像—分辨率 image – resolution
相关—文件—名称 associated – file – name	中间—对象—识别码 intermediate – object – ID
相关—文件—类型 associated – file – type	中间—物件—用途 intermediate – object – use
录音—位—每件样本 audio – bits – per – sample	网络—媒介—类型 internet – media – type
录音—声道—构形 audio – channel – configuration	原初—内容—类型 original – content – type
录音—声道—补充信息 audio – channel – information	父母—对象—识别码 parent – object – ID
录音—取样—频率 audio – sampling – frequency	展示—管理简介 presentation – profile
记录—仪器—识别码 capture – device – ID	保存—信息 preservation – information
记录—仪器—设定 capture – device – settings	保存—控制—识别码 preservation – master – ID
记录—实体—集合 capture – entity – corporate	保存—原始—信息 preservation – original – information
记录—实体—个件 capture – entity – individual	数量—中间物件 quantity – of – intermediate – objects

续表

元素名称	元素名称
记录—建立—识别码 capture – production – ID	适量—终端物件 quantity – of – terminal – objects
检查总数—建立—日期—时间 checksum – creation – date – time	重制—原始—信息 reformatted – original – information
检查总数—数值 checksum – value	重制—指导原则 reformatting – guidelines
建立—日期—时间 creation – date – time	重制—补充信息 reformatting – information
数据流—压缩 datastream – compression	重制—方法 reformatting – method
储存—日期—时间 deposit – date – time	关系—类型 relationship – type
描述—内容—列表 description – content – list	关系—内涵 relationship – value
描述—时空范围 description – coverage	管理者—实体 responsibility – entity
描述—创造者 description – creator	管理者—信息 responsibility – information
描述—主题 description – subject	更新版本—日期—时间 revision – date – time
描述—摘要 description – summary	片段—类型 segment – type
描述—标题 description – title	片段—代码值 segment – value
范围—水平（像素） dimension – horizontal	丛书—部分 serial – part
范围—垂直（像素） dimension – vertical	丛书—关系 serial – relationship

续表

元素名称	元素名称
时长 duration	位大小 size
外部—描述—信息 external – descriptive – information	视觉—数据 megabits/sec. video – data – rate
外部—移动—识别码 external – migration – ID	用途代码 use
外部—移动—信息 external – migration – information	外部—复制—程序 external – reproduction – procedure

注：本表由笔者根据"美国记忆"元数据标准①绘制。

表 7 – 4　MARC 与 MODS 和 DC 的映射

MODS 元素名称	对应 MARC 字段	对应 DC 元素
< titleInfo > 题名	130，210，241，242，245，246，730	Title
< name > 名称	100，111，700，711，712，720	Creator，Contributor
< typeOfResource > 数据类型	06	Type
< genre > 题材	08	Type
< originInfo > 来源资源	008/07 – 10，15 – 17，033，044，250，260，07，310，321	Publisher，Date
< language > 语言	008/35 – 37，041	Language
< physicalDescription > 物理特性描述	006，007/11，13，008/23，29，256，300，856	Format
摘要	520	Description
< tableOfContents > 目录	505	Description
< targetAudience > 适用对象	008/22，521	

---

① AM. American memory metadata［EB/OL］. ［2018 – 04 – 15］. http://www. loc. gov/stand-ards/metable. html.

续表

MODS 元素名称	对应 MARC 字段	对应 DC 元素
< note > 附注	245，5XX	Description
< subject > 主题	034，045，255，600，610，611，630，650，651，653，752	Subject，Coverage
< classification > 分类号	050，060，080，082，084，086	Coverage
< relatedItem > 相关款目	534，440，490，700，710，711，730，740，760－787，800－830	Source，Relation
< identifier > 识别号	010，020，022，024，028，037，856	Identifier
< location > 位置	852	
< accessCondition > 取得条件	506，504	Rights
< part >		
< extension > 延伸信息		
< recordInfo > 纪录信息	001，003，005，008/00－09，940	

注：本表由笔者根据调研成果制作。

（3）建立资源描述辅助标准

在对数字对象进行描述和归类的过程中，MARC 中的字段和提供的术语并不能很好地揭示数字对象所包含的内容，清晰地界定其类型。为了使所有数据规范归属于适当的类别，同时方便 AM 资源的著录，LC 专门编制了文化遗产资料基本类别术语集（Basic Genre Terms for Cultural Heritage Materials）①，主要是根据项目建设的需要对类别术语进行了规范化定义，共包含了45 个术语，侧重于对文献类型进行描述。这一术语集可使这一庞大、多元的资源库在共同的分类标准之下进行有序组织。在具体数字资源的描述中，可以有选择地应用，如"Broadsides and Printed Ephemera ～ ca. 1600－2000"中

---

① AM. Basic genre terms for cultural heritage materials［EB/OL］.［2018－04－19］. http://memory. loc. gov/ammem/techdocs/genre. html.

就选择了其中的 12 个术语①。

为了方便数字对象的描述和统一管理，AM 制定了详细的数字对象命名规则，每一个数字对象都包含两部分的逻辑名称，以及一套严谨的规则，将数字对象储存在层级式目录中，以便由逻辑名称衍生出实际储存数据的地址。由于 AM 除了收藏美国国会图书馆馆藏的数字对象之外，还整合了来自许多不同机构的藏品，因此在资源命名方面，主要是通过给每个数字资源一个数字 ID 作为标识。

以"在加州的中国人，1850—1925"（The Chinese in California，1850 – 1925）为例：其原始文献来自于加州大学伯克利分校（UC Berkeley）的 Bancroft Library 和 Ethnic Studies Library，以及 The California Historical Society。此系列收藏了从 1850 年到 1925 年之间，有关加州的中国移民的日常生活和文化的藏品。藏品种类包括照片、漫画和插图，以及书信、日记、宣传印刷品等影像档案。其数字对象的命名方式以来源加上收藏系列名称，再加上详细的馆藏单位及流水号构成。其获取网址为 http：//sunsite. berkeley. edu/cgi – bin/flipomatic/cic/images@ View Image？img = chs00000667_116a；其中 AM 所给予的数字对象 ID 为 cubcic chs667，前半部的字母分别代表了 California、University、Berkeley、Chinese、in、California，而后半部则是 California Historical Society 的缩写加上流水号。

（4）AM 合作机构的数字对象描述标准创新

在与各机构合作中，合作者会对 AM 的一些数字对象描述标准作适当的修改②。俄亥俄州历史协会（Ohio Historical Society，OHS）制作了一个本地检索页面，对 LCSH 进行了扩展，增加了记录信息，如扫描的页码，以及报纸和期刊的扫描时间。同时，在报纸名称、卷期不一致的情况下，多次著录相关事件，并添加通过事件浏览的设置。同时，对于手稿资源的空白页面问题，处理方案是空白页面不需要扫描，但应该通过某种方式标识。芝加哥大

---

① AM. Broadsides and printed ephemera ~ ca. 1600 – 2000［EB/OL］.［2018 – 04 – 17］. http:// memory. loc. gov/ammem/rbpehtml/pegloss. html.

② AM. Lessons learned：intellectual access and other types of metadata［EB/OL］.［2018 – 02 – 16］. http://memory. loc. gov/ammem/award/lessons/access. html.

学对美国环境图片（American Environmental Photographs，1897—1931）的描述中，对权威文档进行改动，添加两类植物名称，利用 ODBC/SQL 来获取保存 37 个领域的书目信息，并利用 SGML 标识，利用 ARTFL project 研制的软件进行格式输出。First American West 中存在多种文献类型，如图片、图书、手稿、地图等，有的类型需要特殊描述元数据，必须做到事先有详细规划。

7.2.3　有层次地描述数字对象

AM 根据项目的发展、自身的能力和用户需求，对数字对象采取分层次描述的方式，从内容上主要分为描述、管理和机构三个层次；从类型上分为完整著录和简单著录；从著录对象上又分为数字对象和数字馆藏两个层面。

（1）著录的内容

AM 采用 NDLP 的元数据核心元素集，确定了 3 类用于描述数字馆藏的元数据。一类是描述型元数据，用于搜索和浏览。第二类是结构型元数据，用于表现复杂数字馆藏中各个部件的关系。如一件母体文献可能会有很多页，通过扫描每页都至少对应一个页面图像文件。因为该页可能会有小样图，还可能会有插图，所以某页可能会对应多个页面图像文件。利用结构型元数据，将属于这件原始文献的每个页面图像文件建立起关联。第三类是管理型元数据，用于各种管理性任务。元素集中的元素至少属于这三类元数据中的一类，有些元素可能会兼有多项功能。为了便于索引并避免维护两套书目记录，描述性元数据没有和数字对象放在一起。结构型元数据作为一个辅助文件和数字对象放在一起，在这个文件里，一行对应了一页。在这一行中包含：一个序列号，该页在原始文献中的页码，指向该页对应的各个页面图像文件的链接信息，指向一条书目记录的链接信息①。而刚刚实行的《文化遗产数字化技术指南》又增加了行为元数据、保存元数据、追踪元数据、元元数据等类型。

---

① 真溱.美国记忆:特点、技术方案要点及质量标准(上)［J］.情报理论与实践,2001(4)：313－315.

（2）著录的类型

AM 不同的专集著录深度不一致，主要体现为 3 种著录级别：完整著录、最小著录和预著录。其中完整著录需要验证所有的信息，可能还需要向规范文档追加数据，需要准备描述性摘要，还要赋予相当数量的主题词，完成一条完整著录记录需要 3 至 4 个小时。最小著录需要参照规范档，但很少向规范档增加数据，不做描述性文摘，只赋予少量的主题词，完成一条最小著录记录一般需要 2 个小时。预著录不对照规范档，只需照抄原件上的内容，给出很少的主题词，完成一条预著录记录只需 30 至 45 分钟。在印刷品和照片部，只有极少数专集采用完整著录，大部分照片类专集都采用预著录。而地理和地图部的情况则恰恰相反，大部分专集都采用完整著录。表 7 - 5 为两个部门的著录项对比。

表 7 - 5　"美国记忆"地理和地图部与印刷品和照片部著录项目对比

著录项	地理和地图部	印刷品和照片部
call number	√	√
control number/card number	√	√
collection		√
created/published date	√	√
creator	√	√
digital ID/video frame ID	√	√
formats		√
medium	√	√
notes	√	√
other titles	√	√
related names	√	√
references	√	√
repository		√
reproduction number		√

续表

著录项	地理和地图部	印刷品和照片部
subject	√	√
title	√	√

注：本表来自《美国记忆：特点、技术方案要点及质量标准》[①]。

（3）著录对象层次

AM 数字化加工过程中，对文献的扫描通常会为每本书的每个页面都生成一个数字页面，多个数字页面才能形成一本书的原始形态。所以相较于原始文献而言，数字化项目中信息资源著录对象的层次更为丰富；其描述的基本单位"件"与传统资源的"件"有很大不同。一件数字馆藏可以是一张相片或图片，一组密切相关的相片或图片，包含很多文献的一夹（folder）手稿，包含很多夹的一箱（container）手稿，一本图书数字化得到的可搜索文本和一组页面图像（page－image），一部活动影像，一部录音，等等。

所以，在元数据著录过程中，其主要著录对象（primary object）为不能分割的数字对象，如一本书、一卷录音、一部电影、一张照片、一张地图等；同时还存在中间对象和终端对象，其中中间对象（Intermediate object）是指组成主要对象的构件，如一本书内一页的影像；而终端对象（terminal object）是指描述电子文件案的属性，例如大小、长宽和位深。

元数据也分为群组（set）和集合（aggregate）两类，其中群组元数据主要描述数字化馆藏，描述群组的元数据可以提供给描述数字对象集合之用；而数字对象集合是一个数字化收藏，可以借由数字化的类型和数字化的保管责任来整合数字对象。数字对象集合的元数据可以应用在所有的数字对象层次上。如果多张密切相关的相片（或图片）构成一组，通常只生成一条书目记录，而不是给每张照片或图片分别生成一条记录。

---

① 真溱.美国记忆:特点、技术方案要点及质量标准(上)[J].情报理论与实践,2001(4)：313－315.

7.2.4　注重对核心内容的揭示

除了上文提到的数字对象描述标准，针对不同类别的数字对象，其描述方式和内容也各有特色。首先，对于每一类资源中的具体数字对象，AM 及其合作方都进行了详细的描述，因为数字对象通常以图片格式为主，所以这些文字描述对于用户检索意义重大。此外，针对不同的内容，其著录的项目也存在很大差别。如广告类的数字对象的著录项为馆藏、类别、公司、产品、来源、年代、城市、格式、影响数量、注释、主题、产品编号、版权[①]；而文学类的数字对象的著录项相对简单，如作者、创建时间、载体形态、类别、数字化加工方、数字化 ID 等[②]。

另外，与数字对象使用限制相关的知识产权方面的信息，AM 也作了详细的描述。一般来说 AM 都会在目录有关字段、检索帮助及藏品相关的文字中注明版权所有者的信息及相关事项。作为一个公共机构，LC 通常对其收藏不具有版权，因此对这些资料的使用不收取任何费用，不授权也不反对读者以打印或者其他形式使用藏品。如有特别的版权要求则会在重要位置指出。AM 专门设立了"法律声明"网页，就网站安全、知识产权、隐私权等内容加以详细说明。在知识产权保护方面，LC 通过各种途径与著作权人联系，争取到著作权人或与著作权人有关的权利人的授权；提请尚未联系上的著作权人主动与其联系；在每一个主题数据库的页面上，都特别注明该资源是否有知识产权方面的限制及限制程度。用户可以通过"美国记忆的版权与其他限制（American Memory，Copyright，and Other Restrictions）""版权、免费使用及美国记忆资源使用中的相关责任（Copyright，Fair Use，and Responsible Use of American Memory Collections）"，图书馆先导计划制定的"权利与限制（Rights and Restrictions）"等说明获取相关信息。

---

① AM. American memory advertisement [EB/OL]. [2018 - 04 - 17]. http://library. duke. edu/digitalcollections/eaa. A0054/.

② AM. American memory literature [EB/OL]. [2018 - 04 - 17]. http://memory. loc. gov/cgi - bin/query/D? ncpm:1:. /temp/ ~ ammem_EdVS::/.

7.2.5 有效控制数字对象描述质量

为了确保数字对象的质量，达到 99.95% 的字符正确率，AM 除了制定一系列技术标准之外，对于文献中的字符采用重新录入文本的方式而不是 OCR 识别技术，原因是在扫描文字类资料时，很少将原始文献拆装，所以 OCR 技术不太可能取得较好效果。

同时，AM 严把描述质量关，对于文本质量的监控，主要包括：文本管理，如检查介质是否可用、文件名是否正确、附属文件是否齐备；语法监控，如检查各种文件的语法是否合乎要求，是否遵从美国记忆文献类型定义（ammem. dtd）的要求；准确监控，如检查是否存在各种拼写错误或遗漏。而对于图像质量监控则更复杂一些：不仅要检测对图片文件头标和标签的内容、文件格式、压缩算法及解析度的描述，还需要对压缩级别、图像尺寸、图像质量（清晰度）、图像缺失或重复等信息进行著录。

7.3 "美国记忆"数字对象集合建立的调查

AM 处处体现着"使用重于保存"这一重要的原则。在其使命中明确阐明要将历史文化数字资源"作为一种公共信息资源提供给公众做教育及终生学习之用"，并将这一理念贯穿于资源服务全过程，通过人性化的组织方式、强大的检索功能和丰富的用户选择，不断增强资源的可获取性和对用户友好性。

7.3.1 数字对象集合建立工具的综合应用

AM 在建立数字对象集合的工具选择中，以传统的信息组织工具为主，其最突出的特点就是分类组织和主题组织的综合利用。另外为了提高信息检索效率，AM 还采用了建立倒排档索引的方法，析取数字对象描述特征，方便跨库检索和单库检索的开展。

（1）分类和主题组织工具的综合利用

首先根据历史文化资源的显著特征，如地理特征、时间特征、内容特征等，AM 将100多个数据库中超过900万件数字化成果进行了大类的划分，每个大类即代表了一种浏览途径，如图7-2所示，分别按照主题、时间、载体、地点提供了4种资源的浏览方式，这种分面分类的信息组织方法也方便了用户的检索。

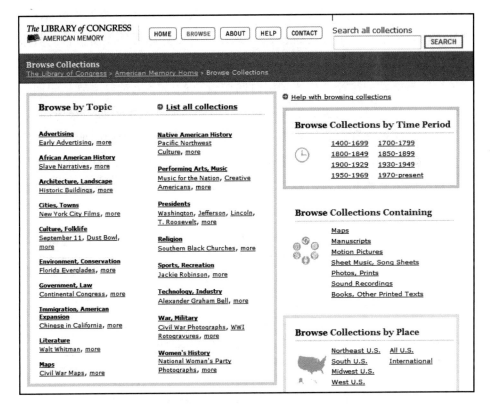

图7-2 "美国记忆"中数字对象集合的分面分类组织界面

注：本图来自"美国记忆"分类浏览界面①。

其次，每个大类中包含了众多的小类，而这些小类的划分则主要参照主题法的主题标识。所以在二级类的组织中，AM 又充分利用了主题组织工具。以"主题"大类为例，通过对数字资源主题的分析，AM 将其归为18个分主题，即二级类，涵盖广告、政府法律、文学、地图、美国本土历史、技术工

---

① AM. American memory browse collection[EB/OL].[2018-04-15]. http://memory. loc. gov/ammem/browse/index. html.

业等主要类目。而二级类中包含的具体数据库，也是参照主题法，将主题相近的数字资源归为一类，并根据各数据库的内容抽取少数关键词作为该数据库的名称，方便用户了解其核心内容。

最后，每个小类下又包含了众多具体的数据库，如"广告"分主题中包括"美国时间胶囊""美国广告的出现：1850—1920"等 6 个数据库，其具体内容和信息组织方式如表 7-6 所示。对于具体数据库所包含的数字资源，AM 基于浏览目的，根据资源的内容、类型和加工方的能力，提供多种浏览与检索的途径。如"美国时间胶囊"的数字化对象主要是印刷型文献，所以其浏览方式包括作者、题名、类别、地理位置；而"娱乐创造：爱迪生公司的影片和录音"的数字化对象为音频和视频资源，所以其浏览方式就仅有题名音序和主题。总体而言，由于印刷型文献的资源描述结果较丰富，所以原始文献为印刷型文献的数字资源的浏览方式相对而言也比较多。

表 7-6 "美国记忆"的"广告"类的数据库及其信息组织与检索方式

项目名称	合作方	主要内容	浏览方式	检索方式
An American Time Capsule：Three Centuries of Broadsides and Other Printed Ephemera	国会图书馆特藏部	关于美国印刷广告的数字化集合，包含了从 17 世纪到 19 世纪共 3 个世纪的总计 28000 件资源中的 17000 件，涵盖了美国主要的历史事件，被称为"美国时间胶囊"。其涵盖的文献类型也很广泛，如传单、手册、公告、广告、空白表格、程序、电子客票、目录、剪报、时间表和菜单①	作者题名类别地理位置	关键词书目检索全文检索

① AM. An American time capsule：three centuries of broadsides and other printed ephemera [EB/OL]. [2018-04-20]. http://memory. loc. gov/ammem/rbpehtml/.

续表

项目名称	合作方	主要内容	浏览方式	检索方式
The Emergence of Advertising in America：1850 – 1920	杜克大学	该数据库包括 9000 多幅关于美国早期广告历史的图片。这些资源来源于杜克大学图书馆的珍贵图书、手稿和特色馆藏。其中包含了多种商品的烹饪图书、户外广告牌照片、印刷品、商业名片、日历、年鉴、传单等。展示现代美国商业和文化在早期发展中的主要特征[①]	公司产品主题年代	简单搜索
Fifty Years of Coca – Cola Television Advertisements	国会图书馆影片、广播及录音部	由国会图书馆影片、广播及录音部围绕可口可乐公司，精选了一系列反映美国电视广告发展历史的电视广告、从未播放的花絮、实验镜头等。其中包括来自"stop – motion advertising"的 5 个广告、来自"Experimental TV Color Project"的 18 个从未公开的片段，还有 1971 年的"Hill-top"、1979 年的"Mean Joe Greene"、1993 年的"Polar Bear"、1999 年的"Snowflake"和"First Experience"[②]	题名索引	关键词书目检索

① AM. The emergence of advertising in America：1850 – 1920［EB/OL］. ［2018 – 04 – 20］. http://memory. loc. gov/ammem/collections/advertising/index. html.

② AM. Fifty years of Coca-Cola television advertisements［EB/OL］. ［2018 – 04 – 20］. http://memory. loc. gov/ammem/ccmphtml/colahome. html.

续表

项目名称	合作方	主要内容	浏览方式	检索方式
Prosperity and Thrift：The Coolidge Era and the Consumer Economy，1921 – 1929	国会图书馆的手稿部、普通馆藏部、印刷品和照片部、影片、广播和录音部	该数据反映了柯立芝时代的经济的繁荣和消费经济的各种表现，其资源来源于国会图书馆的多个部门，其中有来自手稿部的 150 件个人记录和 2 件学会文献，来自普通馆藏部的 74 件图书、手册、立法文件和 34 种消费和贸易杂志；来自印刷品和照片部的 185 张照片；来自影片、广播和录音部的 2 段短片和 7 段音频。这些资源在广告和市场营销方面的特征尤为突出，可以很好地反映 20 世纪 20 年代美国经济和政治的特征[①]	题名主题词	关键词书目检索全文检索
Inventing Entertainment：the Early Motion Pictures and Sound Recordings of the Edison Companies	国会图书馆影片、广播及录音部	该数据库是关于发明家和实业家爱迪生如何利用他的娱乐设施的发明的相关历史文献，其中包括 341 段音频，81 张录音光盘和照片、杂志文章等资源。同时还有关于爱迪生生平相关的音频和图片等[②]	题名音序主题	关键词书目检索

[①] AM. Prosperity and thrift：the coolidge era and the consumer economy，1921 – 1929[EB/OL]. [2018 – 04 – 20]. http：//memory. loc. gov/ammem/coolhtml/coolhome. html.

[②] AM. Inventing entertainment：the early motion pictures and sound recordings of the Edison Companies[EB/OL]. [2018 – 04 – 23]. http：//memory. loc. gov/ammem/edhtml/edhome. html.

项目名称	合作方	主要内容	浏览方式	检索方式
By the People，For the People：Posters from the WPA，1936-1943	国会图书馆印刷品和照片部	收集了1936年至1943年间908张大胆和生动多样的原始海报。其中包括来自17个州和哥伦比亚特区的有关丝网印刷、光刻和木刻海报设计、宣传健康和安全程序、文化的节目如艺术展览、戏剧和音乐表演、旅行和旅游业，教育计划和社会活动①	创建者主题	关键词书目检索

注：本表由笔者根据调研成果制作。

（2）倒排档索引的应用

倒排档索引的主要作用在于将数据库的主要检索标识进行析出，使用户在信息检索时，检索词先进入倒排档索引查找有关信息的存取号，然后再进入顺排档按存取号查找记录，最终再调取资源内容。AM以浏览和检索两种方式提供数字资源利用，而在信息检索方面又提供了综合检索和单库检索两种检索方式，这就需要建立倒排档索引来提高检索效率。

AM的综合检索是相对于具体数据检索而言的，从一般意义来讲综合检索即为跨库检索。AM的综合检索体现在两个方面，分别为面向全部馆藏的综合检索和面向部分馆藏的综合检索。其中面向全部馆藏的综合检索即AM首页的检索框，它的检索对象为AM的100多个具体馆藏的900多万件数字馆藏。该综合检索主要是对数字馆藏的书目数据进行检索。面向某类馆藏的综合检索，通过AM对于馆藏类别的划分，每个类别中都设置了综合检索工具，用以实现该类别中多个数据库的跨库检索，如图7-3所示。相较于面向全部馆藏的综合检索，该检索工具检索范围较小，但是目前仍有"The New Deal Stage：Federal Theatre Project"和"Walt Whitman Notebook"两个数据库无法囊括其中。

---

① AM. By the people，for the people：posters from the WPA，1936-1943［EB/OL］.［2018-04-25］. http://memory. loc. gov/ammem/wpaposters/wpahome. html.

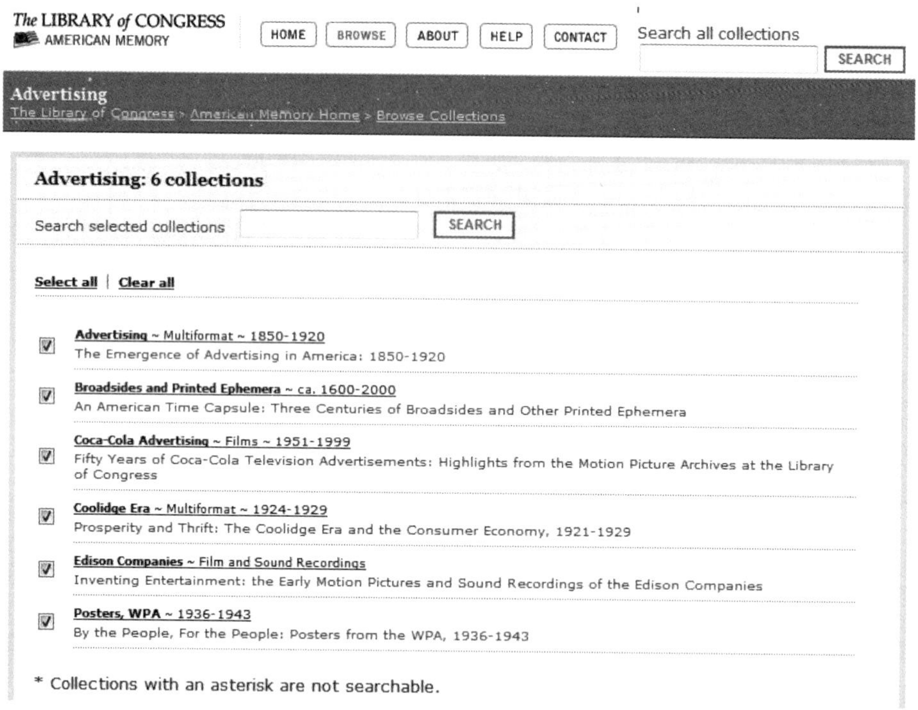

图7-3 "美国记忆"中"广告"类中的数据库综合检索界面

注：本图来自"美国记忆"中"广告"类检索界面①。

对于上述所提到的两种综合检索方式，由于其只提供一个简单的检索框，并未提供高级检索功能，所以在倒排档索引方面，AM 只是简单的建立的"主题倒排档索引"，即抽取书目数据中的主题概念如主题词、作者名称、机构名称等，按照一定顺序进行排列，提供检索匹配。

单库检索作为 AM 重点建设的信息检索途径，在倒排档索引的建制方面也更为丰富。单库检索分为书目数据检索和全文检索两种方式，其中书目数据检索与前文提到的全文检索的检索源相同，都是书目数据库，只不过单库检索的数据库容量更小，降低了倒排档索引建立的难度，因此也就可以提供更多检索途径。以 The Emergence of Advertising in America：1850 - 1920 为例，

① AM. American memory advertising collection［EB/OL］.［2018 - 04 - 15］. http：//memory. loc. gov/ammem/browse/ListSome. php？ category = Advertising.

该数据库提供的检索途径有"核心领域""作者""题名""主题""标识符",相应的该数据库就应该建立与上述5种途径相对应的倒排档索引。而单库检索中的全文检索,其实现也主要是依赖对 OCR 识别处理的数字对象进行主题词标引,再将这些标引的主题词组织建成倒排档索引。

7.3.2 数字对象集合效果的评价

AM 综合利用分类和主题两种组织方式所构建的数字对象集合,为用户提供了多种信息获取的途径,同时便于用户全面掌握数字对象集合的概况并大致了解具体数字对象集合的主要内容,易于使用。此外,数字对象集合建立的效果还要通过信息检索检验。

为了确保信息检索的效果,AM 在建立数字对象集合的过程中提供有层次的检索途径,即根据数字对象集合的规模配置不同的检索工具。主要还是提倡用户通过单库检索获取信息,并且根据数字资源类型和内容的不同设置了不同的检索入口,充分体现了个性化特征。

对于综合检索而言,AM 只是建立了简单的主题倒排档索引,所以检索结果不太精确,检索效率不高。相较而言,单库检索的检索结果更为理想,即数字对象集合的使用效果较为理想。

首先,不同数字对象类型配置不同的检索方式,如表 7-6 中的 6 个数据库,"美国时间胶囊"的数字对象主要是印刷型文本书献,所以其检索方式包括基于关键词的书目检索和全文检索;而"娱乐创造:爱迪生公司的影片和录音"的数字对象为音频和视频资源,所以其检索方式就不包括全文检索。

其次,由于数字对象描述结果丰富,检索方式和检索结果的内容较为丰富。以文本类型的资源为例,涵盖书目数据检索和全文检索两种检索方式,如表 7-7 所示。

表 7-7 "美国记忆"文本资源的检索方法与内容

检索方式	检索方法	检索内容
书目信息检索	全部匹配 任意匹配 精确匹配	一系列根据相关性排序的图书标题,列表中的每个标题都链接到与之相关的书目信息,书目信息包括题名、创建者、ID、注释、主题、从属关系等内容,又提供了指向全文和该书图片页的链接。

续表

检索方式	检索方法	检索内容
全文检索	全部匹配 任意匹配 精确匹配	书中图片浏览：提供链接到书中的首张图片及本书的全套数字化图片集
		全文：链接到特定章节的电子文本，检索词在文本中出现时以大写形式体现；如果某一资源的全文不可得，则会提供一个说明，并基于书目信息给出这本书的概要
		内容目次：提供指向该本图书内容目次的链接，如果该书没有全文则显示此项
		书目信息：提供该本图书在国会图书馆中的书目信息链接

注：本表由笔者根据检索成果制作。

LC 与其他机构合作建立的数据库的检索功能更为丰富。以 LC 和杜克大学图书馆联合共建的"Emergence of Advertising in America"数据库为例，可以通过关键词进行检索，还可以在检索结果内进行二次检索。此外在检索结果的展示利用方面进行了很多创新，如检索结果的显示方式有"网格""列表"和"3D 墙"等方式；检索结果的排序方式有"最佳匹配"和"年代"。检索结果的内容方面提供与其著录项一致的细节内容，同时在图片显示方面还提供方便传输的高质量图片（.JPEG）格式和高清晰度的图片（.TIFF）格式。同时还可以将检索结果添加到社会化网站中①。

最后，由于语词切分技术的限制和数据数量巨大，全文检索结果不太理想。全文检索是为那些原始文献为文本书献，且已经过文字重新录入或是 OCR 识别的数字资源而设置的，如图书、手册、手稿、立法文件评论等；全文检索的检索对象为这些通过转换形成的数字文档。由于和书目检索的标准化著录不同，在全文检索中很难保证较高的一致性，所以 AM 推荐用户在利用全文检索时通过输入包含多个特征词的句子或段落来获取理想的结果。在全文检索中，一些长文档通常以章节等为标准被分成多个部分，在全文检索

① AM. Emergence of advertising in America[EB/OL]. [2018 - 04 - 22]. http://library. duke. edu/digitalcollections/eaa/.

中每个部分都会作为一个独立的文档，所以在检索结果中会出现同一本书的多个章节。这需要借助于检索帮助中提供的图书导航进行结果的聚合。

7.4 "美国记忆"信息资源整合的调查

为了谋求大型文献数字化项目的长远发展，同时也为了方便用户的使用，大型文献数字化项目应立足本项目生产加工的数字资源，积极实现与参建机构原有资源、服务和外部网络资源的链接与整合。AM 信息资源整合主要体现在以下方面：

7.4.1 加强对现有资源的链接

AM 对现有资源的链接分为两个层面，一是对原始文献的信息资源组织成果的链接，二是对数字资源的整合利用。AM 中数字资源的数据记录基本来自于其原始文献的 MARC 数据，并对其进行适当修改，如 856 字段。以此书目数据为基础，AM 实现了 MARC 数据向 DC 元数据、MODS 电子资源描述框架等数字资源描述新标准的转换，而且也为元数据采集奠定了基础。

在数字资源整合利用方面，AM 首先要求其合作机构在数字资源建设过程中，无论是扫描和转换标准，保存标准还是资源描述著录原则都应该遵循 AM 制定的相关标准，从而在资源建设的过程中就为信息资源整合奠定了基础。其次，对于与其他机构联合共建的内容，AM 一般只采用一个获取入口，通常由合作机构负责管理和维护，这就可以减轻 AM 的数字资源管理责任，也方便合作机构研发更多的工具。另外，AM 还通过综合检索的方法实现不同层次的跨库检索，这也是数字资源整合利用的一种表现。

7.4.2 针对特定需求开展信息资源整合

1991—1993 年的用户评估显示中小学教师是 AM 的核心用户，1995 年 LC 发现这个结论仍然有效，中小学教师仍然大量地将 AM 的材料用于教学活动之中。于是 AM 决定在中小学教育方面做更多的投入。1996 年底 AM 加入了"学习专栏"，专门提供一些专集的背景材料，介绍使用数据库的基本方法，还提供了将专集的内容抽取出来形成的课程样例，以及一些经过实际应用的课程设计。从 1997 年开始，LC 组织了"AM 伙伴计划"，25 位美国国内优秀的中小学教师在馆员的指导下，用 6 天时间学习"怎样使用 AM""怎样把 AM 和他们的课程相结合"，并将他们设计的课程放到"学习专栏"上①。AM 在"学习专栏"里提供了新闻、使用指导、课程计划、专栏与活动、收藏链接、交流中心、专业发展等内容，与教学紧密相连。如"课程计划"提供了由教育专家制订的教学计划，以帮助老师制订个性化的教学策略，并在课程索引中将数字化资源根据内容深浅程度设置适用的学生人群；"交流中心"为老师们建立了一个交流空间，使他们可以自由讨论在教学活动中应用"美国记忆"资源时的经验得失，提高教学质量②。

此外，AM 还通过"面向教师"的版块实现信息资源整合，帮助教育工作者利用 AM 的数字资源教授历史和文化课程。首先，提供数十个由教师设计的、经过课堂实际应用考验的原始资源应用方案，主题从美国历史、内战、到美国文学不一而足。通过学习这些方案还可帮助更多的教师掌握利用这些历史资源设计课程的方法。其次，提供一些诸如谜语和游戏类的交互式活动项目供老师上课时使用，使他们能够紧紧吸引学生的注意力，提高课堂授课效果，这些专题活动通常针对单一主题的历史资源。针对多主题历史资源的综合，AM 则提供了一些专题栏目，将整个 AM 中的有关资源进行整合，便于师生学习和掌握。再次，提供馆藏关联，帮助学生了解和掌握 AM 收藏中的各种作品，提高批判性思维能力。在链接项里提供一些指导性理解和观点，使学生更好地理解文化背景，分析各种创造美国经验的历史性事件背后的成因③。

---

① 真溱.美国记忆:特点、技术方案要点及质量标准（上）[J].情报理论与实践,2001(4)：313－315.

② 唐琼,张玫."美国记忆"与"共享工程"比较研究[J].图书馆理论与实践,2006(1)：7－9.

③ 刘燕权,韩志萍.美国记忆——美国历史资源数字图书馆[J].数字图书馆论坛,2009(7)：66－70.

7.4.3 加强数字资源的推广

为了实现 AM 建立的目的，最大限度发挥这些珍贵资源的价值，AM 对于其通过数字化加工获取的数字资源在使用方面几乎没有任何限制，因为 LC 对其收藏不具有版权，所以对这些数字资源的使用不收取任何费用，不授权也不反对读者以打印或者其他形式分发使用藏品。AM 提供了免费利用的链接和声明，允许其他机构对 AM 的数字资源进行链接，并提供了链接时采用的网址和网站标识。

此外，AM 还通过其他一些方式开放数字资源的核心内容，供其他机构采集使用，其中影响最为广泛的就是元数据采集协议（OAI – PMH V2.0）的应用。为了方便不同用户或机构的需求，AM 对于不同类型文献的元数据分别进行了聚类，大致分为图书、手册、地图、海报、影片、音频、期刊等 10 类。这些数据来源于 AM，全球门户（Global Gateway）、印刷品及图片部在线目录和历史新闻数据库（Chronicling America）。当然并不是所有的数据库都提供可供采集的元数据，在上述 10 个类别中，照片类的元数据集最多，共有 27 个数据库提供元数据，而大多数类别中仅有 1 个数据库可供采集。

为了满足用户对于不同格式元数据的需求，AM 共提供了 DC、MARC XML 和 MODS 三种格式的元数据可供采集，并且还提供了一些预先编制的元数据采集请求编码供有需要的机构参考，图 7 – 4 显示的就是 AM 编制的关于简单 DC 格式请求的内容。

除了上述方式外，AM 还利用各种社会化工具推广其数字资源的应用。为了适应 Web2.0 趋势，AM 在 flickr 中展示自己馆藏中无版权争议、可以无限制地传播的老照片，吸引用户对这些照片上的信息予以标注①。"Emergence of Advertising in America"数据库在其检索结果页面提供了 CONNOTEA、DEL. ICIO. US、FACEBOOK、Google、DIGG 等网站的链接，将这些资源推送到社会网站中，或是保存到个人账户的书签中，方便用户使用和贡献。

---

① AM. Library of congress photos on flickr［EB/OL］.［2018 – 04 – 23］. http://www. loc. gov/rr/print/flickr_pilot. html.

```
< ? xml version = "1.0" encoding = "UTF－8" ? >
－ < OAI － PMHxmlns = "http://www. openarchives. org/OAI/2.0/"
xmlns:xsi = "http://www. w3. org/2001/XMLSchema － instance"
xsi:schema － Location = "http://www. openarchives. org/OAI/2.0/
http://www. openar－chives. org/OAI/2.0/OAI － PMH. xsd" >
    < responseDate > 2011 － 02 － 23T13:06:14Z < /responseDate >
    < request        verb = "GetRecord"        identifier = "oai:lcoa1. loc. gov:loc. gmd/g3791p.
rr002300" metadataPrefix = "oai_dc" > http://memory. loc. gov/cgi － bin/oai2_0 < /request >
－ < GetRecord >
－ < record >
－ < header >
    < identifier > oai:lcoa1. loc. gov:loc. gmd/g3791p. rr002300 < /identifier >
    < datestamp > 2005 － 11 － 21T17:08:59Z < /datestamp >
    < setSpec > gmd < /setSpec >
    < /header >
－ < metadata >
－ < oai_dc:dc            xmlns:oai_dc = "http://www. openarchives. org/OAI/2.0/oai_dc/" xmlns:dc = "
http://purl. org/dc/elements/1.1/"
xmlns:xsi = "http://www. w3. org/2001/XMLSchema － instance"
xsi:schemaLocation = "http://www. openarchives. org/OAI/2.0/oai_dc/
http://www. openarchives. org/OAI/2.0/oai_dc. xsd" >
    < dc:title > New railroad map of the state of Maryland, Delaware, and the District of Columbia. Compiled
and drawn by Frank Arnold Gray. < /dc:title >
    < dc:creator > Gray, Frank Arnold. < /dc:creator >
    < dc:subject > Railroads—Middle Atlantic States—Maps. < /dc:subject >
    < dc:description > Shows drainage, canals, stations, cities and towns, counties, canals, roads completed,
narrow gauge and proposed railroads with names of lines. Includes list of railroads. < /dc:description >
    < dc:description > Scale 1:633,600. < /dc:description >
    < dc:description > LC Railroad maps,230 < /dc:description >
    < dc:description > Description derived from published bibliography. < /dc:description >
    < dc:publisher > Philadelphia < /dc:publisher >
    < dc:date > 1876 < /dc:date >
    < dc:type > image < /dc:type >
    < dc:type > map < /dc:type >
    < dc:type > cartographic < /dc:type >
    < dc:identifier > http://hdl. loc. gov/loc. gmd/g3791p. rr002300 < /dc:identifier >
    < dc:language > eng < /dc:language >
    < dc:coverage > United States—Middle Atlantic States < /dc:coverage >
    < /oai_dc:dc >
    < /metadata >
    < /record >
```

图 7 － 4　"美国记忆"中基于 OAI － PMH 的 DC 元数据采集

注:本图来自"美国记忆"的 OAI 源代码①。

———————————

① AM. American memory OAI[EB/OL]. [2018 － 04 － 23]. http://memory. loc. gov/cgi － bin/
oai 2_0? verb = GetRecord&metadataPrefix = oai_dc&identifier = oai:lcoa1. loc. gov:loc.
gmd/g3791p. rr002300.

7.5 "美国记忆"信息组织存在问题的分析与对策

综合上文对 AM 在数字对象描述、数字对象集合组织和信息资源整合 3 个方面的调查情况，可以发现 AM 在信息组织方面已取得了非常丰硕的成果，建立了一系列信息组织规范和标准，基于用户的需求和资源的特征对 AM 拥有的数字资源进行了分层次的信息组织和丰富的信息检索方式，并且尽量降低信息资源的使用障碍，通过免费使用链接、元数据采集等方式，积极推进信息资源的整合。这些成绩已在 7.2 至 7.4 小节中进行了详细的介绍，在此不再赘述。

这些成绩的取得首先得益于美国政府对于文化遗产保护的重视，AM 在建设过程中累计获得 7500 万美元的资助就足以证明。其次 LC 在图书馆领域的影响力和领导力，以及丰富的馆藏资源，使其具有足够的实力来开展此项大型文献数字化项目，同时也可以保证其他机构的协作与支持。最重要的还是 LC 及其合作方在信息组织方面的巨大资源与人才优势，才能确保信息组织工作高质量、高效率的开展。作为全球信息组织标准的主要制定机构和先进信息组织实践的开展机构，LC 一直都引导着全球信息组织的发展和变革；而 AM 的合作方多是美国知名大学的图书馆，作为研究型图书馆其自身实力雄厚，对信息组织要求相较于其他图书馆更为严格。有了资源、人才和标准的保证，AM 取得高质量的信息组织成果也是理所当然。

但是，通过调查笔者也发现了 AM 在信息组织方面存在的一些问题，尤其是对网络环境下信息组织的相关标准、技术的应用存在一定的滞后性，影响了 AM 数字资源进一步推广应用。

7.5.1 "美国记忆"数字对象描述中存在的问题与对策

AM 在数字对象描述方面存在的问题主要体现在以下几个方面：

（1）对数字对象内容特征的揭示深度不够

数字对象的内容特征是数字对象描述的重要方面，关系信息检索的准确率和用户的选择。在 AM 中，对数字对象内容特征的揭示仅停留在析取主题词和数据库内容的简单介绍阶段，这就增加了图片资源的检索难度。即使是全文检索，由于 AM 对内容特征的揭示程度不够，用户很难通过输入关键词就获取理想的检索结果，而必须输入语句和段落。

数字对象内容特征的揭示还需要从数字对象内部入手，对于非文本类型的数字对象需要借助于详细的描述，而对于文本类型的数字对象则可以借鉴搜索引擎的自动标引技术，采用各种算法，通过分析和计算获取文本书档中核心词汇，并予以标识。同时还可以采取 Wiki 的合作共建的模式，提供一些途径给用户，邀请用户描述数字对象，从而实现数字对象多维度描述。

（2）没有完全参照数字对象描述标准进行著录

AM 制定了非常完善的数字对象描述标准，小到资源格式的选定，大到数字对象著录框架都进行了规范。但是在实际著录过程中 AM 通常只选取一些常用著录项。如 AM 的元数据标准共制定了 77 个著录项，而在实际描述过程中大多数数据库只著录了常用的 5—6 个核心元素，从而降低了描述能力。此外，虽然著录标准中包含了技术元数据、行为元数据等较为特殊的元数据类型，但 AM 在实际描述的过程中均没有进行著录。

由于人力物力和财力的限制，完整的资源著录对于任何机构来讲都是很大的挑战，但是仅著录标准规定项目的十分之一也太过于简略。所以大型文献数字化项目在制定完备标准的同时，必须同时制定具有可行性的使用标准，如元数据的核心元素集，这样不仅可以保证基本项目的著录完整，也为信息资源组织、检索和整合奠定基础。

（3）数字对象的著录方式较为单一

笔者通过对 AM 数字对象描述现状调查分析发现，AM 主要是利用原始文献的 MARC 书目记录作为数字对象著录的主要内容，而后续推行的数字对象描述标准如 MODS 等都是在 MARC 基础上修订，并没有改变 MARC 复杂、晦涩、非专业人员难以使用的特点。而 AM 推行的元数据标准在执行过程中又进行了精简，无法全面揭示数字对象。随着信息资源建设的发展和用户信息检索要求的提升，愈发要求对数字对象的外部特征、内容特征和关系进行全面的揭示，而仅仅采用 MARC、DC 等格式的元数据是远远不够的。

针对这种情况，大型文献数字化项目应该与时俱进，在数字对象描述中积极应用新的描述方式，如强调实体间关系揭示的 FRBR 描述模型和面向语义网检索的 RDF 描述等。这些新研发的描述方式不仅有利于全面揭示数字对象的各类特征，同时也推动了大型文献数字化项目数字资源在网络环境中的识别度，增加数字资源的使用率。

（4）缺乏对数字化加工技术信息的描述

在大型文献数字化项目中，数字化加工是其中的核心环节之一，采用何种数字化加工设备，选取何种加工模式，数字化产品的相关参数如何设置、如何使用都需要在数字对象描述中进行详细的说明，这样既可以方便用户的使用，更有利于数字资源的管理和长期保存。但是笔者调查发现，AM 对于相关数字化的技术信息，并没有进行充分的揭示。

技术信息对于大型文献数字化项目的重要性不言而喻，对其描述绝对不能忽视。要实现对技术信息的完整著录，首先需要在数字化加工过程中对相关的技术信息予以保存；在数字对象描述框架中，应为技术信息预留专门的位置，可以在管理型元数据中著录，也可以单列出作为技术元数据。此外，要充分利用自动化技术。数字化加工过程很多技术信息可以自动生产并保存，在著录过程中只需要通过一定程序导入到相关著录项即可，不需要人工录入，从而节省了著录时间。

7.5.2 "美国记忆"的数字对象集合建立中存在的问题与对策

AM 为方便用户浏览，利用分面分类的方法建立了数字对象集合，使整个项目的数字资源井然有序。但是分面分类只是从整体上对数字资源进行了梳理，在数字对象间的关系揭示方面还很欠缺。

（1）信息组织新工具应用不足

从 AM 数字对象集合的建立情况的来看，其主要采用传统的信息组织工具以分类法和主题法为主，对于近年出现的 Taxonomies、主题图、本体等新工具还没有应用。传统的信息组织工具在对数字对象进行大体归类和主题揭示等方面依然发挥作用，但是对于其内部和之间的关系揭示还稍有逊色，而这恰恰需要借助于各类新型信息组织工具。

新型的信息组织工具通常以数字资源为组织对象，而大型文献数字化项目是数字资源建设的主要方式，也是应用新型信息组织技术的最佳平台。Taxonomies、主题图、本体等信息组织工具从信息资源描述开始，析取信息资源的核心内容和关系，从而构建网状信息组织体系，这对于提升信息资源的描述质量，提高信息检索的检准率和检全率都有重要的作用。当然，新工具的使用还需要结合项目发展的实际，可以先从推行数字对象描述的新标准开始，循序渐进的推进信息组织技术的改革。

（2）缺乏围绕关系的数字对象集合的建立

由于在数字对象描述中对关系特征揭示不足，AM 建立基于关系特征的数字对象集合组织就缺乏基础。调查中笔者只发现参照数字资源内容的简单聚类，以及以浏览为主要方式的信息获取。在 AM 的信息检索中，由于基于关系的数字对象集合建立没有实现，所以基于所有数字资源的综合检索和基于某一"主题"的跨库检索效果并不理想，必须通过具体数据库的检索才能实现。而通过对具体数据库检索获取的一系列检索结果独立存在，也是因为彼此间的关系并没有得到充分挖掘。

关系的揭示对于数字对象集合的建立至关重要，加强关系的揭示可以通过参考现有信息组织标准和新型信息组织工具，充分利用其中蕴含的关系，如同/近/反义关系、上/下位关系、整体—部分关系、转指关系、动作关系；此外还可以通过一定的算法或是借鉴某些成熟的信息组织模型所设定的关系来加强大型文献数字化项目资源内部和资源之间关系的揭示。

7.5.3 "美国记忆"信息资源整合存在的问题与对策

（1）项目内部的信息资源整合范围过于狭窄

大型文献数字化项目信息资源的整合不仅应注重对原始文献和已有信息组织成果的链接，还应该将信息资源整合的范围扩大到参建机构拥有的资源、服务，以及网络环境中存在的可用资源等方面。而 AM 在信息资源整合过程中，仅仅关注对原始文献的链接，信息检索也局限于单个数据库中。而同一类别多个数据库的跨库检索和 AM 所有数据库的跨库检索的效果相对较差。此外，AM 信息资源在与 LC 信息服务方面的整合有待加强。笔者通过调查发现 AM 的信息资源除提供检索外，主要通过"学习专栏"向中小学教师提供课程设计方面的服务，而对于支持学术科研等其他深层次功能并没有很好的开发，不能实现 AM 信息资源价值的最大化。

要解决信息资源整合范围过窄的问题，还是应该从信息组织的源头做起，即应该在数字对象描述阶段就加大数字对象特征揭示的力度，发现数字对象间更多的关系，从而为整合奠定基础。同时，还应该加强对用户需求的调查力度，结合用户的应用倾向有的放矢地开展信息资源整合，并加强数据挖掘、数据推理等技术的研发，从而支持更多深层次的用户需求，使 AM 不仅成为 LC 的特色数据库，更是其信息服务的主要信息源。

（2）参建机构间的整合有待深化

大型文献数字化项目通常由多个机构合作开展，因此参建机构间的资源整合是信息资源整合的一个重要的组成部分。笔者通过调查发现，AM 数字资源建设方式是由 LC 主导、其他机构参与的合作模式，所以其采取项目建设中的协作方式，通过参建机构统一遵守 AM 的数字资源建设标准，保证信息资源整合的顺利开展。采用这种方式虽然可以降低分布式异构数字资源对信息资源整合带来的压力，但同时也将那些已建成的优秀数字化项目拒之门外。如档案馆、博物馆、历史文化机构以及研究型图书馆等已建好的数字化项目要与 AM 实现整合还比较困难，这就限制了 AM 数字资源的覆盖面，也影响了用户的一站式获取。

要解决上述问题，首先需要 AM 从建设机制上进行创新，提供更多机会方便其他数字化项目的加入。另外，仅通过遵循统一的数字资源建设标准、建设特色数据库还无法保证参建机构间数字资源的整合，还应该通过元数据聚合、网络信息检索标准和互操作协议等实现分布式异构数字资源的采集，确保即使不通过 AM 与参建机构建立的特色数据库，直接通过跨库检索的方式就可以获取参建机构的数字资源。

（3）对网络资源的整合力度有待加强

笔者调查发现，AM 在推广其数字资源的开放利用方面堪称典范，无障碍地提供其数字资源，并通过各种方式方便用户的获取。但是，AM 在推行"走出去"战略的同时，却没有实现对项目外部资源的"引入"。在网络环境中存在很多相关的信息资源，如果能够将这部分网络资源进行整合，则可以完善数字对象的描述与揭示，构建较为完整的信息资源体系，方便用户的一站式获取。

要实现网络环境中信息资源的整合，首先应充分调动用户的积极性，邀请用户加入信息组织，利用大众智慧完善大型文献数字化项目的信息组织。同时，还应该借助于一些先进的信息资源整合技术，如信息链接、关联数据和 Mashup 等。利用这些技术不仅可充分利用信息资源描述和揭示的成果，而且可以通过自动化技术构建相关资源间的链接，节省了生产力成本，确保信息资源整合的效果。

8 总结与展望

8.1 研究结论

大型文献数字化项目是由大型机构或多个机构合作开展的，以创建数字信息资源，提供数字信息服务为目的，通过扫描、拍照等转换技术，将传统的非数字型资源转换成计算机可以读取和识别的数字资源的工作。大型文献数字化项目的信息资源为原始文献的数字拷贝，其数量多、来源广泛，呈现多样性、特色性和限制性；大型文献数字化项目的信息组织主体为政府机构、文化遗产保护机构、非营利性机构和行业协会以及 IT 公司。上述特点使得大型文献数字化项目的信息组织具有很多与其他类型资源信息组织不同的地方：如何充分利用已有的原始文献的信息组织成果？如何建立适合大型文献数字化项目的数字对象描述框架？如何充分揭示数字对象的内容特征和关系？如何利用关系特征建立有序的数字对象集合？如何将相关的信息资源进行整合？结合网络环境下信息组织技术的发展，本书针对上述主要问题进行了系统深入的研究，并得出以下研究结论：

（1）进一步完善数字对象描述

数字对象描述历来都是大型文献数字化项目信息组织的核心内容，本书调查发现，现有的大型文献数字化项目的信息组织活动主要都是围绕数字对象描述开展的，数字对象描述的基础性和重要性不言而喻。而要进一步完善数字对象描述，应该从以下方面努力：

1）建立大型文献数字化项目的数字对象元数据标准

大型文献数字化项目开展数字对象描述必须参照一定的标准规范，所以建立数字对象描述标准是大型文献数字化项目数字对象描述首先要解决的问题。较常用的方法是建立元数据标准。在元数据标准建立过程中，应根据信息资源的特点和信息组织的需要选择合适的元素，进行有层次的描述。

本书根据大型文献数字化项目信息资源的特点，建立了以数字对象为著录对象的元数据标准。著录元素的选择方面，考虑到原始文献与数字对象的传承和转换关系，以及数字化加工的资源获取方式，本书制定的元数据标准在描述数字对象基本信息的同时，重点强调对数字化加工的技术信息、数字对象来源和发展关系的揭示。

2）加强对内容特征和关系的揭示

信息资源描述是信息组织的基础，建立系统、深入的信息组织体系的前提就是对信息资源的各类、各级特征进行有效揭示。本书通过对已有大型文献数字化项目的数字对象描述成果分析发现，数字对象的描述多侧重于外部特征，内容特征和关系方面的揭示有待加强。

为了解决上述问题，本书首先丰富数字对象元数据标准内容特征的揭示层次，从概念、事件、地点、对象 4 个层次对"主题"进行描述；同时描述原始文献与数字对象的派生关系，数字对象间的转换关系，作品、内容表达、载体表现之间的传递关系等，全面揭示数字对象包含的关系特征。

3）提供元数据标准、RDA 元素集、RDF 描述框架等多种描述方式

长期以来，元数据著录是大型文献数字化项目采用的主要描述方式，本书通过调查发现大型文献数字化项目大多通过自建元数据标准，并与 MARC、DC 等标准之间实现映射对数字对象的描述。而元数据标准在内容特征、关系的揭示方面力不从心，从而限制了信息组织的效果。

本书在制定大型文献数字化项目数字对象元数据标准的基础上，建立了基于实体关系模型的数字对象描述框架和面向语义搜索的 RDF 描述框架。首先，基于 FRBR 模型，通过对大型文献数字化项目的数字对象特点的分析，从 RDA 注册元素中析取了适用于数字对象描述的相关元素，并建立大型文献数字化项目的数字对象 RDA 要素集。其次，参考 RDF 的数据模型，实现了数字对象元数据标准和 MARC 记录的 RDF 描述，从而为大型文献数字化项目数字对象描述提供了更多可选择的方式。

（2）进一步加强数字对象集合的建立

信息组织是实现大型文献数字化项目信息资源利用的核心环节，而如何

建立有序的数字对象集合则是关键的关键。要进一步加强数字对象集合的建立，应该加强以下几方面的研究：

1）综合运用多种信息组织工具

本书通过对知名大型文献数字化项目的数字对象集合建立效果的评价发现，被调查项目无法实现数字对象的动态关联组织，无法揭示数字对象的同一性，复合数字对象的组织效果有待加强。本书认为：在数字对象集合建立方式的选择中不仅应该从整体上按照数字对象的主题、格式、时间、地点等特征进行归类，而且应针对数字对象不同的版本形式、不同的体裁形式、不同的信息形态和不同的译本形式，提供相关的分面分类和聚类。同时在数字对象集合的建立过程中应该综合应用多种信息组织工具。为了提高信息检索效率还应该建立必要的倒排档索引。

2）建立大型文献数字化项目的书目本体

随着信息技术的进步，传统的信息组织工具如分类法、主题法无法达到理想的信息组织和信息检索效果，不利于满足用户需求。在系统对比现有信息组织工具的基础上，本书选择利用本体技术构建了大型文献数字化项目的书目本体，以大型文献数字化项目的数字对象 RDA 元素集为基础，通过界定类、类的属性、类间关系和类内关系，将原本孤立的书目信息通过各种关联和映射联系到一起，并且实现了语义检索。该书目本体揭示了内容特征和关系，可以实现动态分面查询、语义关系查询和复杂智能查询，有利于大型文献数字化项目的管理并提升用户满意度。

（3）扩大大型文献数字化项目的整合范围

以大型文献数字化项目的数字资源为中心，积极整合相关信息资源，并降低数字资源的使用限制，为用户提供全面系统的信息服务是大型文献数字化项目建立的主要目标。这就必须丰富信息资源的拥有量，除了对项目生产的数字资源进行有效整合外，还应该对网络环境中存在的信息资源进行整合。

1）面向参建机构内部实现信息资源链接

需要将大型文献数字化项目参加机构拥有的，所有与数字化项目相关的信息资源实现集成，如提供给数字化项目作为母本的原始文献及其信息组织成果，数字化加工过程中所涉及的技术信息和管理信息等。通过元数据的补充与复用、底层元数据互操作、添加 ToC 和书内检索等特殊功能的方式实现与原始文献的整合；借助 OPAC、学科信息门户等方式实现与参建机构内部其他资源与服务的链接。

2）实现参建机构间数字资源的共建共享

针对大型文献数字化项目建设主体多元化的特性，实现信息资源的共建共享本身也是大型文献数字化项目建设的目标之一。在数字资源建设的过程中，应通过构建统一的信息组织平台，制定一系列信息组织标准，以及相关部门的协调引导，从源头上奠定信息资源整合的基础。对于已经建成的大型文献数字化项目，可以通过对分布异构资源的元数据聚合及网络信息检索标准和互操作协议来实现。重点加强大型文献数字化项目中出版社、图书馆、博物馆、档案馆等文化机构资源的整合。

3）实现面向外部网络信息资源的整合

通过相关数据的复用，以及页面分析与编程、Mashup 和关联数据等信息资源整合技术，将网络环境中存在的相似或相关资源进行链接，建立大型文献数字化项目的数字资源与网络环境中相关资源的关系，从而打破机构屏障，其最终目的是为了方便用户的利用，实现信息资源的一站式获取。

4）推动 Mashup、关联数据等新技术在信息资源整合中的应用

传统的信息资源整合技术需要较多的人工支持，无法实现对动态信息的及时发现与链接，无法实现数据层面的深度整合。大型文献数字化项目利用 Mashup 技术进行信息资源整合，首先应作为应用方调用丰富的 API 资源与项目拥有的资源融合应用；其次应作为提供方，向其他用户提供资源丰富、功能多样的 API，并推广应用。大型文献数字化项目利用关联数据进行信息资源整合，首先应该实现项目资源的关联数据发布，其次应该与不同关联数据集之间实现链接，最后应该结合用户使用行为和需求，实现针对具体领域的关联数据整合。

8.2 研究局限与展望

早在 20 世纪 70 年代文化遗产保护机构就已经尝试开展数字化项目，但这些数字化项目的目的都是为了文献资源的长期保存；就规模而言，数量超

过百万册的项目更是少之又少。所以从规模和目的来讲，大型文献数字化项目属于数字资源建设领域的新生事物，面向海量资源的数字化技术正在不断创新，而为满足用户使用需求的信息组织研究也正处在发展阶段。就目前情况而言，预测大型文献数字化项目的发展趋势，系统掌握并应用信息组织领域的前沿研究技术还存在一定的难度。

结合大型文献数字化项目信息组织领域的发展现状，本书存在以下局限：

首先，本书对图书馆参与建设的国内外知名的大型文献数字化项目的信息组织研究现状进行了调查，了解了这些项目在数字对象描述、数字对象集合的建立和信息资源整合等方面的进展，对该领域信息组织的现状有了基本的掌握。但更加全面的研究工作还需要对档案馆、博物馆等文化遗产保护机构、用户等不同类型的主体进行调研，调研不同使用者对大型文献数字化项目信息组织的需求，这样的研究结论才会更加全面。

其次，本书主要对大型文献数字化项目信息组织的核心环节——数字对象描述、数字对象集合的建立和信息资源整合进行了系统深入的研究。在信息组织中还存在其他的环节，如信息资源的选择、信息资源的分析、信息资源的长期保存等，限于篇幅和时间，本书中进行了简单介绍，尚未进行深入研究，这也是本书未来研究需要拓展之处。

在后续研究中，笔者拟加强以下方面的研究：

首先，在实践中检验本书所构建的数字对象描述标准、大型文献数字化项目的图书书目本体，以及信息资源整合技术的可行性、普适性和可操作性，并结合实践检验结果对信息组织的理论研究进行完善。

其次，对信息组织效果进行评价，对实践的全过程进行跟踪调查，引入用户满意度评价，建立相应的评价指标体系，与大型文献数字化项目原有的信息组织效果进行对比，也便于本书研究成果的深化与完善。

最后，开展更多的案例研究。由于国内大型文献数字化项目启动时间较晚，本研究讨论的有些环节的工作开展得不够充分，获取其案例分析的素材存在很大难度。在后续研究中，笔者将着重加强对国内大型文献数字化项目的调研和分析，并结合本书的研究成果，以期为其信息组织的建设和发展提供借鉴和指导。

参考文献

中文参考文献

［1］11th ISKO conference ［EB/OL］.［2018－04－23］. http：//www. iskoi. org/ocs/index. php/int/rome2010/schedConf/presentations.

［2］CADAL. CADAL 元数据规范草案（Version2. 0） ［R/OL］.［2018－04－23］. http：//www. cadal. cn/cnc/cn/jsgf/CADAL_metadata_2004. pdf.

［3］Google Book. 全球图书数量统计［EB/OL］.［2018－04－14］. http：//booksearch. blogspot. com/2010/08/books－of－world－stand－up－and－be－counted. html.

［4］IDP. IDP 编目模板［EB/OL］.［2018－04－24］. http：//idp. dha. ac. cn/pages/technical_resources. a4d.

［5］IDP. IDP 资源统计［EB/OL］.［2018－04－24］. http：//idp. bl. uk/.

［6］IFLA 书目控制与国际 MARC 项目组. 书目记录的功能需求——最终报告［R/OL］.［2018－04－25］. http：//www. bengu. cn/homepage/paper/FRBR_Chinese. pdf.

［7］TAYLOR A G. 信息组织［M］. 张素芳，李书宁，李金波，译. 北京：机械工业出版社，2006.

［8］白海燕，乔晓东. 基于本体和关联数据的书目组织语义化研究［J］，现代图书情报技术，2010（9）：18－27.

［9］白海燕，朱礼军. 关联数据的自动关联构建研究［J］. 现代图书情报技术，2010（2）：44－49.

［10］鲍国强. 古籍书目数据库整改工作构想［EB/OL］.［2018－04－17］. http：//www. nlc. gov. cn/old/old/wjls/html/8_08. htm.

［11］北京大学图书馆. 国家图书馆核心元数据标准［EB/OL］.［2018－04－25］. http：//www. nlc. gov. cn/sztsg/2qgc/sjym/files/2. pdf.

［12］毕强，陈晓美．数字资源建设与管理［M］．北京：科学出版社，2010．

［13］毕强，朱亚玲．元数据标准及其互操作研究［J］．情报理论与实践，2007（5）：666-670．

［14］编目精灵．澳大利亚国家图书馆的一站式发现服务［EB/OL］．［2018-04-24］．http：//catwizard. blogbus. com/logs/40247493. html．

［15］卜书庆．近年来国际知识组织规范的进展研究［J］．中国图书馆学报，2010（5）：69-74．

［16］曹树金．信息组织的分类法与主题法［M］．北京：北京图书馆出版社，2000．

［17］曹树金．情报检索语言与信息组织探微［M］．北京：国家图书馆出版社，2010．

［18］常艳．基于本体的数字图书馆知识组织构建模式研究［D］．长春：吉林大学，2008．

［19］陈传夫．信息资源知识产权制度研究［M］．长沙：湖南大学出版社，2008．

［20］陈军．古籍书目数据库中地方志 MARC 格式初探［J］．情报杂志，2001（10）：78-79．

［21］陈力．中文古籍数字化方法之检讨［J］．国家图书馆学刊，2005（5）：11-16．

［22］陈立新．数字图书馆与古籍数字化［J］．现代图书情报技术，2002（S1）：56-58．

［23］陈素清．古籍同书异名的 CNMARC 格式著录［J］．图书馆理论与实践，2002（4）：52-53．

［24］陈素清．古籍正题名的 CNMARC 格式著录［J］．图书馆工作与研究，2002（1）：26-28．

［25］陈素清，孟珊，王云龙．古籍题名信息的 CNMARC 格式著录［J］．情报杂志，2002（3）：69-71．

［26］陈雪华．台湾地区数位化典藏与资源组织相关计划之发展［J］．图书资讯学刊，2001（16）：49-66．

［27］储节旺，郭春侠，吴昌合．信息组织学［M］．北京：清华大学出版社，2007．

［28］大学数字图书馆国际合作计划［EB/OL］．［2018-04-10］．http：//www. cadal. net/xmjj/xmjj. htmCADAL．

［29］大学数字图书馆国际合作计划著录规范［EB/OL］．［2018-04-21］．http：//www. cadal. net/gzzd/ysjgf. htm．

［30］戴维民．信息组织［M］．2版．北京：高等教育出版社，2009．

［31］董馥荣．国家图书馆普通古籍书目数据库建设工作综述［EB/OL］．［2018-

04 – 17］. http：//www. nlc. gov. cn/service/wjls/pdf/08/08_09_a5b18. pdf.

　　［32］董慧. 本体与数字图书馆［M］.武汉：武汉大学出版社，2008.

　　［33］杜文华. 本体的构建及其在数字图书馆中应用研究［D］.武汉：武汉大学，2005.

　　［34］敦煌数字化项目信息组织标准［EB/OL］.［2018 – 04 – 17］. http：//www. dha. ac. cn/03/section. htm.

　　［35］法国国家图书馆与 Google 合作开展数字化项目［EB/OL］.［2018 – 04 – 24］. http：//www. nlc. gov. cn/yjfw/2009/0824/article_1157. htm.

　　［36］盖尔·霍奇. 数字图书馆的知识组织系统［J］.刘竟，译. 图书馆理论与实践，2007（5）：100 – 102.

　　［37］甘利人，薛春香，刘磊. 数字信息组织［M］.北京：科学出版社，2010.

　　［38］顾犇译. RDA——资源描述和检索：21 世纪的编目标准［R/OL］.［2018 – 04 – 26］. http：//www. rda – jsc. org/docs/rdabrochure – chi. pdf.

　　［39］郭东恩，沈燕.ORACLE 透明网关技术实现异构数据库互连［J］.电脑开发与应用，2008（9）：58 – 59，63.

　　［40］郭茂育. 基于元数据提取实践的金石拓影数字化研究——以“河洛文化文献专题数据库·金石拓影子库”为例［J］.大学图书馆学报，2012（3）：65 – 69.

　　［41］郭瑞芳，张会章. 基于端砚图像数字化建设中元数据的标准设计［J］.图书馆建设，2012（6）：57 – 60，36.

　　［42］郭晓兰. 文献数字化过程中的受控词与自由词标引［J］.图书馆学研究，2003（8）：85 – 87.

　　［43］国家数字图书馆工程的标准规范［EB/OL］.［2018 – 04 – 19］. http：//www. nlc. gov. cn/sztsg/2qgc/eqgc_bzgf. htm.

　　［44］国家图书馆与哈佛大学图书馆合作开展数字化［EB/OL］.［2018 – 04 – 19］. http：//res4. nlc. gov. cn/home/index. trs？channelid = 724.

　　［45］国务院办公厅. 关于进一步加强古籍保护工作的意见［R/OL］.［2018 – 04 – 25］. http：//www. gov. cn/xxgk/pub/govpublic/mrlm/200803/t2008 0328_32601. html.

　　［46］何新. 泛演化逻辑引论：思维逻辑学的本体论基础［M］.北京：时事出版社，2005.

　　［47］胡小菁. 信息组织领域国际研究动态 2009—2011［EB/OL］.［2018 – 04 – 25］. http：//www. nlc. gov. cn/yjfw/pdf/huxiaojing. pdf.

　　［48］黄田青，刘炜.DC 元数据年度进展（2009）［J］.数字图书馆论坛，2009

（12）：70 – 74.

［49］黄伟红，张福炎．基于 XML/RDF 的 MARC 元数据描述技术［J］．情报学报，2000（8）：326 – 332.

［50］黄晓斌，夏明春．数字资源整合研究的现状及发展方向［J］．情报理论与实践，2005（1）：75 – 77.

［51］黄晓斌，夏明春．数字资源整合方式的比较与选择［J］．情报科学，2005（5）：690 – 695.

［52］黄燕．图书馆数字化内容选择原则阐释［J］．情报资料工作，2006（6）：53 – 55.

［53］姜爱蓉．资源整合与门户建设［R/OL］．［2018 – 04 – 18］．http：//webapp. lib. tsinghua. edu. cn：8090/meeting/ppt/jiangairong. pdf.

［54］姜爱蓉，黄美君，窦天芳．数字资源整合与信息门户建设——清华大学图书馆的探索与实践［J］．现代图书情报技术，2006（11）：2 – 6.

［55］柯平，高洁．信息管理概论［M］．2 版．北京：科学出版社，2007.

［56］冷伏海，徐跃权，冯璐．信息组织概论［M］．2 版．北京：科学出版社，2008.

［57］李春旺．从集成检索到集成融汇［R/OL］．［2018 – 04 – 27］．http：//159. 226. 100. 150：8085/lis/netjournal/LIS…/从集成检索到集成融汇. pdf.

［58］李春旺，张晓林．复合数字对象研究［J］．情报学报，2004（4）：444 – 451.

［59］李锋，李春旺．Mashup 关键技术研究［J］．现代图书情报技术，2009（1）：444 – 449.

［60］李国新．中国古籍资源数字化的进展与任务［J］．大学图书馆学报，2002（1）：21 – 26，41.

［61］李景，孟连生．构建知识本体方法体系的比较研究［J］．现代图书情报技术，2004（7）：17 – 22.

［62］李凌，马蕾．基于 Mashup 的推荐书目服务的实现［J］．现代图书情报技术，2009（2）：107 – 111.

［63］李璐．孙中山文献数字化的建设及实现的理想模式——以广东省立中山图书馆为例［J］．图书馆论坛，2009（1）：130 – 132.

［64］李明杰．中文古籍数字化基本理论问题刍议［J］．图书馆论坛，2005（5）：97 – 100.

［65］李明杰，俞优优．中文古籍数字化的主体构成及协作机制初探［J］．图书与情报，2010（1）：34 – 44.

［66］李农．欧美图书馆、博物馆、档案馆馆际合作趋势［J］.图书馆杂志，2008（8）：59－61.

［67］李婉月，袁红．数字化档案的信息组织实践模式探讨——基于分面元数据的档案信息描述［J］.档案，2012（2）：5－8.

［68］刘芳，李春旺，王昉．Mashup 组件技术研究［J］.现代图书情报技术，2009（12）：7－11.

［69］刘家真．馆藏文献数字化的原则与方法（上）［J］.中国图书馆学报，2001（5）：42－45.

［70］刘嘉．网络信息资源的组织——从信息组织到知识组织［M］.北京：北京图书馆出版社，2002.

［71］刘竟．面向概念检索的农史信息门户的设计与构建［D］.南京：南京农业大学，2008.

［72］刘琳，吴洪泽．古籍整理学［M］.成都：四川大学出版社，2003.

［73］刘炜．基于本体的数字图书馆语义互操作［D］.上海：复旦大学，2006.

［74］刘炜．元数据应用规范与著录规则［EB/OL］.［2018－04－22］.http：//cdls2.nstl. gov. cn/mt040526/…/6－cdls－基本元数据应用－刘炜－20040526. pdf.

［75］刘炜．关联数据的意义及实现［EB/OL］.［2018－04－24］.http：//www. slideshare. net/keven/linked－data－what－for－and－how－to.

［76］刘燕权，韩志萍．美国记忆——美国历史资源数字图书馆［J］.数字图书馆论坛，2009（7）：66－70.

［77］刘怡，田建良．古籍的 CNMARC 格式著录探讨［J］.图书情报知识，2004（6）：52－54.

［78］鲁奎．基于 XML/RDF 数字图书馆信息资源描述与应用研究［D］.合肥：合肥工业大学，2003.

［79］马建霞．主题图技术在数字化知识组织中的应用研究［J］.现代图书情报技术，2004（7）：11－16.

［80］马文峰．数字资源整合研究［J］.中国图书馆学报，2002（4）：64－67.

［81］马文峰，杜小勇．数字资源整合：理论、方法与应用［M］.北京：北京图书馆出版社，2007.

［82］马文峰，杜小勇．数字资源整合的发展趋势［J］.图书情报工作，2007（7）：66－70.

［83］马张华．信息组织［M］.3 版．北京：清华大学出版社，2008.

［84］毛建军．古籍数字化的概念与内涵［J］.图书馆理论与实践，2007（4）：82－84.

［85］牛陶兰．关于馆藏古籍线装文献数据库建设的探讨［J］.图书情报知识，2002（3）：59－61.

［86］潘德利．中国古籍数字化进程和展望［J］.图书情报工作，2002（7）：117－120.

［87］彭斐章，等．数字时代目录学的理论变革与发展研究［M］.武汉：武汉大学出版社，2009.

［88］彭洁，赵辉，齐娜．信息资源整合技术［M］.北京：科学技术文献出版社，2008.

［89］丘东江．新编图书馆学情报学辞典［M］.北京：科学技术文献出版社，2006.

［90］日本国会图书馆数字化项目经费［EB/OL］.［2018－04－25］.http：//www. nlc. gov. cn/service/jltx/jltx3208. htm.

［91］沈涌．数字信息资源整合策略与服务共享模式研究［D］.长春：吉林大学，2009.

［92］石春芸，梅芹．馆藏古籍书目数据库建设［J］.图书馆建设，2002（2）：29－31.

［93］史玉霞，林桂娜．数字图书馆印刷型文献数字化加工系统比较研究［J］.情报杂志，2006（10）：14－16.

［94］数字图书馆正向我们走来［EB/OL］.［2018－04－11］.http：//www. nlc. gov. cn/old2008/GB/channel55/58/200709/06/3987. html.

［95］司莉．KOS在网络信息组织中的应用发展［M］.武汉：武汉大学出版社，2007.

［96］司莉．信息组织原理与方法［M］.武汉：武汉大学出版社，2011.

［97］宋登汉，周迪，李明杰．基于RDA的中国古籍版本资源描述设计［J］.图书馆，2010（5）：53－56.

［98］宋琳琳，黄如花．大型数字化项目的概念限定与术语辨析［J］.图书情报工作，2009（11）：23－28.

［99］苏海明．HathiTrust数字仓库项目概述［J］.数字图书馆论坛，2009（9）：60－65.

［100］苏新宁，章成志，卫平．论信息资源整合［J］.现代图书情报技术，2005（9）：54－61.

［101］孙博阳．国外数字化资源管理软件研究概况［J］.情报科学，2005（4）：635－640.

［102］孙凌云．网络环境下的知识组织系统研究与发展概述［J］.图书馆理论与实践，2010（3）：28－30.

[103] 唐琼，张玫．"美国记忆"与"共享工程"比较研究［J］．图书馆理论与实践，2006（1）：7－9．

[104] 屠跃明．档案数字化信息元数据管理的探索［J］．档案与建设，2011（6）：20－21．

[105] 屠跃明．从令人担忧的现象中认识数字化档案的元数据［N］．中国档案报，2012，2（13）：5．

[106] 屠跃明，翟瑶．档案数字化的元数据研究［J］．兰台世界，2012（14）：60－61．

[107] 王军．图书馆信息资源数字化项目实施原则解析［J］．图书馆理论与实践，2008（6）：3－6．

[108] 王军．数字图书馆的知识组织系统：从理论到实践［M］．北京：北京大学出版社，2009．

[109] 王军，程煜华．基于传统知识组织资源的本体自动构建［J］．情报学报，2009（5）：651－657．

[110] 王松林．从图书馆的角度看信息组织和知识组织［J］．中国图书馆学报，2006（5）：61－66．

[111] 王雅戈，侯汉清．民国文献数字化整理研究——以民国农业文献数字化整理为例［J］．图书情报工作，2009，53（11）：63－66，148．

[112] 王应解．基于数字档案馆的知识组织［J］．北京档案，2008（1）：23－26．

[113] 王知津，李培，李颖，等．知识组织理论与方法［M］．北京：知识产权出版社，2009．

[114] 王忠红．论新的知识组织工具——Taxonomies［J］．图书馆杂志，2010（2）：6－9．

[115] 吴晓静．RDA——资源描述与检索的新标准［J］．数字图书馆论坛，2010（12）：1－7．

[116] 项目管理协会．项目管理知识体系指南［M］．王勇，张斌，译．北京：电子工业出版社，2009．

[117] 肖珑，赵亮．中文元数据概论与实例［M］．北京：北京图书馆出版社，2007．

[118] 肖希明，黄如花，张燕飞，等．数字信息资源建设与服务研究［M］．武汉：武汉大学出版社，2008．

[119] 谢琴芳．汉语文古籍文献书目数据库建设管见［J］．大学图书馆学报，2003（06）：49－53．

[120] 熊静．元数据在汉语文古籍数字化中的应用［J］．图书与情报，2010（1）：

89－92.

［121］熊伟华. 中小型图书馆如何建立古籍书日数据库［J］. 图书馆论坛，2004
（3）：98－101.

［122］徐清. 2001—2005 年我国中文古籍数字化研究综述［J］. 图书情报工作，2006
（8）：139－143.

［123］许异兴. 广东省立中山图书馆的数字化资源建设与利用［J］. 图书馆建设，
2003（1）：40－42.

［124］薛春香. 网络环境中知识组织系统构建与应用研究［M］. 南京：东南大学出
版社，2009.

［125］薛亮. 网络环境下跨库检索的研究与实现［D］. 西安：西安交通大学，2003.

［126］杨健，吴英梅. 古籍出版发行信息的 CNMARC 格式著录［J］. 图书馆工作与
研究，2004（4）：42－44.

［127］杨骏. 欧洲数字图书馆的尴尬事［EB/OL］.［2018－04－11］. http：//
paper. people. com. cn/rmrbhwb/html/2008－11/29/content_148355. htm.

［128］杨学勇. 敦煌学数字化的探索与问题［J］. 情报杂志，2008（3）：145－146.

［129］杨晏平. 古籍数字化联合目录的客观著录问题［EB/OL］.［2018－04－17］.
http：//www. nlc. gov. cn/service/wjls/pdf/08/08_06_a5b17. pdf.

［130］姚伯岳，张丽娟，于义芳，等. 古籍元数据标准的设计及其系统实现［J］. 大
学图书馆学报，2003（1）：17－21.

［131］叶继元. 信息组织［M］. 北京：电子工业出版社. 2010.

［132］臧国全. 图书馆信息资源数字化内容选择原则研究［J］. 图书情报知识，2006
（1）：20－24.

［133］臧国全，庞桂娟. 图书馆信息资源数字化项目实施标准框架解析［J］. 图书馆
理论与实践，2006（4）：5－10.

［134］臧国全，徐爱琴. 数字保存系统的用户服务质量标准框架［J］. 图书情报知
识，2007（5）：88－91.

［135］张蓓，董丽. 数学古籍数字化资源著录保存工具的研究和实现［J］. 现代图书
情报技术，2004（8）：56－60.

［136］张帆. 信息组织学［M］. 北京：科学出版社，2005.

［137］张靖. 金石目录学与石刻拓片书目控制——传统学术与现代理论的结合与互
补［J］. 图书情报工作，2009，7（13）：143－147.

［138］张靖. 拓片元数据比较研究［J］. 中国图书馆学报，2010（4）：52－55.

［139］张磊.《汉语文古籍机读目录格式使用手册》探微［J］.图书馆工作与研究，2003（1）：23－25.

［140］张磊.再论《汉语文古籍机读目录格式使用手册》使用中的问题［J］.图书馆工作与研究，2005（3）：27－29.

［141］张太平，阎瑞萍.古籍机读目录建设［J］.图书馆理论与实践，2002（6）：74－75.

［142］张巍.档案数字化元数据之研究［J］.黑龙江档案，2012（4）：83.

［143］张晓娟，张洁丽.我国信息资源整合研究现状分析［J］.情报科学，2009（1）：26－31，56.

［144］张晓林，等.数字图书馆建设的标准规范体系［R/OL］.［2018－04－22］.http：//cdls2.nstl.gov.cn/2003/Whole/docs/001.pdf.

［145］张晓林.开放数字环境下的参考文献链接［J］.现代图书情报技术，2002（1）：9－13.

［146］张晓林.元数据研究与应用［M］.北京：北京图书馆出版社，2002.

［147］张艳红.关于古籍文献数字化的几个问题［J］.图书情报知识，2003（1）：54－56.

［148］张志清.中国历代典籍总目［EB/OL］.［2018－04－23］.http：//lib.wzu.edu.cn/download/附件：历代典籍总目介绍.ppt.

［149］张轴材，朱岩.大规模文献数字化的实践与数字图书馆建设［J］.高校文献信息研究，2001，8（1）：6－10.

［150］真溱.美国记忆：特点、技术方案要点及质量标准（上）［J］.情报理论与实践，2001（4）：313－315.

［151］中国大百科全书——图书馆学情报学档案学卷［M/OL］.［2018－04－12］.http：//ecph.cnki.net/EcphOnLine/content？objid＝24820&ename＝ecph&infoclass＝item.

［152］中国历代典籍总目分析系统［EB/OL］.［2018－04－15］.http：//news.guoxue.com/article.php？articleid＝23304.

［153］中国社会科学院.现代汉语词典［M］.北京：商务印书馆，2007.

［154］中国图书馆学会.关于如何办好学会的三点思考——詹福瑞理事长在中国图书馆学会八届四次理事会上的即席讲话［EB/OL］.［2018－04－04］.http：//www.lsc.org.cn/CN/News/2011－03/EnableSite_ReadNews 10255 2211299168000.html.

［155］中华人民共和国国家质量监督检验检疫总局，中国国家标准管理委员会.文献著录总则［S］.北京：中国标准出版社，2010.

［156］周广西，曹玲.农业古籍数字化研究——以构建《齐民要求》研究知识库为例［J］.兰台世界，2008（3）：18－20.

［157］周宁.信息组织［M］.武汉：武汉大学出版社，2010.

英文参考文献

［1］American Memory. About the collections［EB/OL］.［2018－04－25］.http：//memory.loc.gov/ammem/about/about.html.

［2］AM. American memory advertisement［EB/OL］.［2018－04－17］.http：//library.duke.edu/digital collections/eaa. A0054/.

［3］AM. American memory advertising collection［EB/OL］.［2018－04－15］.http：//memory.loc.gov/ammem/browse/ListSome.php？category＝Advertising.

［4］AM. American memory browse collection［EB/OL］.［2018－04－15］.http：//memory.loc.gov/ammem/browse/index.html.

［5］AM. American memory literature［EB/OL］.［2018－04－17］.http：//memory.loc.gov/cgi－bin/query/D？ncpm：1：./temp/～ammem_EdVS.

［6］AM. American memory metadata［EB/OL］.［2018－04－15］.http：//www.loc.gov/standards/metable.html.

［7］AM. American memory OAI［EB/OL］.［2018－04－20］.http：//memory.loc.gov/cgi－bin/oai2_0？verb＝GetRecord&metadataPrefix＝oai_dc&identifier＝oai：lcoa1.loc.gov：loc.gmd/g3791p.rr002300.

［8］AM. American memory resources statistics［EB/OL］.［2018－04－13］.http：//memory.loc.gov/ammem/about/about.html.

［9］AM. American memory standard［EB/OL］.［2018－04－15］.http：//memory.loc.gov/ammem/help/faq.html.

［10］AM. An American time capsule：three centuries of broadsides and other printed ephemera［EB/OL］.［2018－04－20］.http：//memory.loc.gov/ammem/rbpehtml/.

［11］AM. Basic genre terms for cultural heritage materials［EB/OL］.［2018－04－19］.http：//memory.loc.gov/ammem/techdocs/genre.html.

［12］AM. Broadsides and printed ephemera ～ ca. 1600－2000［EB/OL］.［2018－04－17］.http：//memory.loc.gov/ammem/rbpehtml/pegloss.html.

［13］AM. By the people，for the people：posters from the WPA，1936－1943［EB/OL］.［2018－04－20］.http：//memory.loc.gov/ammem/wpaposters/wpahome.html.

[14]AM. Information behavior of the researcher of the future[EB/OL]. [2018 - 04 - 23]. http://www. ucl. ac. uk/infostudies/research/ciber/downloads/ggexe cutive. pdf.

[15]AM. Inventing entertainment:the early motion pictures and sound recordings of the Edison companies[EB/OL]. [2018 - 04 - 20]. http://memory. loc. gov/ammem/edhtml/edhome. html.

[16]ARL. ARL endorses digitization as an acceptable preservation reformatting option[EB/OL]. [2018 - 04 - 27]. http://www. arl. org/news/pr/digitization. shtml.

[17]ARMS W. Digital libraries[M]. Cambridge:MIT Press,2000.

[18]BENRARAS. Building and Reusing Ontologies for ElectricalNetwork Applications[C]// Budpaest,Hungary. Proceeding of the European Conf on Artificial Intelligence. Tornoto:John Wiley and Sons Press,1996:298 - 302.

[19]BHL. Biodiversity library resources statistics[EB/OL]. [2018 - 04 - 04]. http://www. biodiversitylibrary. org/.

[20]Bibliographic ontology specification[EB/OL]. [2018 - 04 - 13]. http://bibliontology. com/specification.

[21]BISHOFF L, GARRISON W A. Metadata,cataloging, digitization and retrieval—who's doing what to whom:the colorado digitization project experience[J/OL]. [2018 - 04 - 18]. http:// lcweb. loc. gov/catdir/bibcontrol/bishoff_paper. html.

[22]BLC-OCA project[EB/OL]. [2018 - 04 - 25]. http://bc. edu/libraries/newsletter/ 2008summer/jesuit/index. html.

[23]CAPLAN P. Metadata fundamentals for all librarians[M]. Chicago:IL,2003.

[24]CDL. Guidelines for digital objects[EB/OL]. [2018 - 04 - 29]. http://www. cdlib. org/services/dsc/contribute/docs/GDO. pdf.

[25]CDL resources statistics[EB/OL]. [2018 - 04 - 19]. http://www. cdlib. org/services/ collections/massdig/.

[26]CDP. Colorado digitization project digital audio best practice[R/OL]. [2018 - 04 - 22]. http://www. mndigital. org/digitizing/standards/audio. pdf.

[27]Centre for Digital Library Research. Ensuring interoperable digital object management metadata in Scotland Report of the SLIC - funded CMS Metadata Interoperability Project. Findings, Conclusions,and Guidelines for Best Practice[R/OL]. [2018 - 04 - 23]. http://cms. cdlr. strath. ac. uk/documents/CMSsurveyFinal. pdf.

[28]CLIR. Selecting research collections for digitization[R/OL]. [2018 - 04 - 11]. http://

www. clir. org/pubs/reports/hazen/pub74. html.

[29]COLE T,SHREEVES S. Search and discovery across collections:the IMLS digital collections and content project[J]. Library Hi Tech,2004,22(3):307 – 322.

[30]COLE T W. Creating a framework of guidance for building good digital collections[J/OL]. [2010 – 11 – 15]. http://131. 193. 153. 231/www/ issues/issue 7_5/cole/.

[31]Colorado Digitization Project. Cooporation institutions [EB/OL]. [2018 – 04 – 11]. http://www. bcr. org/dps/cdp/archive/projects/backyard/index. html.

[32]CONWAY P. Tec(h)tonics:reimagining preservation[J/OL]. [2018 – 04 – 06]http://www. ala. org/ala/mgrps/divs/acrl/publications/crlnews/2008/nov/techtonics. cfm.

[33]Cornell university library—Google library partnership[EB/OL]. [2018 – 04 – 26]. http://www. library. cornell. edu/communications/Google/faq. html.

[34]Cornell University Library. Selecting traditional library materials for digitization [R/OL]. [2018 – 04 – 11]. http://www. library. cornell. edu/colldev/digitalselection. html.

[35]COYLE K. Mass digitization of books[J]. The Journal of Academic Librarianship,2006, 32(6):641 – 645.

[36]DBpedia[EB/OL]. [2018 – 04 – 23]. http://wiki. dbpedia. org/Downloads34.

[37]Dcmi – terms[EB/OL]. [2018 – 04 – 13]. http://www. dublincore. org/documents/dcmi – terms/.

[38]Digital Preservation Coalition. Introduction definitions & concepts[EB/OL]. [2018 – 04 – 19]. http://www. dpconline. org/advice/preservationhand – book/introduction/definitions – and – concep.

[39]DLF. What is digital library[EB/OL]. [2018 – 04 – 16]. http://www. diglib. org/about/dldefinition. htm.

[40]DOAJ[EB/OL]. [2018 – 04 – 11]. http://www. doaj. org/.

[41]EDL[EB/OL]. [2018 – 04 – 15]. http://europa. eu/rapid/press – ReleasesAction. do? reference = MEMO/05/347.

[42]Emergence of advertising in America[EB/OL]. [2018 – 04 – 20]. http://library. duke. edu/digitalcollections/eaa/.

[43]Europeana. European library metadata[EB/OL]. [2018 – 04 – 29]. http://www. theeuropeanlibrary. org/portal/organisation/handbook/display_en. html.

[44]Facebook,Bing team up over social search[J/OL]. [2018 – 04 – 23]. http://www. eweek europe. co. uk/news/facebook – bing – team – up – over – social – search – 10637.

［45］FAIKS A，RADERMACHER A，SHEEHAN A. What about the book? googleizing the Catalog with Tables of Contents［J］. Library Philosophy and Practice，LPP Special Issue on Libraries and Google，2007.

［46］FERNDNDEZ M，GOMEZ – PEREZ A，JURISTO N. Methontology：from ontological art towards ontological engineering［J/OL］.［2018 – 04 – 15］. http：//ksi. cpsc. ucalgary. ca/AIKM97/.

［47］Fifty years of Coca – Cola television advertisements［EB/OL］.［2018 – 04 – 20］. http：//memory. loc. gov/ammem/ccmphtml/colahome. html.

［48］FRBR and OCLC research［EB/OL］.［2018 – 04 – 19］. http：//www. oclc. orgresearch/presentations/childress/.

［49］GARSHOL L M. Metadata? thesauri? taxonomies? topic maps?：making sense of it all ［J］. Journal of Information Science，2004，30（4）：378 – 391.

［50］GÓMEZ – PÉREZ A，BENJAMINS R. Overview of knowledge sharing and reuse components：ontologies and problem solving methods［C］//STOCKHOLM V R，BENJAMINS B，CHANDRASEKARAN A. Proceedings of the IJCAI 299 workshop on ontologies and problem – solving methods（KRR5）. Sweden：IOS Press，1999：1 – 15.

［51］Google Book Search. Cooporation libraries［EB/OL］.［2018 – 04 – 15］. http：//www. google. com/googlebooks/history. html.

［52］Google book search metadata sources［EB/OL］.［2018 – 04 – 12］. http：//www. libraryjournal. com/article/CA6695887. html.

［53］Google ebookstore［EB/OL］.［2018 – 04 – 24］. http：//books. google. com/ebooks? hl = zh – CN.

［54］Google settlement［EB/OL］.［2018 – 04 – 14］. http：//books. google. com/booksrightsholders/.

［55］HAINER B B，URBAN R. The Colorado digitization program：a collaboration success story［J］. Library Hi Tech，2004，22（3）：254 – 62.

［56］Hathitrust metadata［EB/OL］.［2018 – 04 – 29］. http：//www. hathitrust. org/hathifiles_description.

［57］Heather Christenson. Mass digitization at university of California［EB/OL］［2018 – 04 – 17］. http：//www. cdlib. org/services/collections/massdig/docs/UCMassDigitization_Feb2010. ppt.

［58］HEATH T，HAUSENBLAS M，BIZER C，et al. How to publish linked data on the Web ［EB/OL］.［2018 – 04 – 24］. http：//www4. wiwiss. fu – berlin. de/bizer/pub/LinkedDataTutorial.

［59］HODGE G. Systems of knowledge organization for digital libraries：beyond traditional authority files[M]. Wastemston:The Digital Library Federation,2003.

[60]Hype cycle[EB/OL]. [2018 – 04 – 18]. http://www. gartner. com/technology/research/methodo logies/hype – cycle. jsp.

[61]ICP report[EB/OL]. [2018 – 04 – 28]. http://www. ifla. org/files/hq/papers/ifla75/215 – tillett – en. pdf.

[62]IDEF5 method report[R/OL]. [2018 – 04 – 15]. http://www. idef. com/pdf/Idef5. pdf.

[63]IFLA Guidelines for digitization projects[R/OL]. [2018 – 04 – 22]. http://www. ifla. org/VII/s19/pubs/digit – guide. pdf.

[64]IFLA. Libraries beyond libraries:intergration,Innovation and Information for all[EB/OL]. [2018 – 04 – 27]. http://conference. ifla. org/ifla77.

[65]IFLA. Public libraries,archives and museums:trends in collaboration[R/OL]. [2018 – 04 – 17]. http://archive. ifla. org/VII/s8/pub/Profrep108. pdf.

[66]IMLS and SGS Issue report on the preservation of world cultural heritage. [R/OL]. [2018 – 04 – 06]. http://www. imls. gov/pdf/SGS_Report. pdf.

[67]IMLS. Charting the landscape,mapping new paths:museums,libraries,and K – 12 learning[R/OL]. [2018 – 04 – 15]. http://www. imls. gov/pdf/Charting_the_Landscape. pdf.

[68]IMLS. Report of the workshop on opportunities for research on the creation,management, preservation and use of digital content[R/OL]. [2018 – 04 – 11]. http://www. imls. gov/pdf/digitalopp. pdf.

[69]IMLS. Status of technology and digitization in the Nation's Museums and Libraries[R/OL]. [2018 – 04 – 15]. http://www. imls. gov/resources/TechDig05/Technology%2BDigitization. pdf.

[70]ISO/TR13028:2010[EB/OL]. [2018 – 04 – 15]. http://www. iso. org/iso/iso_catalogue/catalogue_ics/catalogue_detail_ics. htm? ics1 = 01&ics2 = 140&ics3 = 20&csnumber = 52391.

[71]JENNIFER W,MELISSA W. Mass digitization at Yale university library:exposing the treasures in our stacks[J]. Computers in Libraries,2008(9):10.

[72]JEPHCOTT S. Why digitise? principles in planning and managing a successful digitisation project[J]. New Review of Academic Librarianship,1998,4:39 – 52.

[73]JERRIDO M,COTILLA L,WHITEHEAD T M. Digitizing collections:a meshing of minds, methods,and materials[J]. Collection Management,2001,26(3):3 – 13.

[74]JISC. Digitisation and e – content. [EB/OL]. [2018 – 04 – 11]. http://www. jisc. ac. uk/digitisation.

[75] JISC. Digitisation conference draft report [R/OL]. [2018 – 04 – 11]. http://www. jisc. ac. uk/media/documents/.../digi_conference_report – v1 – final. pdf.

[76] JISC digitisation programme：preservation study [EB/OL]. [2018 – 04 – 22]. http://www. dpconline. org/graphics/reports/index. htm.

[77] JISC. Guidance for selecting materials for digitization [R/OL]. [2018 – 04 – 23]. http://eprints. ucl. ac. uk/492/1/paul_ayris3. pdf.

[78] Joint Steering Committee for Development of RDA. Incorporating FRBR terminology and concepts [EB/OL]. [2018 – 04 – 20]. http://www. rda – jsc. org/rda. html#presentations.

[79] Joint Steering Committee for Development of RDA. RDA：resource description and access. prospectus [EB/OL]. [2018 – 04 – 20]. http://www. rda – jsc. org/rdaprospectus. html.

[80] JSTOR. Digitization standards & processes [EB/OL]. [2018 – 04 – 10]. http://about. jstor. org/content – collections/journals – archive – collections/digitization – standards – processes.

[81] KARVONEN M. National Digital library—ensuring of availability of electronic information resources of libraries, archives and museum now and in the future [R/OL]. [2018 – 04 – 25]. http://www. ifla. org/files/hq/papers/ifla75/190 – karvonen – en. pdf.

[82] KIORGAARD D. RDA core elements and FRBR user tasks [EB/OL]. [2018 – 04 – 02]. http://www. rda – jsc. org/docs/5chair15. pdf.

[83] KOKKELINK S. Expressing qualified Dublin Core in RDF/XML [EB/OL]. [2018 – 04 – 15]. http://dublincore. org/documents/2002/04/14/dcq – rdf – xml/.

[84] KUNZE J A. Where preservation meets mass digitization [R/OL]. [2011 – 09 – 06]. http://lauc. ucmercedlibrary. info/lauc_mass_dig. ppt.

[85] LATIF A, AFZAL M T, HELIC D. Discovery and construction of authors' profile from linked data—a case study for open digital journal [J/OL]. [2018 – 04 – 27]. http://events. linkeddata. org/ldow2010/papers/ldow2010_paper18. pdf.

[86] LC. National digital information infrastructure and preservation program [EB/OL]. [2018 – 04 – 17]. http://www. digitalpreservation. gov.

[87] LEETARU, K. Google and OCA mass book digitization：the deeper story of google books and the open content alliance [J/OL]. [2018 – 04 – 26]. http://firstmonday. org/htbin/cgiwrap/bin/ojs/index. php/fm/article/view/2101/2037.

[88] Lessons learned：intellectual access and other types of metadata [EB/OL]. [2018 – 04 – 16]. http://memory. loc. gov/ammem/award/lessons/access. html.

[89] Library of congress photos on flickr [EB/OL]. [2018 – 04 – 23]. http://www. loc. gov/

rr/print/flickr_pilot. html.

[90]Library of Congress. Preservation metadata implementation strategies[R/OL]. [2018 –
04 – 25]. http://www. loc. gov/standards/premis/v2/premis – 2 – 0. pdf.

[91]Library of Congress. Selection criteria for preservation digital reformat[R/OL]. [2018 –
04 – 19]. http://www. loc. gov/preserv/prd/presdig/presselection. html.

[92]LIBRIS[EB/OL]. [2018 – 04 – 27]. http://www. slideshare. net/brocadedarkness/
libris – linked – library – data.

[93]Linked data definition[EB/OL]. [2018 – 04 – 22]. http://en. wikipedia. org/wiki/
Linked_Data.

[94]Linked data design issues[EB/OL]. [2018 – 04 – 24]. http://www. w3. org/DesignIs-
sues/LinkedData. html.

[95]Linked data FAQ[EB/OL]. [2018 – 04 – 19]. http://structured – dynamics. com/.

[96]LOPATIN L. Library digitization projects,issues and guidelines:a survey of the literature
[J]. Library Hi Tech,2006,24(2):273 – 289.

[97]LUTHER J. Streamlining book metadata workflow[R/OL]. [2018 – 04 – 15]. http://
www. niso. org/publications/white_papers/Streamline Book – MetadataWorkflowWhitePaper. pdf.

[98]MALMSTEN M. Making a library catalogue part of the semantic web[EB/OL]. [2018 –
04 – 23]. http://dcpapers. dublincore. org/ojs/pubs/article/viewArticle/927.

[99]MANAF Z A. The state of digitisation initiatives by cultural institutions in Malaysia[J].
Library Review,2007,56(1):45.

[100]MARCXML[EB/OL]. [2018 – 04 – 29]. http://www. loc. gov/marc/.

[101]Mashup[EB/OL]. [2010 – 11 – 09]. http://en. wikipedia. org/wiki/Mashup_(web_
application _hyb rid).

[102] Mashup sites statistic [EB/OL]. [2018 – 04 – 10]. http://www. programma-
bleweb. com/.

[103]MCKEEN L. Canadiana:the national bibliography for Canada in the digital age[R/
OL]. [2011 – 09 – 22]. http://archive. ifla. org/IV/ifla74/papers/162 – McKeen – en. pdf.

[104]MEINCKE D R. Towards an evaluation of mass digitized photograph collections[D].
Chapel Hill:University of North Carolina,2010.

[105]Metropolitan New York Library Council and OCLC. 2004 METRO digitization survey:fi-
nal report[R/OL]. [2018 – 04 – 15]. http://www. metro. org/attachments/contentmanagers/.../
2006_digsurveyreport. pdf.

[106]Michigan digitization project[EB/OL]. [2018 – 04 – 20]. http://www. umich. edu/news/index. html? BG/google/index.

[107]National digital newspaper program[EB/OL]. [2018 – 04 – 10]. http://www. neh. gov/projects/ndnp. html.

[108]National Library of Australia. Directions 2009 – 2011[R/OL]. [2018 – 04 – 15]. http://www. nal. gov. au/library/NLA_Directions_2009 – 2011. pdf.

[109] National Library of Netherlands. Programme and proceedings[R/OL]. [2018 – 04 – 18]. http://digital – scholarship. org/digitalkoans/2010/01/11/national – library – of – the – netherlands – plans – to – digitize – all – dutch – books – newspapers – and – periodicals – from – 1470/.

[110]NILSSON M,POWELL A,JOHNSTON P,et al. Expressing Dublin Core metadata using the Resource Description Framework[EB/OL]. [2018 – 04 – 19]. http://www. dublincore. org/documents/dc – rdf/.

[111]NISO. Data dictionary—technical metadata for digital still images[R/OL]. [2018 – 04 – 15]. http://www. niso. org/kst/reports/standards? step = 2&gid = &project _ key = b897b0cf3e2ee526252d9f830207b3cc9f3b6c2c.

[112]NISO. Digitisation[EB/OL]. [2018 – 04 – 10]. http://www. nla. gov. au/policy/digitisation. html.

[113]NISO Framework Working Group. A framework of guidance for building good digital collections[R/OL]. [2018 – 04 – 17]. http://www. noso. org/publications/rp/framework3. pdf.

[114]NUNBERG G. Google books:the metadata mess[EB/OL]. [2018 – 04 – 15]. http://people. ischool. berkeley. edu/ ~ nunberg/GBook/GoogBook – MetadataSh. pdf.

[115]NYPL widgets:a decentralized approach to homework help[EB/OL]. [2018 – 04 – 28]. http://labs. nypl. org/wp – content/uploads/2009/04/listbuilding_widget_rfp_two. pdf.

[116]OCA[EB/OL]. [2018 – 04 – 24]. http://www. opencontenta – lliance. org/.

[117]OCLC. College students' perceptions of the libraries and information resources:a report to the OCLC membership. Dublin, OH:OCLC, 2006[R/OL]. [2018 – 04 – 23]. http://www. oclc. org/reports/perceptionscollege. htm.

[118] OCLC. Perceptions of libraries, 2010:context and community[R/OL]. [2018 – 04 – 11]. http://www. oclc. org/reports/2010perceptions. htm.

[119]OCLC. Sharing,privacy and trust in our networked world[R/OL]. [2018 – 04 – 28]. http://www. oclc. org/reports/sharing/default. htm.

[120]OCLC. The 2003 OCLC Environmental scan:pattern recognition[R/OL]. [2018 – 04 –

21]. http://www. oclc. org/reports/2003escan. htm.

[121]Okstate library digitization resource statistic[EB/OL].[2018-04-18]. http://digital. library. okstate. edu/oktoday/statistics/Month/2009/Jan/123Log-Report. htm.

[122]On the record report recommendations the library of congress should pursue over the next four years[EB/OL].[2018-04-24]. http://www. loc. gov/bibliographic-future/news/lcwg-ontherecord-jan08-final. pdf.

[123]Open Content Alliance. Cooporation institutions[EB/OL].[2018-04-09]. http://www. opencontentalliance. org/.

[124]Open content alliance submission criteria[EB/OL].[2018-04-25]. http://www. library. unh. edu/diglib/criteria. shtml.

[125]Open Library. Add a book to open library[EB/OL].[2018-04-23]. http://openlibrary. org/books/add.

[126]Open library API books[EB/OL].[2018-04-28]. http://openlibrary. org/dev/docs/api/books.

[127]Open library API search inside[EB/OL].[2018-04-28]. http://openlibrary. org/dev/docs/api/search_inside.

[128]Open library API subjects[EB/OL].[2018-04-28]. http://openlibrary. org/dev/docs/api/subjects.

[129]Open library[EB/OL].[2018-04-24]. http://openlibrary. org/about.

[130]Open library metadata[EB/OL].[2018-04-27]. http://openlibrary. org/about/infogami-dc.

[131]Open library subject[EB/OL].[2018-04-28]. http://openlibrary. org/subjects.

[132]OWEN J M. The digitization of information resources-humanities,social sciences and law. the scientific article in the age of digitization[J]. Information Science and Knowledge Management,2007(11):94.

[133]PALINET-OCA project[EB/OL].[2018-04-15]. http://www. palinet. org/dsfaq. aspx.

[134]PEPPER S,MOORE G. XML topicmaps(XTM)1. 0[EB/OL].[2018-04-22]. http://www. topicmaps. org/XTM/1. 0/XTM1-20010806. html.

[135]PERNARAVIČIŪTĖ M. Coordinating digitisation in Europe. Lithuania. [R/OL].[2018-04-18]. http://www. minervaeurope. org/publications/globalreport/globalrepdf06/Lithuania. pdf.

[136]Project Gutenberg. Project gutenberg history[R/OL].[2018-04-21]. http://www.

gutenberg. org/wiki/Gutenberg：About.

[137]Prosperity and thrift：the coolidge era and the consumer economy，1921 – 1929［EB/OL］. ［2018 – 04 – 20］. http：//memory. loc. gov/ammem/coolhtml/coolhome. html.

[138]Protégé［EB/OL］. ［2018 – 04 – 13］. http：//protege. stanford. edu/.

[139]RDA. Carrier type［EB/OL］. ［2018 – 04 – 17］. http：//metadataregistry. org/vocabulary/show/id/46. html.

[140]RDA. Color vocabulary［EB/OL］. ［2018 – 04 – 27］. http：//metadataregistry. org/concept/list/vocabulary_id/95. htmll.

[141]RDA. Encoding format［EB/OL］. ［2018 – 04 – 18］. http：//metadataregistry. org/vocabulary/show/id/87. html.

[142]RDA. RDA element［EB/OL］. ［2018 – 04 – 13］. http：//metadataregistry. org/rdabrowse. htm.

[143]REITZ J M. Online dictionary for library and information science［M/OL］. ［2018 – 04 – 15］. http：//lu. com/odlis/odlis_d. cfm.

[144]Scholars' evaluation and analysis of major digitization projects［EB/OL］. ［2018 – 04 – 13］. http：//www. clir. org/activities/details/scholeval. html.

[145]SHREEVES S L，COLE T W. Developing a collection registry for IMLS NLG digital collections［J/OL］. ［2018 – 04 – 11］. http：//dcpapers. dublincore. org/ojs/pubs/article/viewFile/755/751.

[146]State of the LOD cloud［EB/OL］. ［2018 – 04 – 21］. http：//www4. wiwiss. fu – berlin. de/lodcloud/state/.

[147]STUDER R，BENJAMINS V R，FENSEL D. Knowledge engineering：principles and methods ［EB/OL］. ［2018 – 04 – 02］. http：//www. vschool. net. cn/old/jksei/guojjt/knowledge%20engineering%20 principles%20and%20methods. pdf.

[148]Supporting the national digital library program［EB/OL］. ［2018 – 04 – 15］. http：//memory. loc. gov/ammem/about/sponsors. html.

[149]SYNAK M，KRUK S R. MarcOnt initiative—the ontology for the librarian world［C］// Asunción Gómez – Pérez，Jérôme Euzenat. The 2nd European Semantic Web Conference ESWC 2005 Heraklion. Greece：Springer，2005.

[150]The British Library. Digitisation strategy 2008 – 2011［R/OL］. ［2018 – 04 – 11］. http：//www. bl. uk/aboutus/stratpolprog/digi/digitisation/digistrategy.

[151]The British Library. Preservation management of digital materials：a handbook［R/OL］.

[2018 – 04 – 18]. http://www. imaginar. org/dppd/DPPD/139%20pp%20Handbook. pdf.

[152]The emergence of advertising in America:1850 – 1920[EB/OL]. [2018 –04 –20].http://mem-ory. loc. gov/ammem/collections/advertising/index. html.

[153]The linking open data cloud diagram[EB/OL]. [2018 – 04 – 23]. http://richard. cyganiak. de/2007/10/lod/.

[154]TOVE[EB/OL]. [2018 – 04 – 13]. http://www. eil. utoronto. ca/enterprise – model-ling/tove/.

[155]UNESCO. Charter on the preservation of the digital heritage[EB/OL]. [2018 – 04 – 01]. http://portal. unesco. org/ci/en/files/13367/10676 1360511 Charter _ ch. pdf/Charter _ ch. pdf.

[156]UNESCO. Guidelines for the preservation of digital heritage[R/OL]. [2018 –04 –17]. http://unesdoc. unesco. org/images/0013/001300/130071e. pdf.

[157]University of California libraries bibliographic services task force. Rethinking how we provide bibliographic services for the university of California,final report[R/OL]. [2018 – 04 – 29]. http://libraries. univer – sityofcalifornia. edu/sopag/BSTF/Final. pdf.

[158]University of Wisconsin—Madison Google digitization project[EB/OL]. [2018 – 04 – 24]. http://www. library. wisc. edu/digitization/#about.

[159]USCHOLD M. Michael Cruninger ontologies prineiples:methods and applications[J]. Knowledge Engineering Review,1996(11):5.

[160]VARNIENĖ R,DAUGIALA G. Development of cultural heritage digitisation and access: lithuanian approach[C]//Cunningham, Cunningham. Expanding the Knowledge Economy: Issues, Applications,Case Studies. Sweden:IOS Press,2007.

[161]VARNIENE R,DAUGIALA G. Development of Cultural Heritage Digitisation and Ac-cess:Lithuanian Approach[C]//CUNNINGHAM P,CUNNINGHAM M. Expanding the Knowledge Economy:Issues,Applications,Case Studies. IOS Press,2007:1690 – 1697.

[162]VOLZ J,BIZER C,GAEDKE M,KOBILAROV G. silk – a link discovery framework for the Web of data[J/OL]. [2018 – 04 – 27]. http://events. linkeddata. org/ldow2009/papers/ ldow2009_paper13. pdf.

[163]W3C. Resource description framework[EB/OL]. [2018 – 04 – 15]. http://www. w3. org/RDF/.

[164]WEINTRAUB J,WISNER M. Mass digitization at Yale university library—exposing the treasures in our stacks[EB/OL]. [2018 – 04 – 27]. http://www. infotoday. com.

[165]WISSER K. Meeting metadata challenges in the consortial environment:metadata coordination for North Carolina exploring cultural heritage online[J]. Library Hi Tech,2005,23(2):164 - 171.

[166]Z39.77—2000[EB/OL].[2018 - 04 - 23]. http://www. niso. org/standards/z39 - 77 - 2001/.

[167]ZENG M L,QIN J. Metadata[M]. New York:Neal - Schuman Publisher Inc. ,2008.

后　记

学海泛舟,总有那么多人与你同舟共济;书山跋涉,又有那么多师长为你披荆斩棘。回想起这些年一路走来的风风雨雨,心中一直充满感激:那些伴我左右,助我前行的师长们、同学们、朋友们,正是你们的无私帮助与默默支持,使我总能在风雨之后感受一份温暖,发现一道彩虹。

本书在博士论文《大型文献数字化项目的信息组织研究》基础上修改而成。首先要感谢导师黄如花教授。黄老师是我硕士、博士阶段的导师,她为我倾注了大量时间和心血,在学习、生活各方面都给予了精心指导和无私的帮助。恩师对我的培养是从"手把手"阶段开始的,如何查找资料、如何跟踪学术前沿、如何构建文章框架、如何写作修改,可谓无微不至;恩师待我为家人,推心置腹地与我分享她工作和生活的经验。论文从定题、构思、写作、修改到最终完成无不得益于恩师的教导和指点。此外,还要感谢武汉大学信息管理学院彭斐章教授、陈传夫教授、曹之教授、肖希明教授、司莉教授等在选题和写作过程中提出的宝贵意见。

感谢我的博士后合作导师曹树金教授,他是信息组织领域的专家。在曹老师身边继续学习、工作,并参与国家社科重大项目"基于特定领域的网络资源知识组织与导航机制研究"的申报与研究,这些积累深化了本书的研究内容,提升了本书的研究价值。

调研过程中,得到CADAL、国家图书馆、广东省立中山图书馆和武汉大学图书馆工作人员的热心帮助,在此表示感谢。书稿写作过程中,笔者参考了大量作者的研究成果,再次向所有被引用和参考过的文献作者表示感谢!

此外,还要感谢国家图书馆出版社副编审高爽女士认真负责的编辑工作,使得本书得以顺利付梓出版。

本书的出版受到"中山大学学科建设经费出版高水平学术专著"项目的资助,感谢中山大学的栽培,感谢信息管理学院领导、同事的支持与帮助。

感谢父母的养育与栽培;感谢妹妹的关心;感谢公公、婆婆的支持;更要感谢老公李海涛和女儿李陶然的陪伴,有了你们,我的一切进步才有意义。

最后,谨以此书献给我远在天国的爸爸,女儿的每一步都希望与您分享!

宋琳琳

2018 年 4 月

于美国伊利诺伊大学

厄巴纳香槟分校